W0257044

Beiträge zur Wirtschaftsinformatik

Band 1: Lore Alkier
**Zukunftsweisende Konzepte
für die EDV-Ausbildung**
1992, VIII / 207 Seiten, Brosch. DM 75,-
ISBN 3-7908-0568-8

Band 2: Ulrich Ludwig Küsters
**Entwicklung von regelbasierten
Expertensystemen in APL2**
1992, VIII/238 Seiten, Brosch. DM 79,-
ISBN 3-7908-0589-0

Band 3: Rolf J. N. Hildebrand
**Betriebswirtschaftliche Schwachstellen-
diagnosen im Fertigungsbereich mit
wissensbasierten Systemen**
1992, X/163 Seiten, Brosch. DM 65,-
ISBN 3-7908-0594-7

Band 4: Gerhard Walpoth
**Computergestützte
Informationsbedarfsanalyse**
1993, X/233 Seiten, Brosch. DM 75,-
ISBN 3-7908-0648-X

Gerhard A. Kainz

Computergestützte Distribuierung von Informations- und Kommunikationssystemen

Mit 83 Abbildungen

Springer-Verlag Berlin Heidelberg GmbH

Reihenherausgeber
Werner A. Müller
Peter Schuster

Autor
Dr. Gerhard A. Kainz
Institut für Wirtschaftsinformatik
Universität Innsbruck
Innrain 52
A-6020 Innsbruck, Österreich

ISBN 978-3-7908-0664-9   ISBN 978-3-662-11358-5 (eBook)
DOI 10.1007/978-3-662-11358-5

Die Deutsche Bibliothek – CIP-Einheitsaufnahme
Kainz, Gerhard A.:
Computergestützte Distribuierung von Informations- und
Kommunikationssystemen / Gerhard A. Kainz. – Heidelberg :
Physica-Verl., 1993
(Beiträge zur Wirtschaftsinformatik; 5)

NE: GT

Dieses Werk ist urheberrechtlich geschützt. Die dadurch begründeten Rechte, insbesondere die der Übersetzung, des Nachdruckes, des Vortrags, der Entnahme von Abbildungen und Tabellen, der Funksendungen, der Mikroverfilmung oder der Vervielfältigung auf anderen Wegen und der Speicherung in Datenverarbeitungsanlagen, bleiben, auch bei nur auszugsweiser Verwertung, vorbehalten. Eine Vervielfältigung dieses Werkes oder von Teilen dieses Werkes ist auch im Einzelfall nur in den Grenzen der gesetzlichen Bestimmungen des Urheberrechtsgesetzes der Bundesrepublik Deutschland vom 9. September 1965 in der Fassung vom 24. Juni 1985 zulässig. Sie ist grundsätzlich vergütungspflichtig. Zuwiderhandlungen unterliegen den Strafbestimmungen des Urheberrechtsgesetzes.

© Springer-Verlag Berlin Heidelberg 1993
Ursprünglich erschienen bei Physica-Verlag Heidelberg 1993

Die Wiedergabe von Gebrauchsnamen, Handelsnamen, Warenbezeichnungen usw. in diesem Werk berechtigt auch ohne besondere Kennzeichnung nicht zu der Annahme, daß solche Namen im Sinne der Warenzeichen- und Markenschutz-Gesetzgebung als frei zu betrachten wären und daher von jedermann benutzt werden dürften.

7120/7130-543210 - Gedruckt auf säurefreiem Papier

Inhaltsverzeichnis

Abbildungsverzeichnis

1. Einleitung

1.1. Problemstellung

Durch den zunehmenden Einsatz von Datenverarbeitungssystemen in Wirtschaft und Verwaltung, insbesondere durch die Entwicklung von intelligenten Arbeitsplatzsystemen, wie z.B. PCs oder Workstations, gewinnen Aspekte der verteilten Datenverarbeitung zunehmend an Gewicht[1]. Diese Entwicklung zeigt sich unter anderem in der immer lebhafter werdenden Diskussion um lokale Netzwerke[2] und deren Integration in die Unternehmensorganisation, sowie in den Entwicklungen im Bereich der verteilten Datenbanken.

Bis zur Akzeptanz von Personal Computern (PCs) durch die Wirtschaft in der Mitte der achtziger Jahre wurden Daten ausschließlich auf zentralen DV-Systemen verwaltet und verarbeitet. Danach wurden PCs und andere Arbeitsplatzsysteme[3] als Werkzeuge zur Steigerung der persönlichen Produktivität angesehen. In den letzten Jahren hat sich gezeigt, daß zunehmend relevante Daten von zentralen Systemen zu dezentralen Systemen transferiert werden, um dort eine höhere lokale Verfügbarkeit und Unabhängigkeit vom zentralen DV-System zu erlangen. Diese Daten werden dann einmal auf den zentralen DV-Systemen für unternehmensweite Funktionen verwaltet und einmal auf einem PC, um komfortabel flexible Auswertungen zu erstellen. Zudem hat die Entwicklung von integrierten Softwarepaketen und von Programmiersprachen der 4. Generation dazu beigetragen, daß Benutzer in zunehmendem Maße eigene Anwendungen implementieren oder adaptieren. Die Tatsache, daß aufgrund der hohen Benutzerakzeptanz auch zunehmend Verarbeitungsfunktionen am PC durchgeführt werden, führt unter den Aspekten der Integration, der Datensicherheit und der Kostenminimierung

---

1   Vgl. Scheer A.W.: EDV orientierte Betriebswirtschaftslehre; 4. Aufl.; Berlin, Heidelberg, New York, Tokyo, Hong Kong; 1990; S. 91
Vgl. Edelstein, H.: Cooperative Processing; in: DBMS, Vol. 3, Nr. 5, May 1990

2   Vgl. Rochester J. B., Douglas D. P.: "Putting large systems on PC networks"; in: I/S Analyzer, Vol. 28, Nr. 1, January 1990

3   Z.B. dedizierte Textautomaten, Registrierkassen usw.

zum Einsatz von Lösungen, die eine Verbindung der dezentralen DV-Systeme untereinander und zu den zentralen DV-Systemen erfordern.

Durch die erhöhte Funktionalität und Leistung der Arbeitsplatzsysteme bei gleichzeiti-
gem Sinken der Kosten ist es nunmehr möglich, Anwendungen für Aufgaben zu
entwickeln und einzusetzen, die bisher aus Komplexitäts- und/oder Kostengründen
nicht realisiert werden konnten[1]. Diese Gruppe von Anwendungen erfordert hoch
spezialisierte, leistungsfähige Systeme, um die gestellten Anforderungen optimal zu
erfüllen. Da diese Systeme optimal für die Erfüllung von Teilaufgaben einer zunehmend
komplexeren Gesamtaufgabe ausgelegt sind, müssen die verarbeiteten und gespeicher-
ten Informationen anderen Teilsystemen zugänglich gemacht werden, was wiederum zu
einer Verbindung der Systeme untereinander führt.

Weitverkehrsnetze und VANs (value added networks) eröffnen Möglichkeiten der
Kommunikation in geografisch zersplitterten Unternehmen und bilden die Grundlage
für die Kommunikation zwischen Unternehmen, die Informationen untereinander aus-
tauschen. Die innerbetriebliche Kommunikation ermöglicht eine Dezentralisierung der
Informationsverarbeitung, ohne daß die Verfügbarkeit von Informationen an einem bestimmten Ort beeinträchtigt wird, und gleichzeitig eine optimale Anpassung an lokale
Anforderungen[2]. Die Kommunikation zwischen Unternehmen kann unter dem Begriff
EDI (electronic data interchange) zusammengefaßt werden, wobei hier der Austausch
strukturierter Daten (Angebote, Bestellungen, Transportdaten) den größten Einfluß auf
die Unternehmen hat[3].

Alle diese Entwicklungen haben eine Dezentralisierung der Datenverarbeitung, der
Datenspeicherung und der dazu notwendigen Systeme gemeinsam. Unter Dezentralisierung wird die Bewegung weg von einem Mittelpunkt verstanden[4]. Berücksichtigt man
die Aufgaben und Ziele des Gesamtsystems, so resultieren aus dieser Entwicklung
einerseits organisatorische Konsequenzen und andererseits das Bestreben, die dadurch

---

[1] Darunter wird vor allem die Verarbeitung von Bildern, Grafik, Sprache oder Wissen verstanden.

[2] Z.B. Reservierungssysteme in Hotelketten und anderen Touristikunternehmen

[3] Vgl. Schlieper H.: Vorteile der Verwendung von EDIFACT im Unternehmen; in: Einführung in
EDIFACT; Deutsches Institut für Normung (DIN); Berlin 1988; S. 27ff

[4] Picot A.: Kommunikationstechnik und Dezentralisierung; in: Ballwieser Wolfgang, Berger Karl -
Heinz Hrsg., Information und Wirtschaftlichkeit, Wiesbaden 1985, S. 381f

entstehenden "Insellösungen", die lokal durchaus effizienter als ein globales System sind, wieder zu einem integrierten Gesamtsystem zu vereinen.

Der technische Aspekt dieser Verbindungen ist durch standardisierte Kommunikationsschnittstellen und herstellerspezifische Protokolle, durch Normen wie z.B. das OSI/ISO Schichtenmodell, oder durch de facto Standards wie TCP/IP hinreichend definiert. Durch das Bekenntnis aller führenden Hersteller zu standardisierten Protokollen wird die technische Problematik der Verbindung zwischen (heterogenen) Systemen zunehmend an Bedeutung verlieren.

Die Dezentralisierung der Datenverarbeitung hat neben der technischen auch eine wirtschaftliche und eine organisatorische Dimension. Durch die Dezentralisierung ändern sich, unabhängig vom Integrationsgrad der dezentralisierten Systeme, die Rahmenbedingungen des Informationsaustausches und der Informationsbearbeitung. Dadurch entsteht ein neuer Freiheitsgrad für die Verteilung von Aufgaben und Kompetenzen innerhalb der untersuchten Organisation[1]. Wenn im Zuge einer Dezentralisierung der Datenverarbeitung auch Aufgaben und Kompetenzen neu verteilt werden, so hat dies Einflüsse auf die Effektivität und Wirtschaftlichkeit der Organisation.

Aus dem hier dargestellten Zusammenhang zwischen Dezentralisierung der Datenverarbeitung als Ursache und ihren Auswirkungen auf die Organisation läßt sich als Umkehrschluß ableiten, daß Veränderungen von Aufgaben und Kompetenzen, insbesondere deren (De)Zentralisierung, Auswirkungen auf die optimale Gestaltung der Datenverarbeitung haben. Das Ausmaß der Dezentralisierung der Datenverarbeitung (dh. der DV-Systeme und aller zur Entwicklung und Betrieb notwendigen Funktionen und den dazugehörigen Ressourcen) soll dem Dezentralisationsgrad der Organisation entsprechen. Dabei wird davon ausgegangen, daß die Dezentralisierung von Organisation und Datenverarbeitung zueinander in einem direkt proportionalen Verhältnis stehen[2], dh. eine zentrale Datenverarbeitung kann eine stark dezentrale Organisation nicht optimal versorgen, wobei mit "dezentral" hier sowohl die räumliche als auch die organisatorische Dezentralisierung gemeint ist.

In derselben Weise, wie sich bei einem dezentralisierten Datenverarbeitungssystem Alternativen bezüglich der Organisation ergeben, ergibt sich bei der Planung und

---

[1] Picot A.: Kommunikationstechnik ...; a.a.O., S. 377f

[2] Vgl. o.A.: How to prepare for the coming changes, EDP Analyzer, April 1979, S. 5

Einführung von Datenverarbeitungssystemen daraus das Problem der Bestimmung des optimalen Distribuierungsgrades des Datenverarbeitungssystems. Unter Distribuierung wird die Gesamtheit der Entscheidungen über die Dezentralisierung von Systemen, Funktionen und Ressourcen des Datenverarbeitungsprozesses verstanden. Der Distribuierungsgrad ist demnach das Ergebnis des Entscheidungsprozesses.

1.2. Abgrenzung und Zielsetzung

Da Informations- und Kommunikationssysteme (IK-Systeme) zur Unterstützung einer Organisation geschaffen werden, um Aufgaben effizienter, wirtschaftlicher und/oder flexibler zu bewältigen und sich dementsprechend an der bestehenden oder der angestrebten Organisationsform zuorientieren, wird das Problem der Bestimmung des optimalen Distribuierungsgrades unter dem Aspekt gesehen, daß bezüglich der (De)zentralisierung der Organisation die Entscheidungen bereits getroffen wurden. Die Bestimmung des Distribuierungsgrades in des vorliegenden Buches bezieht sich demnach auf die (De)zentralisierung des IK-Systems mit allen Ressourcen und Funktionen, die zum Betrieb desselben notwendig sind. Unter Funktionen werden hierbei alle Aufgaben und Tätigkeiten zusammengefaßt, die mit der Planung, der Entwicklung und dem Betrieb von IK-Systemen in Zusammenhang stehen. Ressourcen beinhalten die dazu notwendigen Sachmittel, wie z.B. Hardware, Software und Personal.

Aus den oben genannten Überlegungen resultiert, daß die Aufgabe der Bestimmung des optimalen Distribuierungsgrades der Informationsverarbeitung unter den Rahmenbedingungen der untersuchten Organisation durch technische Standardisierung nicht allein lösbar ist, sondern durch individuelle, organisatorische Distribuierungsentscheidungen ergänzt werden muß. Die Rahmenbedingungen bestehen einerseits aus den Zielen und Strategien der Organisation und andererseits aus den Überlegungen zur Wirtschaftlichkeit und Effektivität. Neben diesen Rahmenbedingungen, die innerhalb der Organisation definiert werden, kann die Gestaltung des IK-Systems auch Auswirkungen auf kritische Erfolgsfaktoren der Organisation haben[1].

---

[1]   Vgl. Burgholzer P.: Planung, Überwachung und Steuerung der Informations-Infrastruktur; in: Informationsmanagement, IDG-Communications, München 1990, S. 48f

In diesem Buch wird ein Entscheidungsmodell für die Bestimmung des optimalen Distribuierungsgrades der Informationsverarbeitung dargestellt. Dabei werden, ausgehend von den Ergebnissen der Systemanalyse (Vorstudie und Feinstudie), zu den einzelnen Funktionen und Ressourcen (De)zentralisierungsvorschläge gemacht. In diese Vorschläge sollen Ziele und Strategien der Organisation bzw. des Unternehmens einfließen. Im nächsten Schritt werden in Form von Sensitivitätsanalysen die Auswirkungen auf Wirtschaftlichkeit und Effektivität untersucht. Aufgrund der Komplexität und der Informationsvielfalt, die im Zuge eines Entscheidungsprozesses verarbeitet werden sollen, werden die Informationen in einer Datenbank verwaltet. Diese Daten werden zur Generierung und Bewertung der Vorschläge miteinander verknüpft, was zum Teil mit Methoden der Wissensverarbeitung geschieht.

Das Modell liefert neben einer grundsätzlichen (De)zentralisierungstendenz auch konkrete Alternativen für die Zuordnung von Funktionen und Ressourcen zu den einzelnen Organisationseinheiten. Außerdem soll das Modell unabhängig von den Entscheidungsregeln in dem Sinn anpassungsfähig sein, als es möglich sein wird über die Implementierung neuer Entscheidungskriterien neue Erkenntnisse in das System aufzunehmen.

1.3. Theoretische Einordnung des Buches

Um das Umfeld des Entscheidungsproblems zu beschreiben, wird in der Folge analysiert, welchen Beitrag die verschiedenen betriebswirtschaftlichen Wissenschaftsprogramme leisten können. Dabei sollen im speziellen Gutenbergs Lehre von Kombinationsprozess der Produktionsfaktoren, der systemtheoretische Ansatz, der entscheidungsorientierte Ansatz und der verhaltenstheoretische Ansatz untersucht werden.

Gutenbergs[1] produktionstheoretischer Ansatz unterscheidet im wesentlichen zwischen Elementarfaktoren (Werkstoffe, Betriebsmittel und objektbezogene Arbeitsleistungen) und dispositiven Faktoren (Planung und Organisation). Diese Betrachtungsweise, die sich ausschließlich auf die Produktion von Gütern konzentriert, führte zu einer Abge-

---

[1]　Vgl. Gutenberg E.: Grundlagen der Betriebswirtschaftslehre Bd. 1 Die Produktion; 22. Aufl., Berlin Heidelberg New-York; 1976

schlossenheit[1] der Betriebswirtschaftslehre, die eine Einbeziehung von verhaltenstheoretischen und/oder kybernetischen Ansätzen schwierig, wenn nicht unmöglich machte. Das Gutenberg´sche System hat in der Literatur zahlreiche Ergänzungen erfahren[2]. So wurde die Information erst später als Produktionsfaktor eingeführt. Da das vorliegende Modell eine Unterstützung des dispositiven Faktors darstellt, in dem die Informationsverarbeitung nicht explizit berücksichtigt wird, wird dieses Forschungsprogramm für das Entscheidungsmodell nur insofern eine Rolle spielen, als im Informationsverarbeitungsprozeß produktionstechnische Gesichtspunkte eine Rolle spielen[3].

Nach Heinen[4] ist "die entscheidungsorientierte Betriebswirtschaftslehre im Rahmen der Erfüllung ihrer Gestaltungsaufgabe bestrebt, den verantwortlichen Entscheidungsträgern in Betriebswirtschaften Hilfestellung beim Treffen von Entscheidungen zu geben." Um nun betriebswirtschaftliche Sachverhalte unter dem Gesichtspunkt der Entscheidungen zu erfassen, wird zunächst in Ziel- und Mittelentscheidungen unterschieden. Erstere betreffen die Ziele, die es zu erreichen gilt, zweitere betreffen die Mittel, mit denen diese erreicht werden sollen. Dieser Ansatz ermöglicht die Integration von verschiedenen Zielsystemen, so z.B. auch Individualziele wie Prestige, Arbeitszufriedenheit. Dies führt zwar zu einer Öffnung für soziale und/oder ökologische Fragestellungen, beinhaltet aber andererseits praktisches Konflikt-potential[5]. Die Möglichkeit durch getrennte Ziel-, Mittelentscheidungen vielfältige Aspekte in den Entscheidungsprozeß einfließen zu lassen, führt dazu, daß dieser Ansatz bei De/Zentralisierungsentscheidungen berücksichtigt wird, obwohl nicht alle Aspekte des Problems damit abgedeckt werden können. So ist es z.B. nicht möglich den Untersuchungsgegenstand (das Informationsverarbeitungssystem) zu strukturieren.

Die Strukturierung des Untersuchungsgegenstands (das Informationsverarbeitungssystem) erfolgt unter Zuhilfenahme des systemorientierten Ansatzes. Hierbei soll zunächst einmal von der Trennung des Begriffs System und des Begriffs Regelkreis aus-

---

[1]   Vgl. Schanz G.: Wissenschaftsprogramme der Betriebswirtschaftslehre; in: Bea F.X., Dichtl E., Schweitzer M. (Hrsg); Allgemeine Betriebswirtschaftslehre Bd.1: Grundlagen; 4. Aufl.; Fischer Verlag; Stuttgart; 1988; S.75

[2]   Hopfenbeck W.: Allgemeine Betriebswirtschafts- und Managementlehre; Landberg am Lech;1989; S. 15 und die dort angeführte Literatur.

[3]   In einem Rechenzentrum können Ressourcen als Produktionsfaktoren bezeichnet werden, die zu einem gewissen Maß auch substituierbar sind z.B. Rechnerleistung und Betriebszeit.

[4]   Heinen E.: Unternehmenskultur; München Wien Oldenbourg;1987; S. 21

[5]   Vgl. hierzu Schanz G.: Wissenschaftsprogramme der Betriebswirtschaftslehre ...; a.a.O. S. 78

gegangen werden. "Unter einem System ist eine Menge von Elementen zu verstehen, die miteinander in wechselseitiger Beziehung stehen und gegenüber einer Umwelt gedanklich abgegrenzt ist."[1] Die Systemtheorie erweitert diesen Begriff um eine kybernetische Komponente, den Regelkreis. Diese Erweiterung resultiert in der Betrachtung eines Systems als "Black Box", welche durch Input, Output, Systemstruktur, Systemprozeß und Systemziel definiert werden kann. Diese detaillierte Definition des Systems ist lediglich für die Systemgestaltung von Interesse, bei der Betrachtung des Systems als Element des Regelkreises bleibt der "Black Box Charakter" erhalten. Der kybernetische Ansatz dürfte "mit zunehmender Lösung der DV-technischen Fragen auch in der Wirtschaftsinformatik eine immer größere Bedeutung gewinnen."[2]

Der verhaltensorientierte Ansatz sieht das Verhalten von Individuen bzw. von Gruppen im Mittelpunkt[3]. Dieses Verhalten wird einerseits von den Bedürfnissen der Individuen (Gruppen) und andererseits von den Umweltbedingungen (Arbeitsbedingungen) beeinflußt. Unter Arbeitsbedingungen sind Größen wie Aufgabenumfang, soziale Parameter (Arbeitsklima), technische Ausstattung usw. zu verstehen. Da zur Verfügung stehende Informationssysteme nach dieser Definition zu den Arbeitsbedingungen zu zählen sind, also gestaltbar sind, können mit diesem Ansatz Auswirkungen von Informationssystemen auf das Verhalten untersucht werden. Umgekehrt können gewünschte Verhaltensmuster als Zielvorgaben für die Gestaltung des Informationssystems vorgegeben werden. Ein Beitrag zur konkreten Gestaltung des Informationssystems ist daraus jedoch nicht abzuleiten.

Zusammenfassend kann gesagt werden, daß die Bestimmung des optimalen Distribuierungsgrades zweckmäßigerweise unter Verwendung des systemorientierten Ansatzes erfolgen wird, wobei andere Ansätze in Form von Vorgaben (Zielen) oder bei der Bewertung von Realisierungsalternativen in den Entscheidungsprozeß einfließen können. Begründet wird dies damit, daß der Distribuierungsprozeß eine Folge von Entscheidungen beinhaltet, die durch das zu entwerfende Modell unterstützt werden sollen und, daß das Entscheidungsobjekt zu strukturieren ist, wobei der systemorientierte Ansatz einen Beitrag leistet.

1　　Meffert H.: Informationssysteme; Werner Verlag; Düsseldorf; 1975; S. 2

2　　Schiemenz B.: Kybernetik und Wirtschaftsinformatik; in: Mertens P. (Hrsg.); Lexikon der Wirtschaftsinformatik; Springer Verlag; Berlin Heidelberg New-York; 1990; S. 254f

3　　Vgl. Grochla E., Welge M.K.: Einführung in die verhaltenstheoretisch orientierten Ansätze; in: Grochla E. (Hrsg.); Organisationstheorie 1. Teilband; Stuttgart 1975; S. 90

1.4. Aufbau und Methodik des Buches

Das Buch besteht aus zwei Teilen. Im ersten Teil werden die Grundlagen für das Entscheidungsmodell theoretisch anhand einschlägiger Literatur erarbeitet, während im zweiten Teil das Entscheidungsmodell selbst entworfen und dokumentiert wird.

Der theoretische Teil untersucht zunächst die Organisation als Rahmenbedingung und als gestaltbares Objekt, wobei neben der Beschreibung von Organisationsformen auch ein kybernetisches Modell vorgestellt wird, das im Entscheidungsmodell als Grundlage für Plausibilitätsüberlegungen eingesetzt werden wird. Im darauffolgenden Kapitel wird die Planung von Informations- und Kommunikationssystemen in den Prozeß der strategischen Unternehmensplanung eingeordnet und ein Planungsmodell entwickelt, in welches die Distribuierungsentscheidungen, die mit dem zu entwickelnden Entscheidungsmodell unterstützt werden sollen, eingebettet werden. Mit einer Beschreibung und Kritik von ähnlichen Entscheidungsmodellen schließt der erste Teil des Buches.

Im zweiten Teil werden zunächst die eingesetzten Werkzeuge und die Struktur des Prototypen beschrieben. Der Prototyp soll seinerseits wiederum Werkzeugcharakter aufweisen, sodaß er als Grundlage für Weiterentwicklungen herangezogen werden kann. Eine Beschreibung des Entscheidungsprozesses und der zugrundeliegenden Datenstruktur bilden den Kern des zweiten Teils. Als Abschluß zeigen exemplarische Bildschirmausdrucke, wie die Unterstützung der Distribuierungsentscheidung durch das Werkzeug erfolgen kann.

1.5. Begriffsdefinitionen

Einige der in diesem Buch verwendeten Begriffe werden hier definiert und gegeneinander abgegrenzt, um ein einheitliches Verständnis der getroffenen Aussagen zu gewährleisten.

1.5.1. Informationssystem und Datenverarbeitungssystem

"Informationssysteme (IS) umfassen jede strukturelle und informationstechnische Ausprägung von Aktorsystemen, die Informationsaufgaben in einem definierten Kontext, insbesondere in zielgerichteten, soziotechnischen Umsystemen (Organisationen) erfüllen"[1]. Ein Informationssystem beinhaltet demnach sämtliche Organisationseinheiten, technische Hilfsmittel und Kommunikationssysteme, sowie alle Aufgaben und Tätigkeiten, die mit der Beschaffung, Aufbereitung und Verwertung von Informationen befaßt sind.

Ähnlich umfassende Definitionen finden sich bei Grochla: "Ein Informationssystem ist ein nach organischen, technischen oder organisatorischen Prinzipien zusammengefaßtes Ganzes von Informationsbeziehungen zwischen Informationseinheiten"[2] oder Lockemann/Mayr, die das Informationssystem anhand der Tätigkeiten Aufnahme, Verarbeitung und Weitergabe von Informationen definieren[3]. Diese Definitionen resultieren in vielfältigen Ausprägungen von Informationssystemen, die nicht notwendigerweise mit Techniksystemen (z.B. EDV-Anlagen) in Beziehung stehen müssen. Eine engere Definition findet sich bei Hansen: "Ein Informationssystem besteht aus einer Menge von Menschen und Maschinen, die Informationen erzeugen und/oder benutzen und die durch Kommunikationsbeziehungen miteinander verbunden sind"[4].

Bei Heinrich-Roithmayr stellen Informations- und Kommunikationssysteme (IKS) Mensch-Aufgabe-Techniksysteme dar[5]. Dadurch wird die Definition um den Aspekt der Kommunikation explizit erweitert und in 3 Komponenten gegliedert (siehe Abbildung: "Struktur eines Informations- und Kommunikationssystems"): Menschen, Aufgaben und angewandte Technik[6]. Unter dem Aspekt des Technik-Subsystems werden alle Elemente eines Datenverarbeitungssystems (DVS) zusammengefaßt. Menschen sind entweder Gestalter bzw. Betreiber des Techniksystems oder Betroffene des Techniksystems. Aufgaben sind von der Ausprägung des Techniksystems unabhängig, sie beinhalten die Problembereiche, die mit dem IKS bearbeitet werden sollen. Diese Definition betont die Elemente und die Struktur des Informationssystems.

---

1   Szyperski N.: Computergestützte Informationssysteme; in: Grochla E. (Hrsg.), Handwörterbuch der Organisation, 2. Aufl., Stuttgart 1980, Sp. 921

2   Schneider H.J.: Lexikon der Informatik und Datenverarbeitung; München Wien Oldenbourg;1986; S. 289

3   Schneider H.J.: Lexikon der Informatik ...; a.a.O.

4   Schneider H.J.: Lexikon der Informatik ...; a.a.O.

5   Vgl. Heinrich L. J., Roithmayr F.: Wirtschaftsinformatik Lexikon, 3. Aufl.; München Wien Oldenbourg 1989, S. 240

6   Vgl. Heinrich L. J., Roithmayr F.: Wirtschaftsinformatik Lexikon; 3. Aufl.; a.a.O., S. XIII

Da sich dieses Buch mit der De/zentralisierung des Informationssystems beschäftigt, wobei der Schwerpunkt auf den Objekten eines Datenverarbeitungssystems liegt, wird in diesem Buch auf die Definitionen von Szyperski (Definition der Elemente, Funktionen und des Umfeldes eines IS) und Heinrich-Roithmayr (Definition der Struktur des IS) verwiesen.

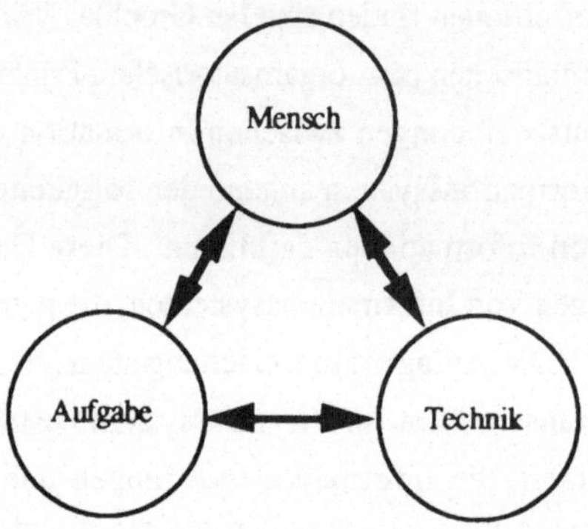

Abb. 1.1. Struktur eines Informations- und Kommunikationssystems (Quelle: Heinrich, Roithmayr)

Ein Datenverarbeitungssystem (abgek. DVS) ist eine Funktionseinheit zur Verarbeitung von Daten, nämlich zur Durchführung mathematischer, umformender, übertragender und speichernder Operationen[1]. Diese Definition, die sich an der deutschen Industrienorm (DIN 44300) orientiert, ist für ein Entscheidungsmodell, das die Gestaltung eines komplexen IS unterstützen soll, nicht praktikabel.

Heinrich-Roithmayr definieren DVS auch als "System zur Problemlösung für strukturierbare Aufgaben, das einen Algorithmus verwendet, also ein eindeutiges Problemlösungsverfahren"[2]. Bei dieser Definition wird zwar die Tätigkeit des Systems beschrieben, nicht jedoch die Komponenten und die Struktur eines solchen Systems.

Eine Definition, die sich mit diesem Aspekt befaßt, findet sich bei Schneider H.J.[3]. Hier wird ein DVS definiert als "die Gesamtheit der menschlichen, maschinellen,

---

[1] Heinrich L. J., Roithmayr F.: Wirtschaftsinformatik Lexikon; a.a.O.; S.144f und
     Schneider H.J.: Lexikon der Informatik ...; a.a.O.; S. 165f
[2] Heinrich L. J., Roithmayr F.: Wirtschaftsinformatik Lexikon; a.a.O.; S.144
[3] Schneider H.J.: Lexikon der Informatik ...; a.a.O.; S. 166

maschinensteuernden, materialen und ablaufregelnden Bestandteile einer organisatorischen Kombination zur Erfüllung der Aufgaben der Datenverarbeitung". Der Aspekt der Struktur und der Einordnung des DVS in ein IS bleiben auch in dieser Definition unberührt. Um dieser Kritik gerecht zu werden, wird aus den vorhandenen Definitionen und der Struktur von IS ein Begriff Datenverarbeitungssystem abgeleitet, der Elemente, Struktur und Funktionen des Systems umfaßt:

DV-Systeme sind Techniksysteme, die sich aus den Verarbeitungssystemen im engeren Sinn (Computer, System- und Anwendungssoftware im Sinne der Definition von DIN 44300 und Heinrich-Roithmayr) und aus einem Kommunikationssubsystem zusammensetzen, das den Informations- (Daten-)transfer zwischen Computern (Verarbeitungssystemen) ermöglicht. Da Techniksysteme ohne Menschen, die Aufgaben wie Systemplanung, Systembetrieb und Wartung erfüllen, nicht funktionstüchtig sind, stellt sich der Prozeß der Datenverarbeitung als ein System aus Menschen und Technik dar, wie die Abbildung "Abgrenzung der Datenverarbeitung" zeigt. Dies unterscheidet sich vom IKS insofern, als im IKS auch die Betroffenen, also die Benutzer, Bestandteil des Systems sind, während hier nur die Menschen Bestandteil des Systems sind, die Aufgaben der Systemplanung oder des Systembetriebs (z.B. Operating, Wartung, usw.) wahrnehmen.

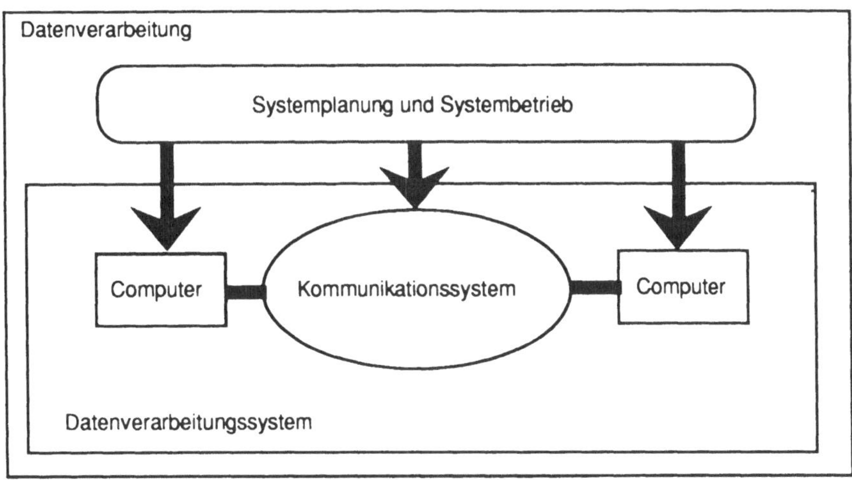

Abb. 1.2. Abgrenzung der Datenverarbeitung

1.5.2. Distribuierung und Dezentralisierung

Während unter Dezentralisierung die Bewegung "weg von einem Mittelpunkt" verstanden wird, also die Zuordnung von Aufgaben, Kompetenzen oder Ressourcen zu "verteilten" Organisationseinheiten, wird unter Distribuierung der Vorgang des Verteilens verstanden[1]. Diese Definition entspricht auch den Überlegungen zu "Zentralisation und Dezentralisation" im Hinblick auf die Verteilung von Aufgaben in Organisationen[2]. Bleicher erwähnt in diesem Zusammenhang explizit, daß die Begriffe Zentralisation und Dezentralisation zwar die Richtung des Handelns, aber nicht den Inhalt bzw. das Zentrum, das zur Beurteilung der Richtung notwendig ist, beschreiben.

Daraus lassen sich für den Begriff der De/zentralisierung drei wesentliche Merkmale ableiten:

(1)   Ein Zentrum und eine Dimension, die den Entscheidungsraum begrenzen.

(2)   Ein Objekt, das entlang der Dimension bewegt wird.

(3)   Eine Richtung, in der das Objekt entlang der Dimension bewegt wird.

Die fundamentalste Unterscheidung zwischen verschiedenen De/zentralisierungsentscheidungen besteht in den Objekten, die den Gegenstand der Entscheidung darstellen. In der Organisationslehre steht z.B. die Entscheidungskompetenz im Vordergrund[3], während die Objekte der Informationsverarbeitung aus Informationen, Ressourcen, Projektphasen oder Funktionen bestehen[4].

Aus diesen Überlegungen resultiert ein enger Verwandtschaftsgrad der beiden Begriffe, sodaß eine präzise Abgrenzung zunächst als nicht zielführend angesehen wird.

In diesem Buch werden die Begriffe dahingehend unterschieden, als unter Distribuierung der Entscheidungsprozeß verstanden wird, den das in dem Buch vorgestellte Entscheidungsmodell unterstützen soll, und unter Dezentralisierung die Ergebnisse der

---

1   Vgl. Heinrich L. J., Roithmayr F.: Wirtschaftsinformatik Lexikon, 3. Aufl.; München Wien Oldenbourg 1989, S. 156

2   Vgl. Bleicher K.: Zentralisation und Dezentralisation; in: Grochla E. (Hrsg.), Handwörterbuch der Organisation, 2. Aufl., Stuttgart 1980, Sp. 2404ff

3   Vgl. Khandwalla P.N.: The Design of Organisations; New York, Chicago, San Francisco, Atlanta; 1977; S. 508

4   Vgl. das Kapitel "Objekte der Dezentralisierung" auf Seite: 128

Distribuierung verstanden werden. Sollte sich als Ergebnis der Distribuierung eine Zentralisierung ergeben, so ist anstelle des Begriffs Dezentralisierung "Zentralisierung" einzusetzen.

1.5.3. Organisation und Unternehmen

Gegenstand der Organisationslehre sind Strukturierungsprobleme einer bestimmten Klasse sozialer Systeme[1]. Die Definition bezieht sich auf soziale Systeme, um dem institutionalen Organisationsbegriff auszuweichen, wie er später beschrieben wird. Die Organisation (das soziale System) wird zum Erkenntnisobjekt. Das theoretische Wissenschaftsziel besteht demnach in[2]:

- der Beschreibung des Aufbaus und des Verhaltens formal strukturierter Systeme

- der Erklärung ihrer Funktionsweisen mittels gesetzesähnlicher Aussagen

- der Aufstellung von Verhaltensprognosen aufgrund der erkannten Zusammenhänge.

Demgegenüber steht das pragmatische Wissenschaftsziel, das in der Nutzbarmachung theoretischer Erkenntnisse zur Gestaltung der Wirklichkeit besteht. Dabei geht es nicht mehr um die Beschreibung, sondern um die Gestaltung der Organisation durch die Ableitung von praktisch verwendbaren Handlungsanweisungen. Das Erkenntnisobjekt wird zum Gestaltungsobjekt.

Ausgehend von der Zielsetzung des Buches muß hier dem pragmatischen Ansatz der Vorzug gegeben werden. Zur Abgrenzung ist es notwendig, verschiedene Organisationsbegriffe aus der Literatur zu diskutieren, und deren Verwendung in diesem Buch zu beschreiben.

Hoffmann[3] unterscheidet vier verschiedene Organisationsbegriffe: Ein **universeller Organisationsbegriff** versteht eine Organisation als Einheit aus geordnet miteinander verbundenen Teilen. Diese Definition ist eng mit dem Systembegriff der System-

---

[1] Hill W., Fehlbaum R., Ulrich P.: Organisationslehre 1; 3. Aufl.; Bern 1981; S. 20

[2] Vgl. hierzu: Hill W., Fehlbaum R., Ulrich P.: Organisationslehre 1; a.a.O.; S. 34

[3] Hoffmann F.: Begriff der Organisation; in: Grochla E. (Hrsg.), Handwörterbuch der Organisation, 2. Aufl., Stuttgart 1980, Sp. 1424ff

theorie verwandt, wird aber in der Literatur kaum verwendet. Beim **institutionalen Organisationsbegriff** wird die Organisation als zielgerichtetes sozio-technisches System verstanden. Der **strukturale Organisationsbegriff** beschreibt die Organisation mittels Regeln, die Aussagen über die Beziehung der Mitglieder (Organisationseinheiten oder Menschen) zueinander und die Verteilung von Aufgaben, Kompetenzen und Verantwortung treffen. Der **funktionale Organisationsbegriff** beschreibt die Gestaltung eines Systems, die Tätigkeit des Organisierens.

Der institutionale Organisationsbegriff, wie ihn auch Grochla[1] beschreibt, umfaßt ganze sozio-technische Systeme, ohne dabei deren interne Struktur aufzudecken. Da im vorliegenden Buch aufgrund der Zielsetzung interne Strukturen der institutionalen Organisationen berücksichtigt werden müssen, ist dieser Organisationsbegriff allein nicht ausreichend.

Der strukturale Organisationsbegriff oder der instrumentale Organisationsbegriff beschreibt die Organisation als ein System von Regeln, das die Aufgabenerfüllung eines sozialen Systems zielgerichtet und dauerhaft ordnet[2]. Innerhalb dieses Organisationsbegriffs kann zwischen der Aufbau- und der Ablauforganisation unterschieden werden[3]. Die Aufbauorganisation betrifft die Struktur des sozialen Systems, die Ablauforganisation beschäftigt sich mit der "raumzeitlichen Strukturierung der zur Aufgabenerfüllung des sozialen Systems erforderlichen Arbeits- und Bewegungsvorgänge"[4].

Der Gegenstand des Buches besteht in der Gestaltung der Informationsverarbeitung, insbesondere deren Distribuierung, wobei hier der funktionale Aspekt der Organisation der Informationsverarbeitung Gegenstand der Gestaltung ist, während die Ziele und die Organisation des Unternehmens als Rahmenbedingung anzusehen sind. Die Wechselwirkung zwischen der Informationsverarbeitung und der Organisation eines Unternehmens[5] wird in diesem Buch bewußt ausgeklammert. Es wird davon ausgegangen, daß die Organisation des Unternehmens als Rahmenbedingung vorgegeben ist und durch

---

[1]   Vgl. Grochla E.: Einführung in die Organisationstheorie; Poeschel Verlag; Stuttgart 1978; S. 15

[2]   Vgl. Grochla E.: Einführung in die Organisationstheorie; a.a.O.

[3]   Grochla E. Grundlagen der organisatorischen Gestaltung; Poeschel Verlag; Stuttgart 1982; S. 24

[4]   Grochla E.: Grundlagen ...; a.a.O.; S. 25

[5]   Vgl. hierzu Szyperski N., Winand U.: Informationsmanagement und informationstechnische Perspektiven; in: Seidel E., Wagner D. (Hrsg.): Organisation; Wiesbaden; Gabler; 1989; S. 140f

das Informationssystem optimal unterstützt werden soll, wobei Ziele und Strategien berücksichtigt werden.

Ein Unternehmen ist eine Organisation (institutional), für die das Entscheidungsmodell angewandt wird. Daraus soll allerdings nicht abgeleitet werden, daß das Entscheidungsmodell nicht auch auf andere Organisationstypen angewandt werden kann, der Begriff Unternehmen steht hier als Platzhalter für andere Organisationstypen und wird nur aus Gründen der Unterscheidung verwendet, der Begriff "Organisation" soll hier dem strukturalen Aspekt, d.h. der Aufbau- und Ablauforganisation vorbehalten bleiben.

2. Rahmenbedingungen für die Bestimmung des optimalen Distribuierungsgrades

2.1. Die Organisation des Unternehmens

Ein Unternehmen kann als Organisation im Sinne eines systemtheoretischen Organisationsbegriffes oder eines strukturellen Organisationsbegriffs betrachtet werden. In beiden Fällen stellt sich für den Prozeß der Distribuierung der Informationsverarbeitung die Frage, welches die Elemente in der Organisation sind, die für die Zuteilung von Aufgaben oder Ressourcen in Frage kommen, und wo das Zentrum anzunehmen ist, von dem aus eine Dezentralisation vorgenommen werden kann. Die zweite Frage kann nur auf der ersten aufbauend beantwortet werden. Eine weitere Frage ist die Fähigkeit der gebildeten Einheiten des Informationsverarbeitungssystems den Anforderungen des Unternehmens gerecht zu werden. Daraus leitet sich die Forderung ab, daß diese Einheiten in der Lage sein müssen, im Unternehmen zu "überleben", d.h. die von ihnen erwarteten Leistungen in der erforderlichen Qualität und Quantität zu erbringen.

Es muß also zunächst untersucht werden, unter welchem Aspekt die Organisation des Unternehmens betrachtet wird. Dementsprechend wird die Betrachtungsweise der Organisation einen systemtheoretischen oder einen strukturellen Schwerpunkt aufweisen.

2.1.1. Systemtheoretische Betrachtung der Organisation

Als Einleitung sei hier bemerkt, daß die Aussagen, die für die Organisation des gesamten Unternehmens getroffen werden in hohem Maß auch für die Organisation der Datenverarbeitung als Subsystem des Unternehmens gelten. So können z.B. die Überlegungen zur Lebensfähigkeit des Unternehmens in seiner Umwelt auf die "Lebensfähigkeit" der Datenverarbeitung im Unternehmen transponiert werden.

Auf der Grundlage von kybernetischen Forschungen im Bereich der Biologie und der Neurokybernetik entwickelte sich in den 70er Jahren eine kybernetische Betrachtungsweise von Organisationen (Unternehmen)[1], die das Unternehmen unter dem Aspekt der Lebensfähigkeit in einer gegebenen Umwelt untersucht. In diesem Modell wird das Unternehmen als System beschrieben, dessen primäres Ziel in der Erlangung und Erhaltung der Lebensfähigkeit liegt. Die kurzfristigen, betriebswirtschaftlichen Ziele haben sich diesem unterzuordnen. Diese Überlegungen werden auch von den Modellen der strategischen Unternehmensführung aufgegriffen, dort allerdings in der weitaus spezifischeren Diskussion über langfristige Gewinnmaximierung[2]. Das Ziel der Lebensfähigkeit ist ein langfristiges. Kurzfristig können durchaus andere Ziele oder Zielsysteme eine höhere Priorität erlangen, die permanente Unterordnung der Lebensfähigkeit führt jedoch zu Ungleichgewichten, die die Existenz des Unternehmens gefährden.

2.1.1.1. Die Umwelt

Einen zentralen Punkt in diesem Modell spielt die Umwelt als Bedingungsrahmen für jedes Unternehmen. Die Bedeutung des Begriffs Umwelt ist hier nicht nur auf die physische Umwelt beschränkt, sondern umfaßt auch soziale- und rechtliche Strukturen sowie Informationskanäle, die das Unternehmen mit seiner Umwelt verbinden. Ein Unternehmen ist in eine heterogene Umwelt eingebettet, deren Elemente (Systeme) einander überlappen . Die Grenzen zwischen diesen Systemen und somit auch zwischen Unternehmen und Umwelt sind aufgrund der vielfältigen Interaktionen nicht klar definierbar. Interaktionen bestehen nicht nur im direkten Austausch von Gütern und Informationen, sondern auch aus Sekundärwirkungen, also Austauschbeziehungen die nicht in der unmittelbaren Umwelt stattfinden, aber dennoch Auswirkungen auf ein System (z.B. das Unternehmen) haben. Dieses komplexe Modell der Umwelt wird durch eine Einteilung in eine generelle oder Makroumwelt und in die Aufgabenumwelt strukturiert.[3]

---

[1]　Vgl. Beer S.: Brain of the Firm, London, 1972 und Beer Stafford, The Heart of Enterprise, London, 1979

[2]　Vgl. Hinterhuber H.: Strategische Unternehmensführung - Strategisches Denken; 4. Aufl., Berlin New York, 1989; S. 6f

[3]　Vgl. Hoffmann F.: Führungsorganisation, Bd. 1, Thübingen, 1980, S. 102

2.1.1.1.1. Die generelle oder Makroumwelt

Hierin werden gesellschaftliche, politische, regulatorische, technologische und ökologische Bedingungen zusammengefaßt. Das Kennzeichen der generellen Umwelt ist, daß sie keine aktuelle Restriktion des Handlungsspielraumes des Unternehmens darstellt, wohl aber eine potentielle. Strategische Entscheidungen sind entweder eine Reaktion auf eine Veränderung in der Makroumwelt, oder das Unternehmen will in dieser Umwelt seine Position verändern. Für taktische Entscheidungen ist die generelle Umwelt nur insofern relevant, als sie zur Aufgabenumwelt wird (d.h. ein Teil des aktuellen Bedingungsrahmens wird), oder sie in Zusammenhang mit einer strategischen Entscheidung eines Unternehmens eine Restriktion für taktische Maßnahmen darstellt.

2.1.1.1.2. Die aktuell relevante oder Aufgabenumwelt

Diese setzt sich zusammen aus Beschaffungsmarkt, Absatzmarkt, Kapitalmarkt, Arbeitsmarkt, Konkurrenzsituation usw. Dieser Teil der Umwelt bildet den aktuellen Bedingungsrahmen in dem das Unternehmen mittels seiner taktischen Entscheidungen agiert. Während die Abgrenzung zwischen Makroumwelt und Unternehmen keine Probleme mit sich bringt, ist es aufgrund vielfältiger Interaktionen, sowie organisatorischer und personeller Verknüpfungen, nicht möglich, eine klare Linie zwischen Unternehmen und Aufgabenumwelt zu ziehen.

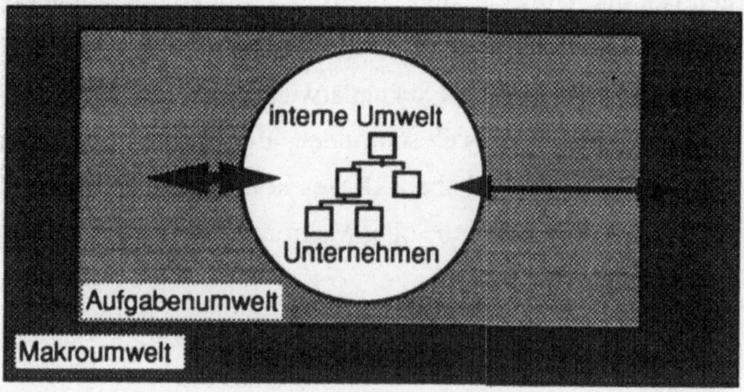

Abb. 2.1. Strukturierung der Umwelt

2.1.1.1.3. Die interne Umwelt

Die interne Umwelt umfaßt die Bedingungen, die dem Unternehmen von sich selbst auferlegt werden. Beispiele dafür sind: Qualitätsstandards, formelle und informelle Organisationsstrukturen usw. Ziel des Managements ist es, die interne Umwelt so zu gestalten, daß Leistungspotentiale optimal genutzt werden können und ein Versteinern des Unternehmens verhindert wird.

2.1.1.2. Dynamik und Varietät der Umwelt

Es ist eine Tatsache, daß die Umwelt eines Unternehmens einem permanenten Änderungsprozeß unterworfen ist. Der zeitliche Ablauf und das Ausmaß dieser Veränderungen, sowie deren Auswirkungen sind mittel- und langfristig im allgemeinen nicht vorherzusehen. Diese Umweltdynamik bedeutet für ein Unternehmen die Notwendigkeit, die Umwelt ständig zu beobachten und Veränderungen frühzeitig zu erkennen, um das Unternehmen an die neuen Bedingungen rechtzeitig anzupassen. Daraus ergibt sich das Problem der Informationsgewinnung und der Vollständigkeit der Informationen.

Da es in der Praxis nahezu unmöglich ist, auch nur annähernd vollständige Informationen über umweltbezogene Sachverhalte zu erheben bzw. zu verarbeiten, und die Dynamik der Umwelt von Unregelmäßigkeiten geprägt ist, ergibt sich für das Unternehmen eine Situation der Unsicherheit. Das Ausschalten dieses Unsicherheitsfaktors ist nicht möglich. Deshalb ist es die Aufgabe der jeweiligen Entscheidungsträger, ihren Informationsstand zu optimieren, relevante von nicht relevanten Informationen zu trennen, um dann in einem Stadium der relativen Unsicherheit zu entscheiden. Die Qualität der Entscheidungen ist abhängig von der Sicherheit und Relevanz der zur Verfügung stehenden Informationen, sowie der persönlichen Fähigkeit des Entscheidungsträgers die Informationen zu verarbeiten und ihre Relevanz zu beurteilen.

Die Ursache für die aus der Umwelt resultierenden Unsicherheit im Entscheidungsprozeß liegt in ihrer Komplexität. Diese wiederum beruht auf der Anzahl der Systeme, aus denen die Umwelt (im allgemeinen die Aufgabenumwelt) besteht, auf der Heterogenität dieser Systeme und auf den Beziehungen, die zwischen den Systemen bestehen. In diesem Zusammenhang sei noch einmal auf die Bedeutung von Sekundäreffekten hingewiesen, die bei der Interaktion zwischen zwei Umweltsystemen auftreten können. So können z.B. Entwicklungen im Ökosystem (z.B. Waldsterben) den Gesetzgeber veranlassen Regelungen zu erlassen, die Einfluß auf Industriezweige haben (z.B. Katalysatorpflicht für PKWs). Dies wiederum hat Einflüsse auf Zulieferer und Rohstoffproduzenten. Einflüsse auf die Rohstoffpreise und auf den Kapitalmarkt sind die Folge. Jede Organisation in diesem Szenario betrachtet einen Teil der beteiligten Systeme als Aufgabenumwelt. Alle Entwicklungen in der generellen Umwelt können wegen der Komplexität nur beschränkt beobachtet werden. Entwicklungen in der generellen Umwelt können aber Auswirkungen auf die Aufgabenumwelt haben und somit die Entscheidungsgrundlage eines Unternehmens beeinflussen.

Zur Messung dieser Komplexität wird in der Kybernetik die Varietät als Maßzahl verwendet. Varietät läßt sich wie folgt definieren: "The basic unit of complexity is any one possible state of the system. For, as the number of possible states increases, the complexity rises ... The measure of the number of possible states is called VARIETY."[1]. Ein Beispiel für ein System mit überschaubarer Varietät ist eine einstellige Dualzahl mit einer Varietät von "2" (0,1). Eine achtstellige Dualzahl hat demnach eine Varietät von "256", d.h. 256 mögliche Zustände. Es ist erkennbar, daß sich die Varietät mit der Anzahl der Systemelemente potenziert und somit sehr schnell äußerst komplexe Systeme entstehen.

Die Anzahl der Zustände eines Systems, seine Varietät, kann in zwei Zusammenhängen interpretiert werden. Einerseits kann damit die Varietät der Umwelt beschrieben werden, was dem oben angeführten Beispiel für Sekundäreffekte entspricht. Hierbei wird die Umwelt als System verstanden und ihre Komplexität durch die Varietät ausgedrückt. Andererseits kann das Unternehmen als System verstanden werden. Dann wird die Varietät zur Maßzahl, die angibt, wie viele Möglichkeiten das Unternehmen hat und ausnutzt, um seine Austauschbeziehungen mit der Umwelt zu gestalten. Als Beispiel seien die Möglichkeiten genannt, die sich aus der Produkt-/Preispolitik ergeben. Die Steuerung der Unternehmensvarietät mit dem Ziel die Varietät der Umwelt zu kompensieren, kann als zentrale Aufgabe des Managements angesehen werden. Welche Möglichkeiten dem Management dazu zur Verfügung stehen, wird auf den nächsten Seiten diskutiert werden.

Wenn man als oberstes Unternehmensziel die Erhaltung der Lebensfähigkeit ansetzt, was allerdings Ziele, wie z.B. langfristige Gewinnmaximierung oder Erhaltung der

---

[1]   Beer S.: The Heart of Enterprise, London, 1979, S. 32

Produktivität keineswegs ausschließt, sondern als Subziele inkludiert, dann kann ein Unternehmen nur bestehen, wenn es in dauernder Interaktion mit seiner Umwelt steht und die Veränderungen mitvollzieht, d.h. sich an geänderte Bedingungen anpaßt. Operationalisieren läßt sich die Forderung nach Offenheit und Dynamik durch die folgenden Punkte:

Um in der Umwelt die Lebensfähigkeit zu bewahren, muß ein Unternehmen

1. Die neuen Bedingungen vorhersehen, unter denen jede Umweltgruppe bereit ist, die Kooperation mit dem Unternehmen fortzusetzen.

2. Den Austausch von Leistung und Gegenleistung laufend so gestalten, daß er für die Gruppe die Ressourcen zur Verfügung stellt, attraktiv ist und den Zielsetzungen und Möglichkeiten des Unternehmens entspricht.

3. Innovation im richtigen Zeitpunkt und auf effiziente Weise einführen, sodaß psychologische und technische Anpassungen möglich sind und sich das Unternehmen jederzeit in einem Gleichgewicht zu seiner Umwelt befindet.

4. Mit anderen Einrichtungen[1] kooperieren, die neue Verhaltensweisen, Produkte, Verfahren usw. entwickeln und bestehende verbessern, und die eine nachhaltige Verbesserung des Anpassungsverhaltens in einer dynamischen Umwelt sicherstellen, oder den unternehmerischen Handlungsspielraum erweitern können[2].

Miles/Snow[3] strukturieren die Forderung nach Anpassung an die Umweltbedingungen in einem Anpassungskreislauf, der mehr oder weniger simultan drei Problembereiche behandelt. Zunächst gilt es das unternehmerische Problem zu lösen, das in der Auswahl und Durchsetzung einer "unternehmerischen Domäne", einer Produkt/Markt Kombination besteht. Das zweite Problem beinhaltet die Klärung der technologischen Fragen, der Auswahl der geeigneten Technologie zur Herstellung und Vermarktung des Produktes. Der dritte Problemkreis, das administrative Problem, besteht in der Rationalisierung und der Implementierung einer stabilisierenden Struktur, die gleichzeitig Innovationen ermöglicht und fördert. Durch den Innovationsprozeß, wird der Kreislauf geschlossen.

---

1   Der Begriff "Einrichtungen" umfaßt hier nicht nur Unternehmen und andere strukturierte, zielgerichtete Organisationen, sondern auch informelle Vereinigungen und Strukturen, die der Aufgabenumwelt zuzurechnen sind.

2   Hinterhuber H.: Strategische Unternehmensführung, 2. Aufl., Berlin New York, 1980, S. 20f

3   Miles R. E., Snow C. C.: Unternehmensstrategien; Mc Graw-Hill; Hamburg; 1986; S. 23ff

2.1.1.3. Umwelt und Management

Die Aufgabe des Managements ist es, die Varietät der Umwelt zu kontrollieren. Unter Umwelt ist in diesem Zusammenhang nicht nur die Aufgabenumwelt, sondern auch die Makroumwelt und die interne Umwelt zu verstehen.

Ashby formuliert in einem als "Ashby´s Law" bekannten Satz: "Only Variety absorbs Variety"[1] (Nur Varietät kann Varietät kontrollieren bzw. "beherrschen"). Die oben aufgestellte Forderung bedingt, daß die Unternehmensführung ebensoviel Varietät aufbringen muß, wie die Umwelt. In den meisten Fällen ist die Varietät der Umwelt um ein Vielfaches größer, als die der Unternehmensführung. Es gilt, die Varietät des Unternehmens an die der Umwelt anzupassen. Um diese Aufgabe zu lösen, gibt es zwei Möglichkeiten: man kann die Varietät des Unternehmens steigern, oder die der Umwelt verringern. In der Praxis wird man den Mittelweg wählen, woraus sich für die Unternehmensführung zwei Aufgaben ableiten.

Erstens muß sie Varietät produzieren, d.h. sie muß durch Motivation, Flexibilität und Innovationsbereitschaft das Unternehmen zu einem dynamischen, lebensfähigen System machen, das von der Umwelt anerkannt wird. Zweitens muß sie Varietät absorbieren, d.h. Die Varietät der Umwelt muß kanalisiert werden, sodaß die Unternehmensführung nur mit einer Varietät konfrontiert wird, der sie in gleichem Maße eigene Varietät entgegensetzen kann. Einzelne Teile des Unternehmens müssen als "Varietätsfilter" zwischen Umwelt und Unternehmensführung agieren.

2.1.1.3.1. Die Steigerung der Unternehmensvarietät

Die Vergrößerung der Unternehmensvarietät bedeutet die Fähigkeit des Unternehmens sich schnell auf geänderte Umweltbedingungen einstellen zu können (Flexibilität), diese womöglich vorherzusehen und selbst kreativ und innovativ tätig zu sein. Die Steigerung der Flexibilität wird im allgemeinen durch eine Unterteilung des Unternehmens in Subsysteme erreicht. Diese können aufgrund ihrer Spezialisierung aus der für sie relevanten Umwelt Informationen sammeln und verarbeiten, Entscheidungen treffen und für die Unternehmensleitung relevante Informationen aussieben und weiterleiten. Der Vorteil liegt in einer umfassenderen Informationsgewinnung und einer entsprechen-

---

[1] Beer S: The Heart of Enterprise, London, 1979, S. 89

den Komprimierung, was eine "Überfütterung" der Unternehmensführung verhindert, das Informationsniveau des Gesamtsystems jedoch erhöht.

Durch die Gliederung in Subsysteme wird die Unternehmensleitung entlastet, gleichzeitig entsteht aber ein neuer Aufgabenbereich, den sie wahrnehmen muß. Nach der Gliederung in Subsysteme muß dafür gesorgt werden, daß der Informationsfluß nicht nur vertikal, sondern auch horizontal zwischen den Subsystemen in geordneten Bahnen abläuft. Außerdem muß es das Bestreben der Unternehmensleitung sein, Synergieeffekte zu ermöglichen. Ohne Maßnahmen der Koordination wird das Unternehmen nie mehr sein als die Summe seiner Teile. Das Ziel der Unterteilung in Subsysteme ist aber, neben der gesteigerten Flexibilität auch das Ausnützen von Synergie. Werden Synergieeffekte erzielt, so tragen sie zur weiteren Varietätssteigerung bei.

Wie diese Unterteilung in der Organisation des Unternehmens implementiert wird, muß individuell entschieden werden. Insbesondere müssen bestehende Strukturen, Know How der Mitarbeiter, andere Stärken und Schwächen des Unternehmens, die Struktur der Aufgabenumwelt und die Strategien des Unternehmens berücksichtigt werden.

2.1.1.3.2. Die Verringerung der Umweltvarietät

Um die Varietät der Umwelt zu verkleinern, ist es notwendig, sie in Teilbereiche zu gliedern, die dann vom Unternehmen bzw. seinen Subsystemen gesondert betrachtet werden können, oder den Tätigkeitsbereich des Unternehmens enger zu definieren.

Die institutionale[1] Gliederung, wie in Abbildung 2.2. dargestellt, eignet sich in erster Linie der Strukturierung der Aufgabenumwelt. Dabei wird die Umwelt in Systeme gegliedert, die dadurch gekennzeichnet sind, daß eine regelmäßige, direkte Interaktion mit dem Unternehmen stattfindet. Die Abgrenzung der so gebildeten Systeme kann allerdings nicht eindeutig erfolgen, da Überschneidungen und wechselseitige Einflüsse der Systeme untereinander bestehen.

Alternativ können aus Entwicklungen in Bereichen wie Ökologie, Technologie, Sozialpolitik, Wirtschaftspolitik, Absatzmärkte usw. Szenarios (Abbildung 2.3.) abgeleitet

---

[1] Vgl. Malik F.: "Management Systeme"; in: Die Orientierung, Schweizerische Volksbank Bern, Nr. 78, 1981, S. 16

werden, die in ein Umweltkonzept einfließen, das über die Entwicklung der Umwelt Aufschluß geben soll.

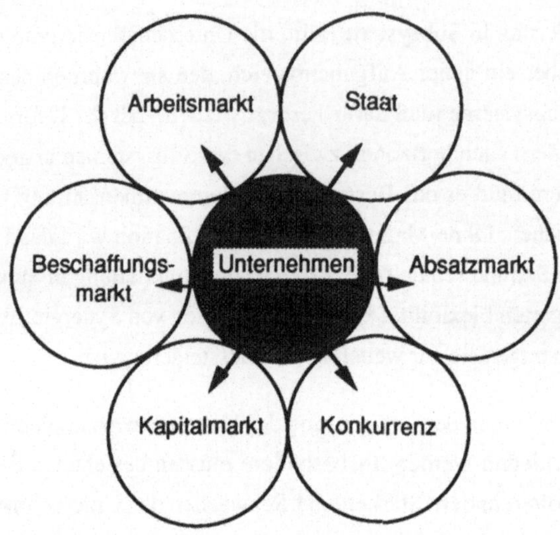

Abb. 2.2. Institutionale Gliederung der Aufgabenumwelt (nach: Malik F.: Management Systeme)

Beide Formen sind geeignet, die Umwelt in (überschaubare) Einheiten zu zerteilen. Welche der Formen in einem speziellen Fall vorzuziehen ist, hängt von der Struktur und Dynamik der Umwelt und den Strategien des Unternehmens ab.

Eine Unterteilung der Makroumwelt scheint in diesem Zusammenhang nicht sinnvoll, weil Abgrenzungskriterien aufgrund der lediglich "potentiellen Relevanz" fehlen. Es ist aber trotzdem darauf zu achten, daß Informationen aus der Makroumwelt gewonnen werden, weil sie zur Vorbereitung strategischer Entscheidungen benötigt werden. Diese Informationen müssen entweder von der Unternehmensführung selbst, oder von den Subsystemen im Umfeld der jeweiligen Aufgabenumwelt beschafft werden. In der Praxis werden im allgemeinen beide Möglichkeiten ausgeschöpft.

Die Strukturierung der internen Umwelt ist ein Organisationsproblem, man muß jedoch darauf Bedacht nehmen, daß in einem Unternehmen die informelle Organisationsstruktur eine bedeutsame Rolle spielt. Außerdem ist darauf zu achten, daß die Varietät der internen Umwelt (der Organisation) nicht soweit eingeschränkt wird, daß die Unternehmen als Ganzes zu wenig Varietät haben, um in der externen Umwelt d.h. Aufgaben- und Makroumwelt zu überleben. Negativ ausgedrückt heißt das, daß jeder Organisationseinheit (z.B. Mitarbeiter) nur soviel Handlungsspielraum gewährt werden kann, daß das ganze Unternehmen kontrollierbar bleibt, dabei aber eine größtmögliche Flexibilität gewahrt bleiben muß.

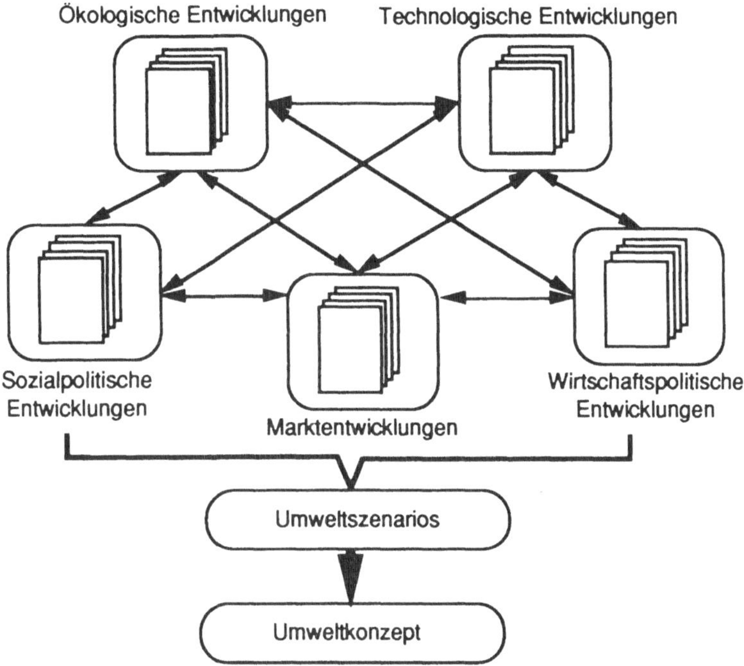

Abb. 2.3. Funktionale Gliederung der Umwelt (nach: Malik F.: Management Systeme)

2.1.1.4. Umwelt und Organisation

Damit ein Unternehmen die Varietät der Umwelt kontrollieren kann, muß die Organisation so gestaltet werden, daß es anpassungsfähig und innovativ sein kann. Als Unternehmensmodell soll hier ein kybernetisches Unternehmensmodell herangezogen werden[1].

---

[1] Vgl. Beer S: Brain of the Firm; London; 1972

In diesem Modell wird das Gesamtsystem[1] "Unternehmen" in fünf Subsysteme unterteilt. Diese sind nicht, wie bei anderen Darstellungsformen der Unternehmensstruktur genau abgegrenzte, in sich wiederum komplexe Unternehmensbereiche, sondern ein Bestandteil des Gesamtsystems, das eine bestimmte Funktion erfüllen muß, um die Lebensfähigkeit des Ganzen zu erhalten. Ein Subsystem kann also genauso einen ganzen Unternehmensbereich umfassen, oder aus einem einzelnen Mitarbeiter bestehen. Andererseits kann ein Mitarbeiter in mehreren Subsystemen tätig sein.

Um ein Unternehmen, das ein komplexes Gesamtsystem darstellt, in Subsysteme zu unterteilen, ist es von Vorteil, sich einer Aspekt-System-Denkweise zu bedienen[2]. Dieser Ansatz betrachtet ein Unternehmen als eine Menge von Systemelementen, aus der unter bestimmten Aspekten Teilmengen gebildet werden. Als Elemente der Teilmengen werden jene Elemente des Gesamtsystems herangezogen, die unter dem jeweiligen Aspekt relevant sind. So kann z.B. ein Mitarbeiter gleichzeitig im Subsystem "Informationsverarbeitung" und im Subsystem "Produktion" Element des jeweiligen Aspekt-Systems sein. Im kybernetischen Unternehmensmodell kann in jedem Subsystem, in jeder zu erfüllenden Funktion ein Aspekt gesehen werden, und dementsprechend das Subsystem abgegrenzt werden. Beim Design bzw. Redesign von Systemen können zunächst die Subsysteme optimiert werden, und dann in einem weiteren Schritt, der Harmonisierung, das Gesamtsystem, sodaß es den Anforderungen eines lebensfähigen System entspricht.

In diesem Sinn und unter Berücksichtigung der Rekursivität dieses Modells ist ein Unternehmen ein Subsystem eines übergeordneten Makrosystems (z.B. Wirtschaftssystem), das eine bestimmte Aufgabe in diesem übergeordneten System erfüllt (z.B. Befriedigung eines Bedürfnisses). Der Begriff "Lebensfähigkeit" bezieht sich in der folgenden Diskussion nicht allein auf die wirtschaftliche Lebensfähigkeit, sondern generell auf die Fähigkeit, die Varietät der Umwelt zu kontrollieren und sich anzupassen.

Die einzelnen Subsysteme eines lebensfähigen Systems, ihre Aufgaben und ihre Verbindungen zu anderen Subsystemen und zur Umwelt werden im folgenden genauer beschrieben.

---

[1] Unter dem Begriff "System" werden Elemente zusammengefaßt, die gemeinsam einen Prozeß bewirken, der das System in Interaktion mit seiner Umwelt setzt.

[2] Hübner H.: Informationsmanagement; GF+M Jahrestagung 1984, Würzburg, 1984

2.1.1.4.1. System 1

Das System 1 könnte man auch als die operative Basiseinheit bezeichnen. Ein solches Basissystem besteht aus einer Systemleitung (A1), einem operationalen Teil(A), der für das System relevanten Umwelt und den notwendigen Informationskanälen.

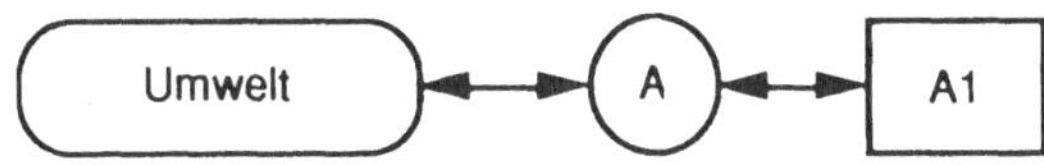

Abb. 2.4. Operationale Basiseinheit, "System 1"

Entsprechend dem kybernetischen Unternehmensmodell soll das gesamte Unternehmen in solche "Systeme 1" gegliedert werden, wobei jede dieser operationalen Basiseinheiten wiederum in sich eine lebensfähiges System darstellen soll (Rekursivität). Je nach Rekursionsebene können diese Systeme aus einzelnen Mitarbeitern oder aus Unternehmensbereichen (z.B. Strategische Geschäftseinheiten, Profit Centers, Tochterunternehmen usw.) bestehen. Die Lebensfähigkeit der operationalen Basissysteme läßt sich auf den höheren Rekursionsebenen durch Zuordnung der Funktionen zu Teilsystemen relativ leicht beweisen, während auf den unteren Rekursionsebenen nur mehr die Erfüllung der Funktionen, die zur Erhaltung der Lebensfähigkeit notwendig sind, beobachtbar ist.

Wenn z.B. das Unternehmen als Gesamtsystem gesehen wird, so stellt sich das IKS als operationales Basissystem (System-1) dar. Die Systemleitung umfaßt die Funktionen des Managements des IKS (Systemmanagement, wobei hier unter System das DV-System und der DV-Prozeß verstanden werden). Der operationale Teil beschäftigt sich mit der Umsetzung der Pläne und dem Betrieb des DV-Systems.

Ebenfalls auf den unteren Rekursionsebenen besteht zudem das Problem der Abgrenzung der einzelnen Basissysteme, weil Aufgaben verschiedener Basissysteme von Mitarbeitern in Personalunion erfüllt werden können. Hier stellt die oben erwähnte System-Aspekt-Denkweise ein praktikables Hilfsmittel dar. Zunächst wird der Aspekt definiert (z.B. Systembetrieb des IKS für den Bereich einer dezentralen Organisationseinheit), die dafür relevante Umwelt (Servicefirmen, Zubehörlieferanten usw.) und die Mitarbeiter und Ressourcen der Organisationseinheit, die mit dieser Funktion befaßt sind, dann wird untersucht, ob das so gebildete System ein lebensfähiges System darstellt.

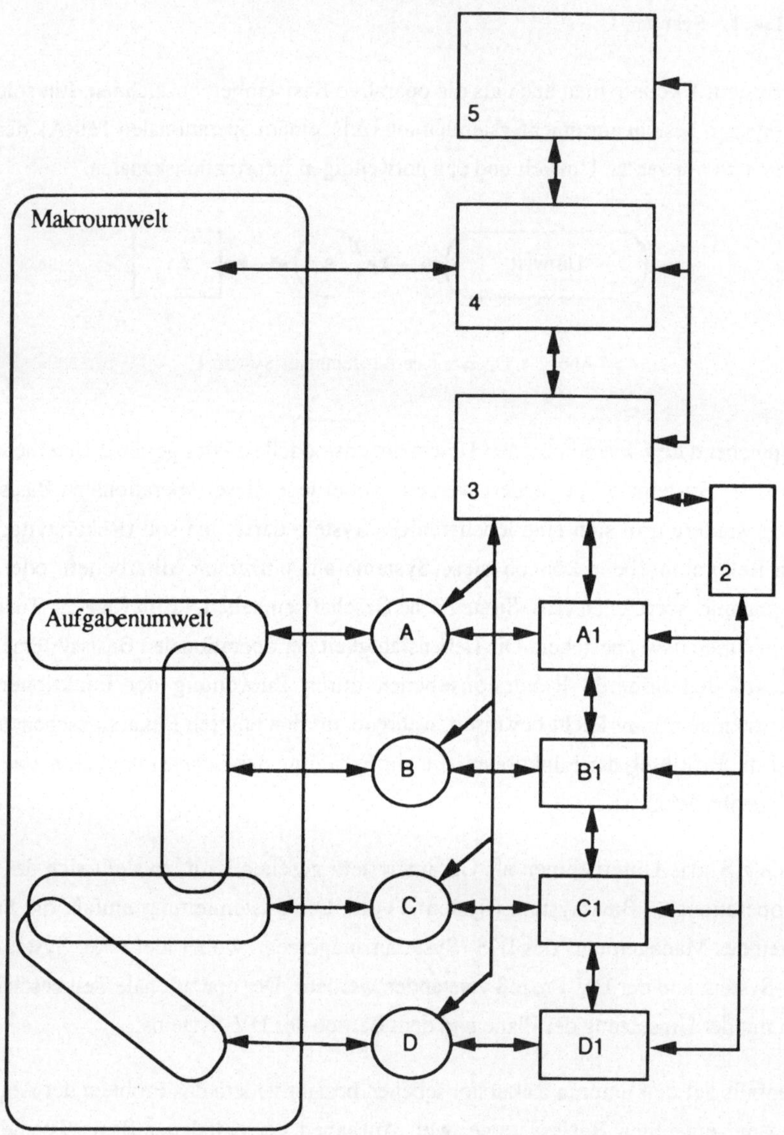

Abb. 2.5. Modell des lebensfähigen Systems

Neben den operationalen Aufgaben besteht die Aufgabe der Basissysteme auch darin, die in der für sie relevanten Umwelt auftretenden, Umweltvarietät zu kompensieren, und die Stabilität zu sichern. Es muß ausreichend Varietät entwickelt werden, um auf Umweltveränderungen reagieren zu können. Es ist aber nicht Aufgabe des Basissystems, über den operationalen Aufgabenbereich (oder den Aspekt unter dem das System definiert wurde) hinaus, auf die Umwelt Einfluß zu nehmen, oder auf Veränderungen der nicht relevanten Umwelt eigenständig zu reagieren. Die Aufrechterhaltung der Stabilität mit der gesamten Umwelt, sowie Entscheidungen mit strategischen Dimensionen (solche, die die Makroumwelt betreffen) fallen in den Aufgabenbereich des Metasystems, das aus den noch zu definierenden Systemen 3 bis 5 besteht.

Die Struktur des Modells eines lebensfähigen Systems wird in der Abbildung "Modell des lebensfähigen Systems" dargestellt. Neben den Basissystemen wird auch das Metasystem (Subsysteme 3-5) und die erforderlichen Kommunikationskanäle aufgezeigt. Die Aufgabe der einzelnen Systeme und die Bedeutung der Kommunikationskanäle ergeben sich aus den folgenden Ausführungen.

2.1.1.4.2. System 2

Das System-2 hat die Aufgabe, die verschiedenen Basissysteme zu koordinieren und zu verhindern, daß durch übertriebene Suboptimierung der Basissysteme oder durch unzureichende Kommunikation der Basissysteme untereinander die gemeinsame Zielsetzung aus dem Auge verloren wird, und zwischen den Systemen ein Konkurrenzdenken entsteht.

Die Basissysteme haben keine uneingeschränkte Autonomie. Sie müssen sich der strategischen Stoßrichtung des Gesamtsystems unterordnen, weil sonst dessen Lebensfähigkeit in Gefahr wäre. Die Restriktionen der Handlungsfreiheit werden durch das System-2 übermittelt, d.h. das System muß überschüssige Varietät der Basissysteme aufnehmen und kompensieren. Gleichzeitig ist es aber die Aufgabe des Systems-2, Synergiepotentiale zu wahren und negative Schwankungen der Basissysteme, durch zur Verfügung stellen zusätzlicher Varietät, auszugleichen.

Eine weitere Aufgabe des Systems-2 besteht darin, die Strategien, die durch das Metasystem formuliert wurden, gegenüber den Basissystemen in einer angemessenen Form zu vertreten. Angemessen heißt in diesem Zusammenhang, daß die Strategien der Rekursionsebene entsprechend formuliert in operationale Pläne übersetzt werden. Dies kann z.B. durch Festlegen von Qualitätsstandards erfolgen.

Wenn das System-2 die genannten Aufgaben erfüllt, muß es in der Folge nur mehr in Aktion treten, wenn sich aufgrund unerwarteter Entwicklungen in der internen oder externen Umwelt Schwankungen ergeben, die von den Basissystemen nicht mehr ausgeglichen werden können und das Erreichen strategische Ziele gefährden.

Zur Erfüllung der Aufgaben des Systems-2 ist es nicht unbedingt notwendig, dieses in expliziter Form z.B. im Organigramm als Koordinationsstelle zu implementieren. Es genügt vollauf, wenn die Funktion erfüllt wird. Andererseits genügt die explizite Einbindung in die Organisation nicht für die Erfüllung der Funktion.

2.1.1.4.3. System 3

Das System-3 stellt die unterste Ebene des sogenannten Metasystems dar, das den Systemen-1 und -2 übergeordnet ist, und dessen Aufgabe darin besteht, die strategische Ausrichtung des Gesamtsystems zu formulieren.

Die Aufgabe des Systems-3 innerhalb des Metasystems besteht in der Allokation von Ressourcen, in der Umsetzung von strategischen Entscheidungen in operative Standards, die den Systemen des "operational Managements" (den Systemen-1 und -2) als Bedingungsrahmen vorgesetzt werden können, und in der Ausschöpfung von etwaigen Synergiepotentialen. Im Unterschied zum System-2 besteht der zentrale Punkt der Aufgabe in der Optimierung der Gesamtleistung, in der Formulierung operationaler Pläne, und deren Kontrolle in Hinblick auf Zielerreichung und Konformität des Erreichten mit den strategischen Zielen des Gesamtsystems.

Zusätzlich hat das System-3 die Funktion, Informationen über die externe Umwelt, die in von den Basissystemen als relevant betrachteten Umweltbereichen gewonnen werden, und Informationen über die interne Umwelt zu verarbeiten. Zur Sammlung der Informationen bestehen eigene Kommunikationskanäle zu den Basissystemen. Diese Informationen dienen im wesentlichen der Kontrolle der operationalen Pläne (d.h. der Übereinstimmung von Soll- und Istwerten), sowie als Grundlage für weitere strategische Überlegungen der übergeordneten Systeme. Dabei ist zu beachten, daß Abweichungen, die durch eigene Maßnahmen der Basissysteme ausgeglichen werden konnten, für das System-3 nicht mehr relevant sind. Diese Aussage beinhaltet die Bedingung, daß die Systeme-1 und -2 mit genügend Autonomie ausgestattet sind, damit Schwankungen im eigenen Kompetenzbereich ausgeglichen werden können, aber andererseits nicht soviel Autonomie gewährt wird, daß die strategische Ausrichtung des Gesamtsystems gefährdet wird.

Das System-3 ist in zwei Richtungen tätig: Zum einen setzt es strategische Entscheidungen der übergeordneten Systeme in operationale Pläne um und leitet diese an den operationalen Bereich weiter, zum anderen kontrolliert es die Ergebnisse der Basissysteme und leitet Informationen weiter, die für weitere strategische Überlegungen relevant sind. Der Tätigkeitsbereich des Systems ist also gegenwartsbezogen (kurzer Planungshorizont) und innerbetrieblich orientiert (innerbetriebliche Weiterleitung von Informationen, auch wenn diese die externe Umwelt betreffen).

2.1.1.4.4. System 4

Das System-4, als zweite Ebene des Metasystems, ist als erstes System zukunfts- und umweltorientiert.

Das System-4 steht in erster Linie mit jenen Teilen der Umwelt in Kontakt, die aus Sicht der Basissysteme als generelle Umwelt zu betrachten wären. Über Veränderungen in der Aufgabenumwelt der Basissysteme wird das System-4 innerbetrieblich informiert, soweit es zur Erfüllung seiner Funktion notwendig ist. Aus der Tatsache, daß das System-4 die generelle Umwelt beobachtet, läßt sich schon erkennen, daß die Funktion des Systems in der Ausarbeitung strategischer Pläne liegt. Die Entscheidung über diese Pläne ist Aufgabe des System-5.

Zur Ausarbeitung strategischer Konzepte bedarf es neben einer Umweltanalyse, auch einer Analyse der systeminternen Gegebenheiten. Diese Aufgabe ist nur in Zusammenarbeit mit dem System-3 zu lösen, da das System-4 über keinen Informationskanal zu den operationalen Systemen verfügt.

"System-4 constitutes the group of people who spend the money we make in system-3."[1] (Das System-4 besteht aus Menschen, die das Geld ausgeben, das wir im System-3 verdienen). Dieser ernst gemeinte Vorwurf liegt sicher nicht im Interesse des Gesamtsystems, da er ein erhebliches Konfliktpotential darstellt. Die Ursache dafür liegt in der meist unzureichenden Einbindung des System-4 in die Systemhierarchie. In vielen Fällen ist das System als Stabstelle ausgebildet. Durch diese Abkoppelung von der Linie, besteht die Gefahr, daß das System-4 den Bezug zum täglichen Geschäft

---

[1] Beer S: The Heart of Enterprise, London, 1979, S. 255

verliert, und dadurch Umweltentwicklungen falsch bewertet, und die Funktion des Systems in der Linie nicht ernst genommen wird.

Das System-4 hat unter Berücksichtigung interner und externer Gegebenheiten strategische Planungsalternativen zu entwickeln. Aufgrund dieser Aufgabe hat das System eine gewisse Machtposition inne, da es Informationen interpretieren muß, um diese in Pläne umzusetzen. Die entscheidende Instanz, das System-5, hat im allgemeinen keinen direkten Zugriff auf die Informationen. Aus dieser Tatsache folgt die Notwendigkeit, nur qualifizierte Personen mit dieser Aufgabe zu betrauen und organisatorische Vorkehrungen zu treffen, daß das System in die Linie eingebunden wird, oder zumindest engen Kontakt zur Linie hat, um den Zugang zu praxisnahen Informationen sicherzustellen. Auf Grund des oben erwähnten Konfliktpotentials ist es notwendig, daß die Zusammenarbeit mit dem System-3, die zur Erlangung interner Informationen unerläßlich ist, unter der Leitung des Systems-5 erfolgt. Die Aufgabe des System-5 liegt darin, Konflikte zu lösen und einen ungestörten Informationsfluß zu gewährleisten.

Unter diesen Voraussetzungen kann das System-4 ein Gleichgewicht zwischen Umwelts- und Unternehmensvarietät herstellen und aufrecht erhalten, und somit ein Überleben des Gesamtsystems ermöglichen.

2.1.1.4.5. System 5

Das System-5 ist in jeder Hinsicht die oberste Instanz des Gesamtsystems. Hier werden das Leitbild und das Zielsystem definiert, die Sinnfrage des Systems diskutiert, die strategische Entwicklung entschieden und letztlich die Kooperation der einzelnen Teilsysteme überwacht, insbesondere innerhalb des Metasystems.

Die zentrale Aufgabe ist die Definition des Zielsystems und darauf aufbauend die Entscheidungen über die langfristige Ausrichtung des Gesamtsystems. Diese strategischen Entscheidungen können nur aufgrund von Plänen bzw. Informationen getroffen werden, die vom System-4 zur Verfügung gestellt werden. Das System-4 wiederum kann "vollständige" Informationen nur mit Hilfe des System-3 erlangen, dieses kann jedoch nur Informationen zur Verfügung stellen, wenn die Kommunikation mit den Systemen-1 und -2 funktioniert. Diese gegenseitige Abhängigkeit der einzelnen Systeme muß dem System-5 bewußt sein, da es diese gegenüber allen Systemen vertreten muß, d.h. sie zur Zusammenarbeit motivieren muß.

Das System-5 stellt den zentralen Punkt des Gesamtsystems dar. Hier laufen alle Informationskanäle zusammen, und von ihm aus nehmen alle Entscheidungen ihren Ursprung. Bei dieser Aussage ist zu beachten, daß das System nur eine begrenzte Kapazität zur Informationsverarbeitung hat, und nur begrenzt die Fähigkeit besitzt Varietät zu generieren, d.h. Strategien in operationale Pläne umzusetzen und Koordinations- und Kontrollfunktionen wahrzunehmen. Aus diesem Grund haben alle anderen Systeme zwei Aufgabenbereiche. Einerseits werden Entscheidungen der übergeordneten Systeme operationalisiert, weitergeleitet und der Erfolg kontrolliert, wobei durch Koordinations- und Unterstützungsmaßnahmen der Erfolg garantiert werden soll. Andererseits sammeln und komprimieren sie Informationen über die Umwelt und leiten diese an übergeordnete Systeme weiter. Das System-4 formt Informationen, die es einerseits von den operationalen Systemen über System-3 und andererseits aus der generellen Umwelt erhält, in strategische Pläne um, über die das System-5 entscheidet.

2.1.1.5. Eigenschaften des lebensfähigen Systems

Aus der Struktur des Modells ergeben sich drei grundlegende Eigenschaften des Gesamtsystems, die zur Veranschaulichung noch einmal dargestellt werden sollen.

2.1.1.5.1. Rekursivität

Kennzeichen des Modells ist, daß jedes operationale Subsystem (System-1) in sich wiederum die Struktur eines lebensfähigen Systems aufweist. Bei dieser Betrachtungsweise muß darauf Rücksicht genommen werden, daß sich die grundlegenden Ziele beim Sprung von einer Rekursionsebene zur nächsten nicht übernehmen lassen, sondern an den Aspekt, unter dem das Subsystem gebildet wurde, angepaßt werden müssen. So müssen z.B. für ein Subsystem "Informations- und Kommunikationssystem" die Unternehmensziele und Strategien in entsprechende Informatikziele und Strategien umgewandelt werden.

Die Anzahl der Rekursionsebenen wird vom Aspekt, unter dem Subsysteme gebildet werden abhängen und von der Größe des untersuchten Systems. Theoretisch sind unendlich viele Rekursionsebenen vorstellbar, in der Praxis muß aus Komplexitätsgründen die Untersuchung auf zwei bis drei Ebenen beschränkt werden.

Als Beispiel für die Rekursivität kann ein Unternehmen betrachtet werden, dessen IKS als Basissystem beschrieben wird[1]. Entsprechend der Forderung nach Rekursivität kann das Management des IKS als Metasystem (Systeme 3-5) interpretiert werden und die verschiedenen Aufgabenbereiche wie Systembetrieb, Entwicklung und Benutzerservice als Basissysteme des Systems IKS. Auf einer höheren Rekursionsebene kann das Unternehmen als Basissystem des Wirtschaftssystems interpretiert werden. Je nach Rekursionsebene verändern sich die Aussagen über die Lebensfähigkeit in ihrem Abstraktionsgrad.

Um den Einsatz des Modells weiter zu operationalisieren ist es auch denkbar, auf niedrigen Rekursionsebenen die weitere Rekursion unberücksichtigt zu lassen und unter einem für die Untersuchung relevanten Aspekt, Subsysteme zu bilden und deren Lebensfähigkeit zu untersuchen.

2.1.1.5.2. Autonomie

Der Begriff Autonomie bezieht sich auf das Verhältnis zwischen den einzelnen Subsystemen, insbesondere zwischen dem System-3 und dem System-1 und beschreibt das Ausmaß der Handlungsfähigkeit innerhalb der Systembeschränkungen.

Ein System muß über ausreichend Autonomie verfügen, um sich der Varietät der Aufgabenumwelt anpassen zu können. Dabei ist jedoch zu beachten, daß das System selbst über mindestens soviel Varietät verfügen muß, um die ihm gewährte Autonomie ausfüllen zu können (Qualifikation).

Ein sinnvolles Maß an Autonomie ist proportional zur Rekursionsebene, d.h. je niedriger die Rekursionsebene, desto genauer und operationaler ist der Zweck des Systems definiert, woraus ein geringeres Maß an Autonomie folgt. Die Autonomie des Systems-1 ist umso größer, je allgemeiner der Zweck des Gesamtsystems definiert ist. Autonomie als solche ist nicht direkt meßbar, meßbar ist lediglich das Ausmaß der Freiheitsbeschränkungen. Diese Freiheitsbeschränkungen müssen allerdings nicht institutionalisiert sein (Weisungen, Budgets, Organisation), sondern können auch informell durch Rücksichtnahmen auf Elemente oder Systeme der internen oder externen Umwelt entstehen.

---

[1]   Vgl. Kapitel 2.1.1.6. Die Stellung des IKS im lebensfähigen System.

2.1.1.5.3. Autopoiesie

Darunter wird die Fähigkeit eines Systems verstanden, die eigene Struktur aufrecht zu erhalten. Autopoiesie ist das Kennzeichen eines lebenden Systems und sollte nur in dem Maß ausgeführt werden, als es zur Erhaltung der Kohäsion des Systems erforderlich ist. Jede Anstrengung, die über dieses Maß hinausgeht, führt zu einer Versteinerung des Systems d.h. Bürokratismus[1], und damit zum Verlust der Fähigkeit, sich an eine dynamische Umwelt anzupassen.

Um einer zu starken Tendenz zur Strukturerhaltung, also zur Erstarrung, entgegenzuwirken, ist der Informationsfluß innerhalb des Systems von zentraler Bedeutung. Die Strukturen und deren Veränderungen basieren auf strategischen Entscheidungen, die in den Systemen-4 und -5 getroffen werden. Die zugrundeliegenden Informationen kommen zu einem entscheidenden Teil aus den operationalen Systemen und werden über das System-3 weitergeleitet. Bei unzureichendem Informationsfluß stehen dem System-4 nicht die notwendigen Informationen zur Verfügung, dadurch fließen Veränderungen nicht oder zumindest nicht ausreichend in strategische Überlegungen ein, und eine Anpassung des Systems wird verzögert oder gar verhindert.

Speziell in einer dynamischen Umwelt ist darauf zu achten, daß die Autopoiesie nicht auf Kosten der Innovation zu einem starren, unflexiblen System führt.

2.1.1.6. Die Stellung des IKS im lebensfähigen System

Aus den obigen Ausführungen ergibt sich, daß Information und Kommunikation für die Lebensfähigkeit eines Systems von entscheidender Bedeutung sind. Es liegt nahe, auf der Grundlage dieser Erkenntnis einen Aspekt zu definieren, aus dem sich ein Informations- und Kommunikationssystem ableiten läßt. Aufgrund der Rekursivität der Systemstruktur kann im nächsten Schritt die Lebensfähigkeit des IKS gefordert und untersucht werden.

Das IKS soll als System definiert werden, dessen Aufgaben in der Verarbeitung, Speicherung und Weiterleitung der Informationsarten Text, Sprache, Daten, Grafik und

---

[1] Vgl. Wittkämper G. W.: Bürokratisierung und Entbürokratisierung; Schriften des WIÖD e.V. Bonn; Regensburg; 1982; S. 9

Bild besteht. Das System beinhaltet sämtliche eingesetzten Methoden und Funktionen, die Organisation, die entsprechenden Verantwortlichkeiten und die Sachmittel[1].

Das IKS durchdringt aufgrund seiner Aufgabenstellung alle Unternehmensbereiche und somit auch alle anderen Subsysteme des Unternehmens[2]. Wenn man den Aspekt der "Lebensfähigkeit" in den Mittelpunkt stellt, dann gelten für das IKS dieselben Forderungen bezüglich der zu erfüllenden Funktionen wie für das Unternehmen. Unter "Lebensfähigkeit" wird hier allerdings nicht die Fähigkeit verstanden, auf einem Markt zu überleben, wie dies für ein Unternehmen gilt, sondern vielmehr die Fähigkeit die Varietät der Umwelt zu meistern und Bedürfnisse abzudecken. Die Umwelt wird für ein IKS zu einem großen Teil durch das Unternehmen selbst dargestellt.

Wenn das IKS als Basissystem im Modell des lebensfähigen Systems gesehen wird (Abbildung "Einordnung des IKS in das Modell des lebensfähigen Systems"), so umfaßt die Systemleitung die Aufgaben des Managements des IKS (Informatikstrategie, Planung, Controlling, Architektur[3]) während im operationalen Bereich Produktion, Benutzerservice und Anwendungsentwicklung anzusiedeln sind. Entsprechend dieser Gliederung kann im Sinne der Rekursivität das IKS als lebensfähiges System dargestellt werden, indem die Managementfunktionen als Metasystem und die operativen Funktionen als Basissysteme interpretiert werden.

Aus der Abbildung "Einordnung des IKS in das Modell des lebensfähigen Systems" gehen außerdem die Kommunikationskanäle hervor, die notwendig sind, damit das IKS die gestellten Anforderungen erkennen und erfüllen kann. Auch auf mögliche Überschneidungen in der Aufgabenumwelt wird in der Abbildung hingewiesen.

Der letzte Bestandteil eines Basissystems ist die Aufgabenumwelt. Die Abgrenzung zwischen Aufgabenumwelt und operationalem Teil des IKS erfolgt anhand des Kriteriums der Beeinflußbarkeit. Der operationale Teil ist ein Bestandteil des Systems, auf dessen Struktur, Zielsetzung, und Arbeitsweise von der Systemleitung direkt Einfluß genommen werden kann, während sich die Aufgabenumwelt einer direkten Einflußnahme entzieht. Diese läßt sich gliedern in:

---

1   Vgl. Hübner H: Informationsmanagement; GF+M Jahrestagung 1984, Würzburg, 1984, S.68

2   Vgl. Porter M.E. Millar V.E.: "How information gives you competitive advantage"; in: Harvard Business Review, Nr. 4 Juli/August 1985, S. 149

3   Vgl. Kapitel 2.1.2.3. Die Innenorganisation der Organisationsverarbeitung

(1) **Benutzer und Bediener** des DV-Systems. Darunter werden Personen verstanden, die im direkten Kontakt mit dem DV-System Aufgaben bearbeiten, Informationen erfassen oder abfragen.

(2) **"Anwender"** ist eine Organisation (im institutionalen Sinn, also ein Unternehmen; Anm. d. Verf.), die ein IKS zur Unterstützung der ihr zugeordneten Aufgaben einsetzt.[1] Unter Organisation kann in diesem Zusammenhang auch ein anderes Subsystem verstanden werden, das unter einem anderen Aspekt gebildet wurde, aber Dienste des IKS in Anspruch nimmt, um z.B. Informationen aus dessen Aufgabenumwelt zu verwalten.

(3) **Beschaffungsmarkt für Produkte der Informations- und Kommunikationstechnik** (IKT). Darin sind alle gegenwärtig und in naher Zukunft am Markt verfügbaren technologischen Entwicklungen, die für das IKS relevant, also Bestandteil seiner Aufgabenumwelt sind, zusammengefaßt.

(4) **Arbeitsmarkt.** Die Möglichkeit externes Know How zu beschaffen und dem System als Ressource zur Verfügung zu stellen, ist für die Entwicklungsfähigkeit und Flexibilität des IKS von großer Bedeutung.

(5) Alle einschlägigen **Bestimmungen , Richtlinien** und **Erkenntnisse,** die mit dem Management und Betrieb eines IKS in Wechselwirkung stehen. Darunter fallen z.B. gesetzliche Bestimmungen, wie Datenschutz oder ergonomische Erkenntnisse für die Gestaltung von Arbeitsplätzen.

Die ersten zwei Punkte beschreiben Elemente aus der internen Umwelt, während die übrigen die externe Aufgabenumwelt strukturieren. Im Bereich der internen Umwelt besteht zwischen dem IKS und den Elementen der Umwelt eine rege Interaktion, da eine direkte Betroffenheit festzustellen ist. Durch diese Interaktionen ist es auch möglich, daß das IKS auf diese Elemente Einfluß ausübt. Dieser Einfluß ist, in Übereinstimmung mit der Abgrenzung Umwelt - System, indirekt über die Funktionen und Dienstleistungen, die die Anwender vom IKS in Anspruch nehmen, gegeben. Ein Beispiel für diese Einflüsse sind Anpassungen der Ablauforganisation aufgrund des Einsatzes von IKT.

---

[1] Heinrich L. J., Roithmayr F.: Wirtschaftsinformatik Lexikon, München Wien Oldenbourg 1989, S. 45

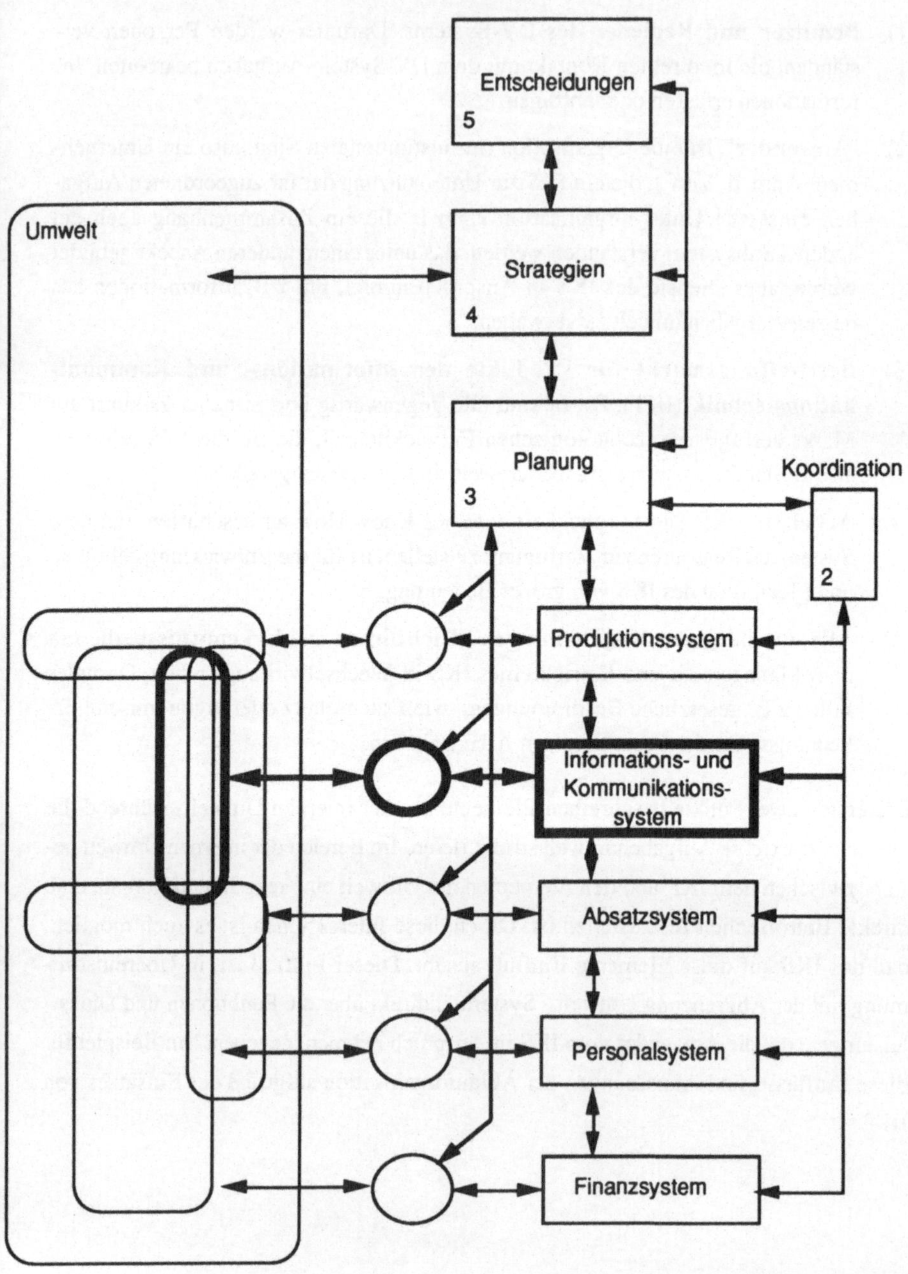

Abb. 2.6. Einordnung des IKS in das Modell des lebensfähigen Systems

Nachdem nun das Informations- und Kommunikationssystem definiert und abgegrenzt ist, kann es anhand seiner internen Struktur auf seine Lebensfähigkeit in seiner Umwelt untersucht werden. Dazu werden die operationalen Aufgaben des IKS an entsprechende Subsysteme zugewiesen und festgestellt, ob ein Metasystem vorhanden ist oder zumindest Vorkehrungen getroffen sind, damit die Funktionen des Metasystems wahrgenommen und erfüllt werden können.

Die Gliederung in Subsysteme entspricht der Forderung nach Rekursivität und kann nach funktionalen Gesichtspunkten erfolgen oder zunächst nach Anwendungssystemen und dann, auf einer weiteren Rekursionsebene, funktional. Eine weitere mögliche Strukturierung ergibt sich aus den verarbeiteten Informationsarten (Text, Sprache, Daten, Graphik, Bild). Diese Gliederungsdimensionen können in verschiedenen Kombinationen und Hierarchien verwendet werden, um komplexe Systeme in überschaubare Einheiten zu spalten. Die Hierarchie der Gliederungsdimensionen muß individuell festgelegt werden. Eine Strukturierung, wie sie in der Abbildung "Strukturierung des IKS" dargestellt wird, veranschaulicht diesen Vorgang. Für jede der so geschaffenen Rekursionsebenen kann die Erfüllung der Bedingungen für ein lebensfähiges System überprüft werden.

Die funktionale Gliederung des IKS in Systembetrieb, Softwareentwicklung und -Wartung sowie Benutzerservice kann durch ähnliche Gliederungen entsprechend dem Organigramm des IKS im untersuchten Unternehmen ersetzt werden. Alle diese Funktionen müssen wahrgenommen werden und können als Subsysteme innerhalb des IKS angesehen werden. Bei einer vorgelagerten Gliederung in Anwendungssysteme wird eine Rekursionsebene zwischengeschaltet, bei der das IKS anwenderorientiert in verschiedene Subsysteme gegliedert wird. Dies ist besonders bei komplexen IKS von Vorteil, weil in den einzelnen Anwendungssystemen durch Suboptimierung bessere Ergebnisse erzielt werden können, als bei globalen Entscheidungen für das gesamte IKS.

An den Prozeß der Strukturierung des IKS anschließend kann die Lebensfähigkeit des Systems bzw. seiner Subsysteme untersucht werden. Für jedes System werden die Eigenschaften und Voraussetzungen für die Lebensfähigkeit analysiert. Als Zusammenfassung dieser Größen dient der folgende Fragenkatalog :

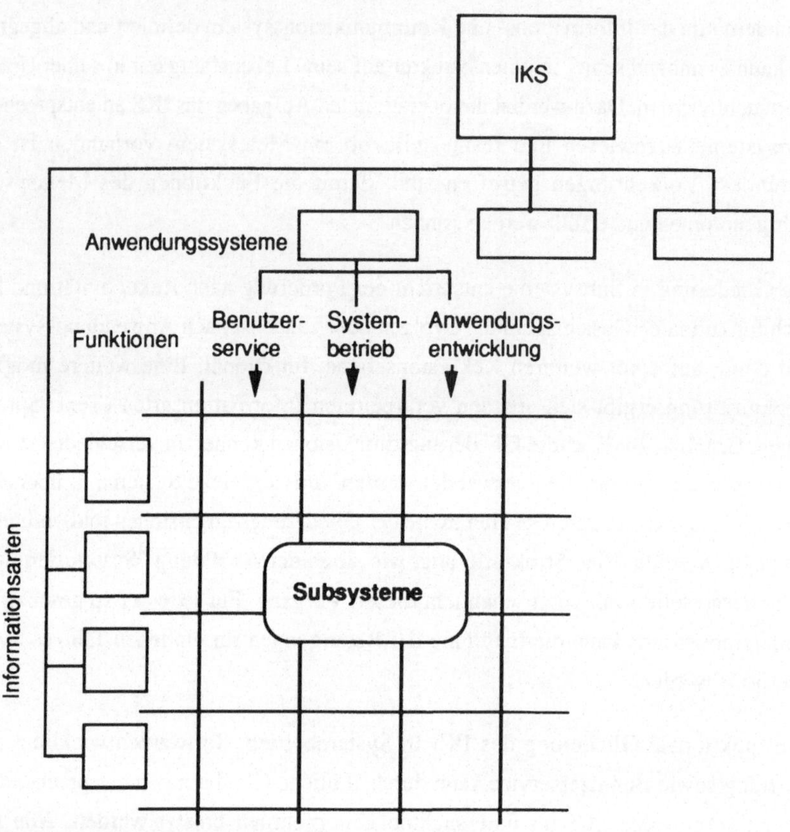

Abb. 2.7. Strukturierung des IKS

- Hat das System ausreichende Autonomie, um die Varietät seiner Aufgabenumwelt zu kompensieren?

- Hat das System selbst ausreichende Varietät, um die Varietät seiner Aufgabenumwelt zu kompensieren?

- Werden die Informationen der Aufgabenumwelt von den Basissystemen erhoben und weitergeleitet (an das System-3)?

- Besteht eine ausreichende Koordination der Subsysteme? Existiert ein System-2?

- Stehen Informationen für die Entwicklung strategischer Alternativen zur Verfügung?

- Herrscht Klarheit über Aufgaben, Ziele und Strategien innerhalb des Systems?

- Stehen den Basissystemen ausreichende Ressourcen zur Erfüllung der zugewiesenen Aufgaben zur Verfügung?

- Sind die Subsysteme und das Gesamtsystem stabil? Herrscht übermäßige Autopoiesie (Bürokratismus)?

Durch diese Fragen kann festgestellt werden, ob die einzelnen Elemente des lebensfähigen Systems ihre Aufgaben erfüllen und somit ihren Beitrag zur Lebensfähigkeit des Gesamtsystems leisten. Für die Anwendung des Fragenkataloges müssen die Fragen operationalisiert werden. So kann die zweite Frage z.B. mittels Aussagen zur Ausstattung mit Ressourcen, zur Qualifikation der Mitarbeiter usw. beantwortet werden.

2.1.1.7. Zusammenfassung

Das hier vorgestellte Modell erlaubt eine Strukturierung von Unternehmen nach systemtheoretischen Gesichtspunkten, wobei für alle gebildeten Systeme und Subsysteme die Eigenschaft der "Lebensfähigkeit" im Sinne des Modells gefordert wird. Das IKS eines Unternehmens kann in diesem Sinn als Subsystem aufgefaßt werden, woraus die Forderung nach der Lebensfähigkeit dieses Systems abgeleitet werden muß.

Insbesondere bei der Dezentralisierung der Informationsverarbeitung muß darauf geachtet werden, daß die gebildeten Einheiten in der Lage sind ihre Aufgaben zu erfüllen, also Informationen in ausreichender Menge, Qualität und Geschwindigkeit zur Verfügung zu stellen. Das Informationssystem muß auch in der kleinsten, dezentralen Einheit in der Lage sein den Anforderungen bezüglich Leistung, Sicherheit und Qualität zu genügen. Ebenso muß auf Entwicklungen der Umwelt (des Unternehmens) reagiert werden, weil sonst eine Erfüllung der Aufgaben nicht mehr gewährleistet ist.

Das vorgestellte Modell kann in einem Unternehmen dazu verwendet werden, das IKS und seine operativen Einheiten bezüglich ihrer Fähigkeit zu untersuchen, sich auf Entwicklungen des Unternehmens und/oder der Technologie einzustellen. Dieses Vorgehen kann z.B. am Ende der Planungsphase von IKS dazu dienen, Schwachstellen, insbesondere in der Implementierung der strategischen Planung von IKS aufzuzeigen[1].

---

[1]   Vgl. Kapitel 2.2.2. Die strategische Planung von IKS

2.1.2. Strukturelle Betrachtung der Organisation

Die beschriebene, kybernetische Strukturierung von Unternehmen findet in den Unternehmen kaum Anwendung. Die Ursache ist wohl in der nicht eindeutigen Hierarchiebildung auf den Rekursionsebenen zu suchen. In der Praxis würde die System-Aspekt-Strukturierung zu Konflikten führen, da Mitarbeiter in verschiedenen Systemen verschiedene Funktionen erfüllen können. Außerdem sind Kompetenzen im kybernetischen Modell weitgehend undefiniert, es wird nur die Forderung nach der Erfüllung von bestimmten Funktionen gestellt. Die Forderung nach eindeutiger Definition von Verantwortung und Kompetenz ist nur schwer erfüllbar.

Aus diesen Gründen sind Linienorganisationen (in allen denkbaren Variationen) in Unternehmen weit verbreitet. Die Ursache dafür liegt in der einfachen formalen Implementierung dieser Organisationsformen. Die Prinzipien für jede einzelne Ausprägung sind klar definiert und können "ohne größere Probleme" in die Praxis umgesetzt werden, was z.B. bei der kybernetischen Betrachtungsweise nicht ohne weiteres der Fall war. Zur Bestimmung eines Distribuierungskontinuums scheint eine strukturelle Betrachtung der Organisation als vielversprechend, weil die Organisation in dieser Form in den meisten Unternehmen dokumentiert ist, oder sich eine dementsprechende Dokumentation ohne große Probleme aufbauen läßt. Darüber hinaus lassen sich aus der Organisation des Unternehmens Rahmenbedingungen für die Distribuierungsentscheidung ableiten, die helfen, den Lösungsraum einzuengen.

Während das im vorangegangenen Kapitel vorgestellte Modell dazu geeignet ist, das Ergebnis der Distribuierung des IKS dahingehend zu untersuchen, inwieweit es in der Lage sein wird, den Anforderungen des Unternehmens zu genügen, werden in diesem Kapitel Organisationsformen aufgezeigt, die als Distribuierungskontinuum angewandt werden können. Zugleich werden Alternativen aufgezeigt, wie die Informationsverarbeitung in das Unternehmen eingebunden werden kann und Einflüsse der Organisation auf die Distribuierungsentscheidung abgeleitet.

2.1.2.1. Organisation der Informationsverarbeitung

Die Organisation der Informationsverarbeitung muß derart gestaltet sein, daß sie den Aufgaben des Informationsmanagements gerecht werden kann. Demzufolge erstreckt sie sich auf die Bereiche Planung, Implementierung, Betrieb, Wartung und Controlling von IK-Systemen. Der Aufgabenbereich läßt sich in drei Ebenen strukturieren, wie die Abbildung "Organisationsstruktur der Informationsverarbeitung" zeigt[1].

Auf der strategischen Ebene werden in einem Gremium, das mit der Realisierung und dem Betrieb des IKS nicht direkt befaßt ist, die Ziele und Rahmenbedingungen für die Entwicklung des IKS abgesteckt[2]. Dieser Informatik-Lenkungsausschuß muß über Informationen der strategischen Planung auf Unternehmensebene verfügen. Auf dieser Ebene werden Entscheidungen über die Systemarchitektur, (De-) Zentralisierung und Anwendungssysteme getroffen. Diese Entscheidungen müssen sich an den Rahmenbedingungen, die von der strategischen Unternehmensplanung gesteckt werden, orientieren. Die Planungsebene ist mit der Planung und Implementierung des IKS betraut. Auf der operativen Ebene erfolgt die Realisierung der Systeme, deren Betrieb und Wartung.

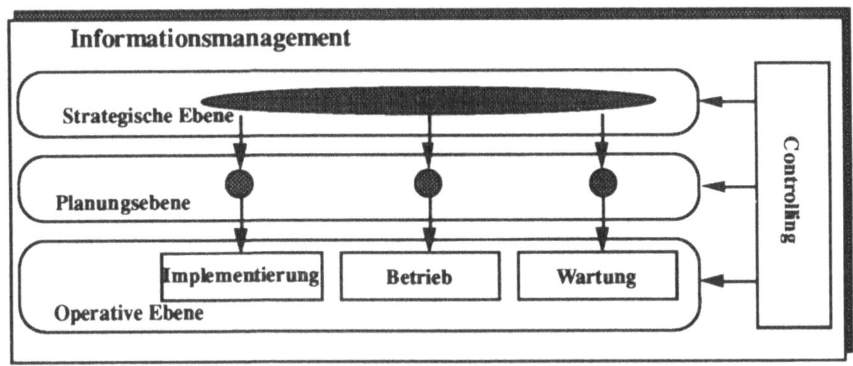

Abb. 2.8. Organisationsstruktur der Informationsverarbeitung

---

[1] Vgl. Dickson Gary W., Wetherbe James C.: The Management of Information Systems, Mac Graw-Hill, Singapore, 1985, S. 120 sowie
Roithmayr F.: Controlling von Informations und Kommunikationssystemen; München, Wien, Oldenbourg; 1988; S. 46

[2] Meffert H.: Informationssysteme; Werner Verlag; Düsseldorf;1975; S. 64f und
Heinrich L.J., Burgholzer P.: Informationsmanagement; München, Wien, Oldenbourg; 1987; S. 74

Die operative Ebene findet sich in den Unternehmen als mehr oder weniger stark ausgeprägte EDV-Abteilung wieder. Die Führungspositionen dieser Abteilung sind neben ihren Managementaufgaben mit der Planung des IKS betraut, wobei sie strategische Entscheidungen der Unternehmensleitung berücksichtigen müssen. Die formale Implementierung eines Gremiums im Organigramm, das Strategien für die Informationsverarbeitung formuliert und überwacht, findet sich selten.

2.1.2.2. Die Einordnung der Informationsverarbeitung in die Unternehmensorganisation

Die Aufbauorganisation der Datenverarbeitung im Unternehmen läßt sich hinsichtlich der Position der Abteilung im Organigramm und hinsichtlich ihrer Innenorganisation beschreiben. Bezüglich der Position der DV-Abteilung im Organigramm des Unternehmens lassen sich vier Grundformen unterscheiden[1].

(1) Die DV-Abteilung als Linieninstanz in einer (Haupt-) Abteilung

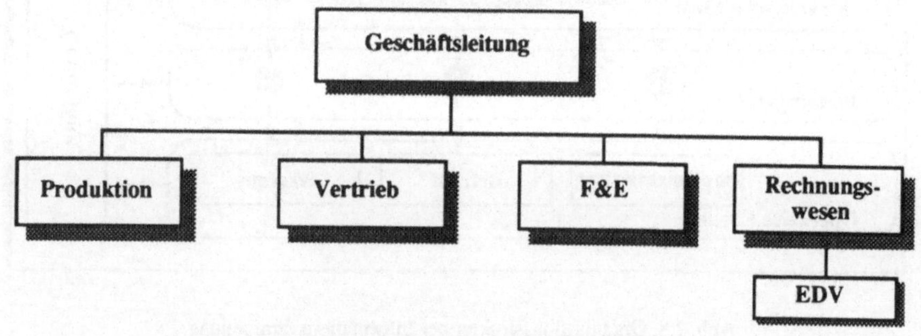

Abb. 2.9. DV-Abteilung als Linieninstanz einer (Haupt-) Abteilung

Diese Organisationsform entwickelte sich historisch aus der Tatsache, daß Datenverarbeitung in erster Linie die Bereiche Finanz- und Rechnungswesen betraf und die DV-Abteilung aus diesem Grund diesen Funktionsbereichen zugeordnet wurde. Durch den zunehmenden IKT-Einsatz in anderen Unternehmensbereichen wurde diese Einordnung problematisch. Der DV-Abteilung fehlte das Fachwissen in anderen Unternehmensbereichen und deren Anwendungssystemen (z.B.

---

[1]   Mertens P.: Aufbauorganisation der Datenverarbeitung; Wiesbaden - Gabler; 1985; S. 9ff

CAD/CAM), und die "eigene" Abteilung wurde "bevorzugt" behandelt. Ein weiterer Nachteil dieser Einordnung ist darin zu sehen, daß die Einbindung der DV-Abteilung in strategische Planungsprozesse schwieriger ist, wenn zwischen Geschäftsleitung und DV-Abteilung Hierarchieebenen eingeschoben sind.

(2) Die DV-Abteilung als (Haupt-) Abteilung

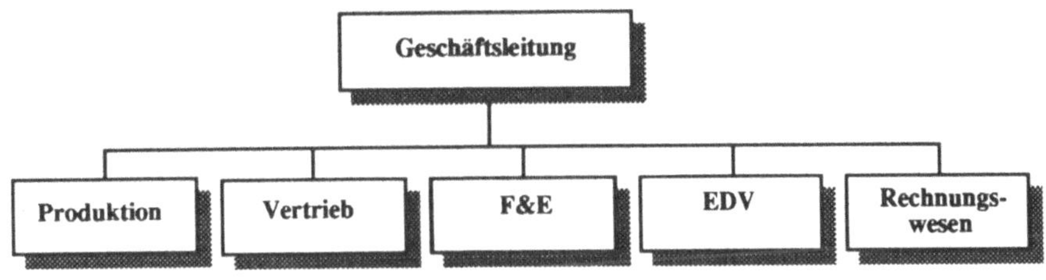

Abb. 2.10. Die DV-Abteilung als (Haupt-) Abteilung

Die Einordnung als (Haupt-) Abteilung wird dem Charakter der Datenverarbeitung als "Querschnittsfunktion", die alle Unternehmensbereiche durchdringt nicht gerecht[1]. Für Unternehmen, in denen keine physischen Produkte hergestellt werden, und die "Produktion von Informationen" natürlicherweise mehr Gewicht bekommt, kommt diese Eingliederung sehr wohl in Frage[2].

(3) Die DV-Abteilung als Stabstelle der Unternehmensleitung

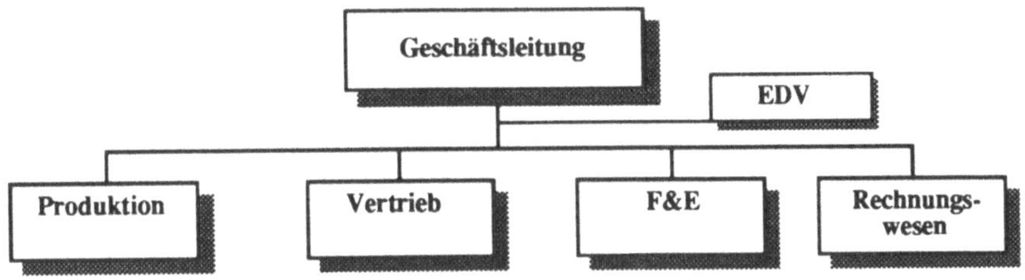

Abb. 2.11. Die DV-Abteilung als Stabstelle der Unternehmensleitung

---

1   Siehe auch die Ausführungen zur Wertschöpfungskette im Kapitel 2

2   Mertens P.; Aufbauorganisation ...; a.a.O.

Diese Lösung entspricht weitgehend den Anforderungen eines Industrie- oder Handelsbetriebes, also Unternehmen, die physische Produkte produzieren und/ oder verteilen. Die Nähe zur Geschäftsleitung ermöglicht eine Einbindung in Planungsprozesse, Koordination und Kommunikationsbedürfnisse können für alle Abteilungen befriedigt werden. Diese Eingliederung unterstützt zudem die Bildung von Projektgruppen zur Durchführung von Informatikprojekten, ohne auf Konfliktpotentiale[1] der Linieninstanzen Rücksicht nehmen zu müssen. Da die DV-Abteilung der Geschäftsleitung zugeordnet ist, entsteht eine hierarchische Struktur, die gepaart mit fachlicher Kompetenz die Unterstützung der Abteilungen ermöglicht.

(4) Mehrstufige (dezentralisierte) DV-Organisation

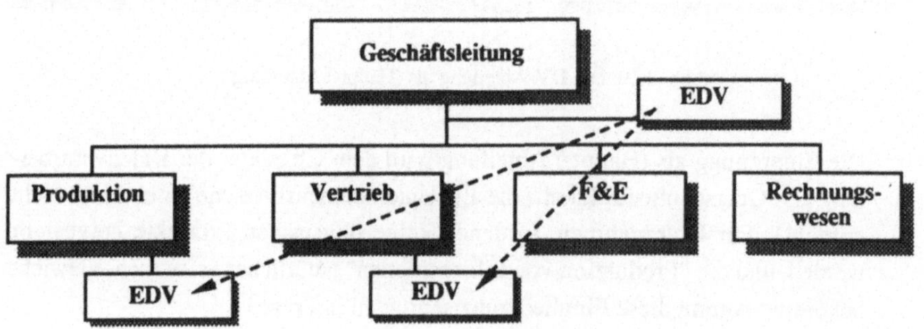

Abb. 2.12. Mehrstufige (dezentralisierte) DV-Organisation

Unternehmen mit einer dezentralen Organisationsstruktur, das sind Unternehmen mit stärkerer Divisionalisierung, Profit-Centers, rechtlich selbständige Tochterorganisationen, usw., tendieren aufgrund der Eigenverantwortung der Unternehmensbereiche zu einer Dezentralisation der DV-Abteilungen[2]. Um Synergieeffekte ausschöpfen zu können, wird auf der Ebene der Geschäfts- (Konzern-)leitung eine DV-Abteilung mit beschränkter Weisungsbefugnis an die DV-Abteilungen der Geschäftsbereiche installiert. Die Funktionen, die den einzelnen DV-Sub-Abteilungen zukommen, sind mitunter Gegenstand von Distribuierungsentscheidungen.

---

[1] Z.B. Das Streben von Linieninstanzen nach abgegrenzten Macht- und Einflußsphären.

[2] Vgl. Mertens P.; Aufbauorganisation ...; a.a.O.

Ausgehend von der Verzahnung der Tätigkeitsbereiche Datenverarbeitung, Nachrichtentechnik und Bürotechnik wie sie in Abbildung 2.13 dargestellt sind, ist es sinnvoll den Tätigkeitsbereich der DV-Abteilung dahingehend zu erweitern, daß sie für alle Informations- und Kommunikationssysteme Verantwortung übernimmt[1]. Dies stellt sicher, daß Planungen in diesen Bereichen aufeinander abgestimmt erfolgen und Synergiepotentiale ausgeschöpft werden.

Die Anwendungen in den Schnittmengen führen, wenn die Aufgaben nicht gemeinsam von einer IKS-Abteilung wahrgenommen werden, zu Kompetenzkonflikten, die sich negativ auf die Qualität der Systeme auswirken[2].

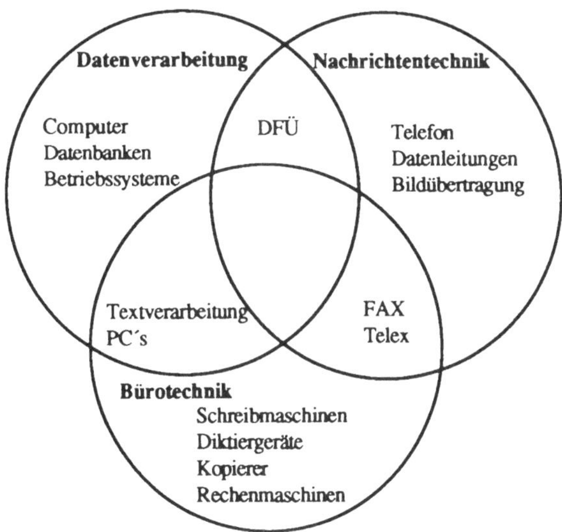

Abb. 2.13. Verzahnung der Datenverarbeitung, Nachrichtentechnik und Bürotechnik[3]

In den bisherigen Ausführungen wurden nur die zeitlich unbeschränkten Formen der Aufbauorganisation angeführt. Projektorganisationsformen bleiben unberücksichtigt,

---

[1]　Vgl. Heinrich L.J., Burgholzer P.: Informationsmanagement; München, Wien, Oldenbourg; 1987; S. 76

[2]　Vgl. Martiny L., Klotz M.; Strategisches Informationsmanagement; München, Wien; Oldenbourg Verlag; 1989; S. 58

[3]　Nach: Martiny L., Klotz M.: Strategisches Informationsmanagement; München, Wien; Oldenbourg Verlag; 1989; S. 38

weil diese weder zum Gestaltungsobjekt noch zu den Rahmenbedingungen des Entscheidungsmodells zählen.

2.1.2.3. Die Innenorganisation der Informationsverarbeitung

Eine ausführliche Diskussion der Innenorganisation findet sich bei Pfeiffer[1], der zwischen einer verrichtungs- und einer objektorientierten Gliederung unterscheidet. Als weitere Lösung bietet er einen technologisch orientierten Ansatz an. Der technologische Ansatz wird wegen der fehlenden Berücksichtigung des Integrationsgedanken nicht weiter verfolgt. Die Gliederung nach Verrichtungen (Planung, Entwicklung, Betrieb) und die nach Objekten (Organisation, Informationssysteme, Rechenzentrum) stellen idealtypische Organisationsformen dar, die in der Realität in abgewandelter Form anzutreffen sind.

Die Innenorganisation (Leitungsspanne und Gliederungstiefe) der DV-Abteilungen ist weitgehend von der Größe der Organisationseinheit und von den zu entwickelnden und zu betreuenden Anwendungssystemen abhängig[2]. Generell lassen sich jedoch aus verschiedenen Organigrammen[3] drei Hauptfunktionen ableiten, wie in der Abbildung: "Innenorganisation einer DV-Abteilung" ersichtlich ist. Diese grundlegenden Funktionen wurden durch eine Stabstelle "Planung und Controlling" und "Strategie und Architektur" ergänzt, um auf deren Bedeutung explizit hinzuweisen. In kleinen DV-Abteilungen können Funktionen zu einer Organisationseinheit zusammengelegt werden, in großen Abteilungen ist ein feinere Gliederung wahrscheinlich.

---

[1] Pfeiffer P.: Technologische Grundlage, Strategie und Organisation des Informationsmanagements; de Gruyter; Berlin, New York; 1990; S. 227ff

[2] Vgl. Biethan J., Mucksch H., Ruf W.: Ganzheitliches Informationsmanagement Bd.1 Grundlagen; München, Wien, Oldenbourg; 1990; S. 97

[3] Biethan J., Mucksch H., Ruf W.: Ganzheitliches Informationsmanagement ...; a.a.O.
Gernet E.: Das Informationswesen in der Unternehmung; Hanser Verlag; München, Wien; 1987; S. 56ff
Heinrich L.J., Burgholzer P.: Informationsmanagement; München, Wien, Oldenbourg; 1987; S. 76f
Mertens P.: Aufbauorganisation der Datenverarbeitung; Wiesbaden - Gabler; 1985; S. 59ff
Seibt D.: Aufbau und Ablaufstrukturen der Datenverarbeitung; in: Mertens P. (Hrsg.); Lexikon der Wirtschaftsinformatik; Springer Verlag; Berlin Heidelberg New-York; 1990; S. 49
Seibt D.: Datenverarbeitungsorganisation I (Aufbau); in: Grochla E. (Hrsg.), Handwörterbuch der Organisation, 2. Aufl., Stuttgart 1980; Sp. 520

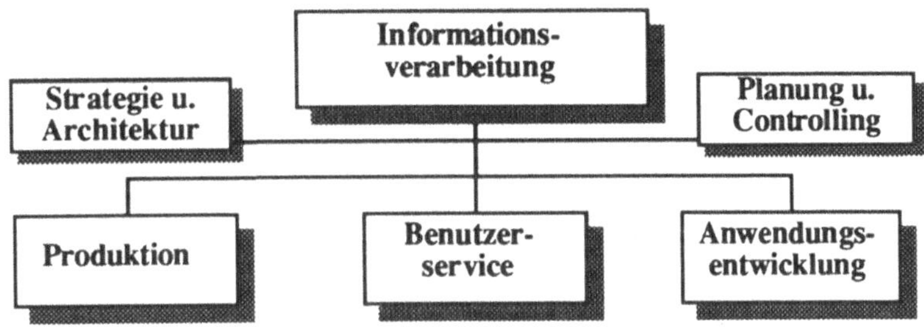

Abb. 2.14. Innenorganisation einer DV-Abteilung (Quelle: IBM)

Für das Entscheidungsmodell, das in diesem Buch vorgestellt wird, sind die Funktionen, die den einzelnen Organisationseinheiten zugeordnet werden wesentlich. Diese werden (mit einer Ausnahme) im Rahmen der Distribuierung Gegenstand von Dezentralisierungsentscheidungen sein.

Die Aufgaben im Bereich der Stabstelle Strategie und Architektur beinhalten die Anpassung der Informatikstrategie an die strategischen Pläne des Unternehmens und den Entwurf einer entsprechenden Systemarchitektur[1]. Diese Abteilung entspricht der strategischen Ebene[2]. Diese Funktionen können in einem Unternehmen auch von einem "Informatik-Lenkungsausschuß" wahrgenommen werden, wenn dafür keine eigene, formale Abteilung installiert wird. Hier werden Anwendungssysteme definiert und mit entsprechenden Prioritäten versehen. Distribuierungsentscheidungen sind hier angesiedelt. Da diese Entscheidungen selbst nicht dezentralisiert werden können, stellen sie kein Distribuierungsobjekt dar. Wegen der starken gegenseitigen Abhängigkeit von Strategien und Distribuierung wird der Einfluß der Strategien in einem eigenen Kapitel diskutiert[3].

Planung und Controlling betreffen die projektbezogene Planung von Anwendungssystemen (Projektmanagement) und das Controlling des Informationsverarbeitungsbereiches. Das Projektcontrolling wird als Bestandteil des Projektmanagements ange-

---

1 Auf die Rolle des Informationsmanagements in der strategischen Unternehmensplanung wird später noch eingegangen. Vgl. Kapitel "2.2.2.2. Beteiligung des Informationsmanagements" auf Seite 78

2 Vgl. mit der Abbildung "Organisationsstruktur der Datenverarbeitung"

3 Siehe Kapitel 2.2. Der Einfluß von Unternehmenszielen und Strategien auf Distribuierungsentscheidungen von IKS

sehen. Projektmanagement und Controlling können Gegenstand von Distribuierungsentscheidungen sein, wobei im Falle des Controllings grundsätzlich zentrale Funktionen (Aggregation von Informationen für die oberste Managementebene) bestehen
bleiben müssen, um Aussagen über das Gesamtsystem zu ermöglichen.

Der Begriff Produktion umfaßt die Bereiche Systembetrieb (Hardware und Systemsoftware), Archivierung, Datensicherung, Datenschutz, Datenerfassung und Wartung als
zentrale Aufgabenfelder. Hinzu kommen noch Aufgaben wie Arbeitsvorbereitung,
Nachbearbeitung, kurzfristige Kapazitätsplanung, Operating usw., welche je nach
Systemkonfiguration und Betriebsart (Batch oder Online) unterschiedliche Bedeutung
aufweisen. Die zentralen Aufgabenfelder sind Gegenstand von Distribuierungsentscheidungen, während die anderen Aufgaben, da sie untergeordnete Verrichtungsfunktionen
darstellen, den Objekten zugeordnet werden, die sie betreffen. So soll z.B. das
Operating eines Druckers (Papierwechsel usw.) nicht den Standort des Gerätes beeinflussen.

Die Anwendungsentwicklung kann projekt- oder objektbezogen gegliedert werden.
Eine objektbezogene Gliederung bedeutet eine Strukturierung wie z.B. Datenbank, Programmierung, Bibliotheken, Softwareentwurf usw. Bei der projektbezogene Gliederung entspricht eine Organisationseinheit einem Anwendungssystem. Wenn die Entwicklung abgeschlossen ist, reduziert sich das Aufgabenfeld der Organisationseinheit
auf die Wartung des Anwendungssystems. Distribuierungsentscheidungen betreffen in
diesem Bereich entweder Objekte, Projekte oder Projektphasen (Vorstudie, Grob-
entwurf, Detailentwurf, Implementierung, Wartung).

Der Bereich Benutzerservice ist verantwortlich für die Information und Beratung der
Fachabteilungen[1]. Dieser Bereich hat in erster Linie eine Kommunikationsfunktion, er
stellt die Verbindung zwischen den Fachabteilung und der DV-Abteilung dar und entspricht somit weitgehend den Aufgaben eines Information Centers[2]. Für Distribuierungsentscheidungen steht diese Funktion grundsätzlich en bloc zur Diskussion,
wobei der Schulungsbereich gesondert behandelt werden kann. Mit der zunehmenden

---

[1] Heinrich - Burgholzer: Informationsmanagement; München, Wien, Oldenbourg; 1987; S. 76

[2] Vgl. Biethan J., Mucksch H., Ruf W.: Ganzheitliches Informationsmanagement Bd.1 Grundlagen;
    München, Wien, Oldenbourg; 1990; S. 98

Bedeutung der individuellen Datenverarbeitung ist zu erwarten, daß der Bereich Benutzerservice zunehmend an Bedeutung gewinnt[1].

2.1.2.4. Einfluß der Organisationsstruktur auf Distribuierungsentscheidungen

Um die Einflüsse der Organisationsstruktur auf die De/Zentralisierung der Datenverarbeitung zu analysieren, ist es notwendig, den Begriff der Organisationsstruktur von dem der reinen Aufbauorganisation abzugrenzen. Neben der Aufbauorganisation gehören zur Organisationsstruktur:[2]

- **Die Führungsphilosophie**
  Die Fähigkeit und die Bereitschaft des Managements zur Delegation von Verantwortung und Kompetenzen schaffen für die Dezentralisierung ein günstiges Klima, während in Unternehmen mit zentralistischem Führungsstil zentrale Lösungsansätze begünstigt werden.

- **Die Wachstumsgeschichte des Unternehmens**
  "Gewachsene" Unternehmen, solche die nicht durch Fusionen oder Übernahmen entstanden sind, zeichnen sich im allgemeinen durch einen hohen Zentralisierungsgrad aus, während in Unternehmen, die aus früher eigenständigen Organisationen entstanden sind, dazu tendieren, diese Eigenständigkeit zu bewahren, und somit eine dezentrale Organisation aufweisen, was auch für den Bereich der Datenverarbeitung Gültigkeit hat.

- **Die geografische Lage**
  Je weiter ein Unternehmen geografisch zersplittert ist, umso mehr zeigt sich ein Trend zur lokalen Unabhängigkeit und damit zur Dezentralisierung. Im Sinne einer geordneten Informatikentwicklung ist dieser Trend nicht wünschenswert, wenn er nicht von koordinierenden und integrierenden Maßnahmen begleitet oder gesteuert wird. Er ist aber andererseits bei Fehlen dieser Maßnahmen unausbleiblich.

---

1   Vgl. Biethan J., Mucksch H., Ruf W.: Ganzheitliches Informationsmanagement; a.a.O.

2   Vgl. Megginson Leon C.: Management, New York, 1983, S. 264 und
    Kober Hans: "Die Unternehmensstruktur als bestimmender Faktor für Zentralisierung und Dezentralisierung in der Datenverarbeitung"; in: Handbuch der modernen Datenverarbeitung, Heft 121, Jannuar 1985; S. 50

- **Das Vorhandensein wirkungsvoller Controllinginstrumente**, sowie
  die Möglichkeit zu deren Durchsetzung

  Organisationen ohne wirkungsvolle Controllinginstrumente und/oder Durchsetzungsmöglichkeiten neigen zu starrem Festhalten an zentralen Prinzipien. Da für den Einsatz von IKS zunehmend der Einsatz von Controllinginstrumenten gefordert wird[1], ist eine Dezentralisierung nur unter der Voraussetzung der Existenz und des Einsatzes eines Controllingsystems zu fördern. Diese Forderung läßt sich auch auf Bereiche außerhalb der Informationsverarbeitung ausdehnen, wobei hier die Informationsverarbeitung als Bestandteil des Controllingsystems interpretierbar ist. Die Dezentralisierung des IKS und der Einsatz eines Controllingsystems bedingen einander derart, daß eines ohne dem anderen nicht denkbar ist.

- **Die (Führungs-) Kompetenz des Managements auf den verschiedenen Hierarchiestufen der Organisation**

  In Unternehmen, in denen Führungskräfte nicht in ausreichender Anzahl zur Verfügung stehen, und in Entscheidungsbereichen, für die auf niedrigen Hierarchieebenen die fachliche Kompetenz fehlt, besteht ein Trend zur Zentralisierung. Diese Argumentation gilt für das Management im Unternehmen ebenso wie für das Management eines IKS und aller damit in Zusammenhang stehenden Funktionen.

- **Die Vielfalt der Produkte und Leistungen**

  Je größer die Vielfalt und die Heterogenität der von einem Unternehmen angebotenen Produkte und Leistungen ist, desto größer ist die Tendenz und die Forderung nach dezentralen Führungsprinzipien. Die Ursache dafür liegt in der Notwendigkeit, auf verschiedenen Märkten mit verschiedenen Informationen und auf verschiedene Art und Weise auf Entwicklungen reagieren zu müssen. Dies hat auch Auswirkungen auf die Informationsverarbeitung und somit auf die Gestaltung des IKS. Die Varietät des Unternehmens und des IKS muß an die Varietät der Umwelt angepaßt werden.

Generell kann die Organisationsstruktur des Unternehmens als Rahmenbedingung für die (De-) Zentralisierung des IKS angesehen werden. Aus den obigen Überlegungen kann abgeleitet werden, daß zwischen der (De-) Zentralisierung der Unternehmensaktivitäten und/oder der Unternehmensorganisation und der (De-) Zentralisierung des IKS ein direkter Zusammenhang besteht.

---

[1] Vgl. Roithmayr F.: Controlling von Informations- und Kommunikationssystemen; München Wien Oldenbourg 1988; S. 15ff

Neben der Qualifikation der Führungskräfte hat auch der Ausbildungsstand der Benutzer einen Einfluß auf die Gestaltung des IKS. Durch die Akzeptanz von PCs und den steigenden Ausbildungsstand der Benutzer entsteht ein dezentralisierender Trend. Dieser betrifft in erster Linie Anwendungssysteme mit niedrigem Integrationsgrad, wobei das Bedürfnis nach individueller Anpassung eine große Rolle spielt. Durch den Anwendungsrückstau in historisch gewachsenen, zentralen EDV Abteilungen ist eine adäquate Betreuung der Benutzer in diesem Bereich meist nicht möglich.

2.1.3. Resultierende Rahmenbedingungen

Die Organisation ist einerseits Rahmenbedingung für Distribuierungsentscheidungen und andererseits ein im Rahmen der Distribuierung gestaltbares Objekt. Außerdem stellt die Organisation das Medium dar, innerhalb dessen die Objekte, die (de-) zentralisiert werden sollen, positioniert werden. Daraus ergeben sich, je nach Betrachtungsweise verschiedene Aspekte für die Distribuierungsentscheidungen.

Bei der Organisation als Distribuierungskontinuum wird man von der formalen Aufbauorganisation des Unternehmens ausgehen, und diese um Aspekte der geografischen Dimension erweitern. Bei mehrdimensionalen Organisationsformen ist es notwendig eine primäre Dimension zu bestimmen[1]. Die Bestimmung der primären Dimension orientiert sich dabei an den Zielen, die mit dem IKS verfolgt werden. Dient beispielsweise ein IKS in erster Linie der Unterstützung eines Produktbereiches, so wird nicht die funktionale Gliederung des Unternehmens als primäre Dimension für dieses IKS als Distribuierungskontinuum herangezogen werden. Bei der Definition des Distribuierungskontinuums (abgek. DK) sollten folgende Faktoren berücksichtigt werden:

- **Formale Abgrenzbarkeit der Organisationseinheiten entlang der Dimension**
  Organisationseinheiten werden in einer Dimension hierarchisch strukturiert. Da entlang dieser Dimension im Rahmen der Distribuierungsentscheidung Aufgaben und Ressourcen zugeordnet werden, müssen die Organisationseinheiten klar abgegrenzt sein, um Kompetenzkonflikte zu vermeiden.

---

[1]   Vgl. Strehl F.: Umwelt und Matrixorganisation; Dissertation der Johannes Kepler Universität Linz; Wien; 1981; S. 83

- **Entscheidungs- und Investitionskompetenz in der Dimension**
  Strukturen, in denen keine Kompetenzen zur Durchführung von Investitionsprojekten im Bereich der Informationsverarbeitung vorhanden sind, sind als DK ungeeignet.

- **Berücksichtigung aller am IKS beteiligten Organisationseinheiten**
  Alle (potentiellen) Benutzer des IKS müssen in Dimension des DK enthalten sein.

- **Definition eines zentralen Punktes**
  Wenn sich aus der Organisation kein Zentralisationskern ableiten läßt, dann muß künstlich einer geschaffen werden, um die Möglichkeit einer Zentralisierung in einer internen oder externen Organisationseinheit (z.B. Rechenzentrum, Informatik Abteilung) zu repräsentieren.

Die Organisation stellt somit eine wesentliche Rahmenbedingung für Distribuierungsentscheidungen dar, weil sie die Grundlage des Distribuierungskontinuums bildet. Durch die Verteilung von Aufgaben, Kompetenzen, Verantwortung usw. in der Organisation wird die Entscheidung direkt beeinflußt. Die Gestaltung des IKS muß diese Größen berücksichtigen und das IKS an die Organisation anpassen. Dabei kann, wenn ein gewünschter Sollzustand der Organisation als Planungsgrundlage verwendet wird, das IKS durchaus Werkzeug für organisatorische Veränderungen sein.

Ein direkter Einfluß auf die Organisation wird in Rahmen der Distribuierungsentscheidung für das IKS nur im Bereich der Datenverarbeitung selbst genommen. Durch die Verteilung von Aufgaben, Funktionen und Verantwortung in diesem Bereich wird durch die Distribuierungsentscheidung die Organisation der Datenverarbeitung mitbestimmt.

Die systemorientierte Betrachtung der Organisation, wie sie hier vorgestellt wurde, bietet für den Entscheidungsprozeß selbst keine Hilfe an. Allerdings kann mit diesem Ansatz ein IKS dahingehend untersucht werden, ob es die Bedingungen der Lebensfähigkeit im Sinne des Modells erfüllt.

2.2. Der Einfluß von Unternehmenszielen und Strategien auf Distribuierungsentscheidungen von IKS

In diesem Kapitel werden die Rahmenbedingungen aufgezeigt, die sich aus der strategischen Planung für ein IKS ergeben. Dazu wird, auf der Basis eines allgemeinen Strategiebegriffs, zunächst die Relevanz der Informationsverarbeitung für das Unternehmen und darauf aufbauend der Begriff einer Informatikstrategie entwickelt.

Von diesen Überlegungen ausgehend wird versucht, die Entwicklung einer Informatikstrategie in den Prozeß der strategischen Unternehmensplanung einzubeziehen. Im Rahmen der Entwicklung der Informatikstrategie wird ein Projektportfolio erstellt und Informatikziele auf den verschiedenen Entscheidungsebenen definiert.

Die Informationen, die im Laufe der hier beschriebenen Planungsschritte erarbeitet werden, bilden die Grundlage für die Distribuierungsentscheidungen, die im Rahmen der Planung des IKS zu treffen sind.

2.2.1. Der Begriff Informatikstrategie und Unternehmensstrategie

Bevor über den Einfluß von Zielen und Strategien auf Distribuierungsentscheidungen diskutiert werden kann, muß zunächst ein Zusammenhang zwischen diesen Begriffen definiert werden.

Miles/Snow[1] kennzeichnen den Begriff Strategie als Raster oder Fluß von wichtigen und unwichtigen Entscheidungen über mögliche zukünftige Arbeitsgebiete des Unternehmens, wobei diese durch die Struktur und die Prozesse im Unternehmen unterstützt werden müssen. Daraus werden in weiterer Folge vier strategische Grundtypen entwickelt, die den Handlungsspielraum der unternehmerischen Entscheidungen beschreiben. Der Prozeß der Strategiedefinition orientiert sich stark am Anpassungsverhalten des Unternehmens am Markt und ermöglicht kaum Aussagen über die Organisation der Informationsverarbeitung.

Nach dem Konzept der Unternehmensstrategie, wie es an der Harvard Business School entwickelt wurde, umfaßt die Unternehmensstrategie die Festlegung der langfristigen Ziele eines Unternehmens, der Politiken und Richtlinien, sowie die Mittel und Wege zur Erreichung der Ziele[2]. Dieses Konzept wurde in der englisch- sowie deutsch-

---

1 Miles R., Snow C.: Unternehmensstrategien; Mac Graw Hill; Hamburg; 1986; S. 16
2 Staehle W.H.: Management; 3. Auflage; München 1987; S. 341

sprachigen Literatur weiterentwickelt, so z.B. von Porter[1], der daraus den Begriff
Wettbewerbsstrategie ableitet oder Hinterhuber[2] der das Konzept mit der Methode des
Portfolio Managements bereichert. Der Strategiebegriff unterteilt sich in die Unternehmensstrategie und Geschäftsfeldstrategien[3], wobei der Begriff Geschäftsfeld als
Produkt/Markt Kombination zu interpretieren ist und somit dem Begriff der strategischen Geschäftseinheiten (SGEs) bei Hinterhuber entspricht[4].Unter strategischer Planung wird der Prozeß verstanden, der zur Definition der (Unternehmens-) Strategien
dient.

Der strategischen Planung auf der Ebene der Unternehmensstrategie kommen bei dieser
Betrachtungsweise folgende Aufgaben zu[5]:

(1)   Entwicklung eines unternehmerischen Selbstverständnisses

(2)   Optimierung des existierenden Geschäftsfeldportfolios

(3)   Aufbau neuer Geschäfte

(4)   Management kritischer Ressourcen

Die Geschäftsfeldstrategie befaßt sich hingegen mit der **strategischen Rahmenkon-
zeption** und den **Funktionalstrategien**. Als Aspekte der strategischen Rahmen-
konzeption ergeben sich dabei:

(1)   Tätigkeitsfeld
      Definition von Märkten und Produkten / Dienstleistungen

(2)   Critical Success Factors (CSF)[6]
      Bestimmen der kritischen Erfolgsfaktoren im Tätigkeitsfeld des strategischen Ge-
      schäftsfeldes

---

1   Porter M.E.: Wettberwerbsstrategie (Competitive Strategy); 4. Auflage; Campus Verlag; Frank-
    furt; 1987

2   Hinterhuber H.: Strategische Unternehmensführung; 4. Aufl.; Berlin, New York; 1989

3   Hanssmann F.: Informatikstrategie im Kielwasser der Unternehmensstrategie; in: HMD, Heft 154,
    Juli 1990, S. 29

4   Vgl. Hinterhuber H.: Strategische Unternehmensführung; 4. Aufl.; Berlin, New York; 1989

5   Vgl. Hanssmann F.: Informatikstrategie ...; a.a.O. sowie
    Meffert H.: Strategische Unternehmensführung und Marketing: Beitrag zur marktorientierten Unter-
    nehmenspolitik, Wiesbaden 1988, S.4

6   Vgl. Rockart J.F.: "Chief executives define their own data needs"; in: Harvard Business Review;
    March-April, 1979; S. 81

(3)   Stärken / Schwächen
       Analyse der Wettbewerbsvorteile z.B. im Bereich des Kundennutzens oder der
       Kosten

(4)   Globale Zielvorstellungen
       Aussage über angestrebte Umsätze, Marktanteile, Kennzahlen, Auslastung usw.

Unter CSF werden interne und externe Bereiche verstanden, die auf den Erfolg von Strategien und Politiken entscheidenden Einfluß haben. Beispiele für CSF´s sind "Der Beitritt Österreichs zur EG für ein österreichisches, exportorientiertes Unternehmen" oder "Die Liquiditätslage eines Unternehmens während eines umfangreichen Investitionsprogrammes".

Die **Funktionalstrategien** lassen sich aus der Wertschöpfungskette von Porter[1] ableiten. Porter gliedert mit diesem Instrument die technischen und ökonomischen Aktivitäten eines Unternehmens in Primär- und Sekundäraktivitäten. Die Primäraktivitäten beschreiben die physische Entstehung des Produkts (der Leistung), während die Sekundäraktivitäten die Bereitstellung von Ressourcen und Infrastrukturen gewährleisten sollen.

Der Ertrag des Unternehmens ergibt sich aus der Differenz zwischen den Erlösen, die durch den Verkauf des Produkts (der Leistung) entstehen, und den Kosten, die durch die Aktivitäten im Unternehmen anfallen.

Entsprechend der Gliederung der Wertschöpfungskette können die funktionalen Strategien in direkte und indirekte unterteilt werden. Direkte Strategien beeinflussen direkt das Produkt (die Leistung), die das Unternehmen am Markt anbietet. Indirekte Strategien beeinflussen hingegen quantitative und qualitative Daten der Sekundäraktivitäten. Hanssmann nennt die indirekten Strategien, zu denen er auch die Informatikstrategie zählt auch "Ressourcenstrategien"[2].

Allen Geschäftsfeldstrategien liegt das Bestreben zugrunde, Wettbewerbsvorteile zu schaffen und zu realisieren. Da die Aktivitäten der Wertschöpfungskette voneinander abhängen, - konstruktionsbedingte Qualitätssteigerungen senken beispielsweise den

---

1   Porter M.E. Millar V.E.: How information gives you competitive advantage; in: Harvard Business
     Review, Nr. 4 Juli/August 1985, S. 149

2   Hanssmann F.: Informatikstrategie im Kielwasser...; a.a.O.

Aufwand im Kundendienstbereich - können Wettbewerbsvorteile durch die Optimierung von primären und sekundären Aktivitäten geschaffen werden.

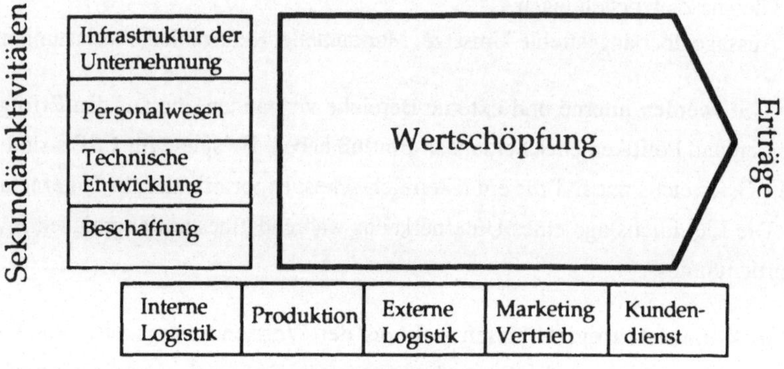

Abb. 2.15. Die Wertschöpfungskette (Quelle: Porter, a.a.O.)

Neben der physischen Komponente beinhaltet die Wertschöpfungskette im Unternehmen auch eine informationelle Komponente. Diese setzt sich aus dem Informationsgehalt des Produktes selbst und den Informationen, die im Entstehungsprozeß verarbeitet werden, zusammen. Porter faßt diese Informationen unter dem Begriff der Informationsintensität zusammen[1]

Aktivitäten der Informationsverarbeitung überlagern die gesamte Wertschöpfungskette (Abb. 2.16). Aufgrund des Charakters der Informationsverarbeitung, sie ist nicht Bestandteil der Aktivitäten, die direkt und ausschließlich ins Produkt einfließen, zählt sie zu den Sekundäraktivitäten. Durch die Verflechtung in der Wertschöpfungskette hat die Informationsverarbeitung Einfluß auf die Wettbewerbsfähigkeit des Unternehmens und ist somit Gegenstand der strategischen Planung. Die damit begründete Informatikstrategie ist eine indirekte, funktionale Strategie[2], die sich an den Anforderungen der direkten Strategien zu orientieren hat. Eine Strategie im Bereich der Produktion, die Automa-

---

[1] Porter M.E. Millar V.E.: How information ...; a.a.O., S. 153

[2] Hanssmann F.: Informatikstrategie im Kielwasser...; a.a.O., S. 30

tisierung zur Kostensenkung vorsieht, hat eine starke informationelle Komponente, die mit der Informatikstrategie koexistieren muß.

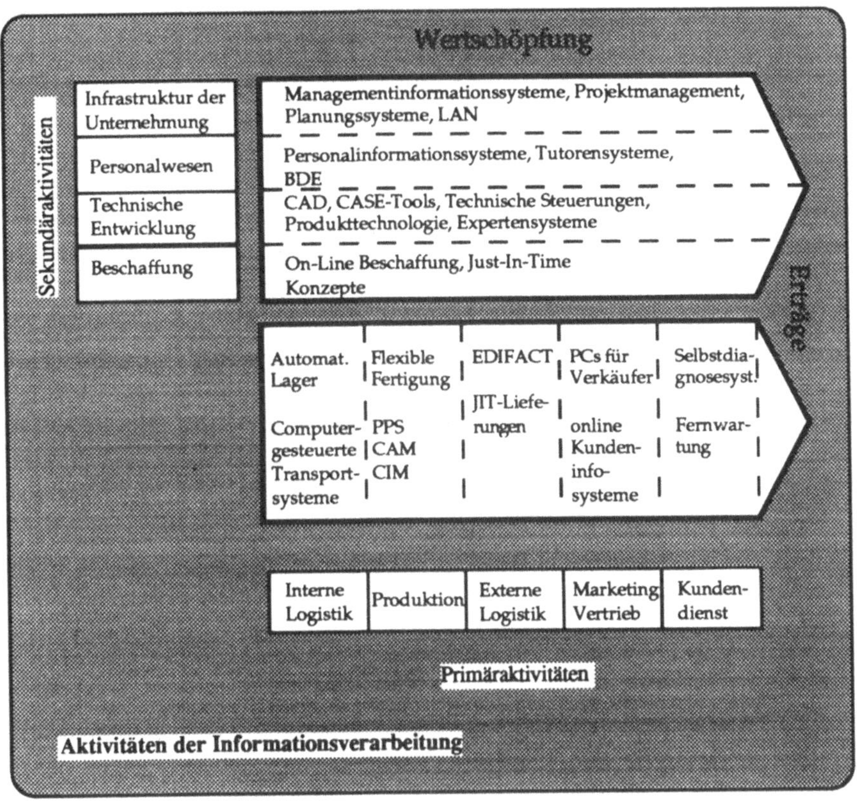

Abb. 2.16. Durchdringung der Wertschöpfungskette

Der Begriff der Informatikstrategie wird im Zusammenhang mit Informationsmanagement und strategischer Planung viel diskutiert. Eine einheitliche Definition des Begriffs scheint jedoch nicht in unmittelbarer Zukunft zu erwarten zu sein. Heinrich nennt folgende Aufgaben, die zu einem einheitlichen Verständnis des Begriffs führen sollen[1]:

(1)   Die Entwicklung eines gemeinsamen Verständnisses darüber, was der Begriff "Informatikstrategie" inhaltlich bedeutet, insbesondere über das Produkt, welches als Ergebnis des Entwickelns einer Informatikstrategie anzusehen ist.

---

[1]   Heinrich L.J.: Entwicklung von Informatikstrategien in HMD, Heft 154, Juli 1990, S. 4

(2)   Die Entwicklung von systematischen Vorgehensweisen zur Aufgabe des "Entwickelns einer Informatikstrategie".

(3)   Die Entwicklung von geeigneten Methoden zur "Entwicklung einer Informatikstrategie".

(4)   Beschreibung der Informationen, die zur Entwicklung einer Informatikstrategie notwendig sind.

Trotz der regen Diskussion um die Klärung dieser Fragen[1] können folgende gewünschte Eigenschaften bzw. Inhalte einer Informatikstrategie angeführt werden:

- Die Informatikstrategie soll eine Übereinstimmung zwischen Organisationsstruktur und Informationsinfrastruktur herstellen und/oder aufrecht erhalten[2].

- Die Informatikstrategie muß sich an den strategischen Zielen des Unternehmens orientieren und mit den Unternehmens- und Geschäftsfeldstrategien vereinbar sein[3]. Diese Forderung läßt sich auch auf "non profit" Organisationen, wie z.B. Organisationen in der öffentlichen Verwaltung, übertragen. Der Strategiebegriff muß für diese Organisationen jedoch angepaßt werden, weil gesetzliche Rahmenbedingungen und das Streben nach "langfristiger Gewinnmaximierung" in diesen Organisationen einen wesentlich anderen Stellenwert einnehmen, als dies für Unternehmen unterstellt wird.

- Die Informatikstrategie muß ein Ergebnis liefern, das als Schnittstelle für die taktische Planung der Informationsinfrastruktur verwendbar ist.

- Neben den Unternehmenszielen, die durch die Berücksichtigung der Unternehmens- und Geschäftsfeldstrategie einfließen, müssen Informatikziele explizit berücksichtigt werden.

- Berücksichtigung relevanter Technologien (z.B. Netzwerke, PCs, Expertensysteme, CASE usw.) und relevanter Standards (z.B. OSI, EDIFACT, GKS usw.)

---

[1]   Heinrich L.J.: Entwicklung von .., a.a.O. und die dort angeführten Ansätze

[2]   Lehner F.: Entwicklung von Informatikstrategien, Institut für Wirtschaftsinformatik, Universität Linz

[3]   Heinrich L.J.: "Strategisches Informationsmanagement - neue Perspektiven für Forschung und Lehre"; in: Roithmayr F., Der Computer als Instrument der Forschung und Lehre in den Sozial- und Wirtschaftswissenschaften, ÖCG, Wien München, 1989, S. 13

2.2.2. Strategische Planung von Informations- und Kommunikationssystemen

2.2.2.1. Der strategische Planungsprozeß

Die Informatikstrategie muß im Zusammenhang mit der Unternehmensstrategie gesehen werden[1]. Dementsprechend muß auch der Prozeß der strategischen Planung von IKS im Zusammenhang mit dem strategischen Planungsprozeß des Unternehmens gesehen werden. Zudem bilden die im Rahmen der strategischen Planung des Unternehmens und des IKS verarbeiteten Informationen auch eine Rahmenbedingung für die Distribuierung des IKS.

Der Einsatz von IKS hat sich gewandelt. Mertens[2] unterscheidet folgende Arten von IKS:

(1) **Administrationssystem** (auch als Operationssystem bezeichnet). Das Administrationssystem zielt auf eine Rationalisierung der Massendatenverarbeitung.

(2) **Dispositionssystem.** Das Dispositionssystem zielt auf eine Entscheidungsvorbereitung.

(3) **Informationssystem.** Führungsinformationssysteme haben die Aufgabe den Entscheidungsträgern in der Organisation Informationen zu präsentieren, die sich im wesentlichen aus den Administrations- und Dispositionssystemen zusammensetzen.

(4) **Planungssystem.** Während Dispositionssysteme kurzfristige und wohl strukturierte Entscheidungsprozesse unterstützen, spielen Planungssysteme im Bereich langfristiger, schlecht strukturierbarer Entscheidungen eine Rolle. Planungssysteme verlangen zudem eine stärkere menschliche Intervention als Dispositionssysteme[3].

---

[1] "The development of information technology is far too important, in 1988, to be left to the information technologists."; Rockart J. F.: The Line Takes the Leadership - IS Management in a Wired Society.; in: Information Management, 4/88; S.8.

[2] Mertens P.: Industrielle Datenverarbeitung Bd.1; 6. Aufl.; Wiesbaden 1986; S. 6ff

[3] Mertens P.: Industrielle Datenverarbeitung; a.a.O.; S. 9

Wenn man diese Unterscheidung zugrunde legt, so haben sich Informations- und Kommunikationssysteme historisch von reinen Administrationssystemen, über Dispositionssysteme zu echten Informations- und Planungssystemen entwickelt, sodaß heute in den Unternehmen alle vier Arten von Informationssystemen vorzufinden sind. Das Ziel, Informationen für Managementaufgaben zur Verfügung zu stellen, läßt ebenfalls die strategische Stellung der Informationsverarbeitung erkennen. Die Planung des IKS muß in die strategische Unternehmensplanung eingegliedert werden. Diese Eingliederung wird nun anhand des Modells der strategischen Unternehmensführung von Hinterhuber dargestellt.

Hinterhuber[1] beschreibt strategische Unternehmensführung als Anwendung folgender Grundsätze:

(1)   die ganzheitliche Betrachtung der Unternehmen und ihrer Umwelt

(2)   die Strategie als Richtschnur des unternehmerischen und initiativen Handelns in allen strategischen Geschäftseinheiten, Funktionsbereichen und regionalen Tochtergesellschaften des Unternehmens.

(3)   die einheitliche Erziehung aller Führungskräfte zu individueller Selbständigkeit der Entscheidungen im Rahmen der vereinbarten Strategien.

Aufbauend auf diesen Grundsätzen entwickelt Hinterhuber ein Modell der strategischen Unternehmensplanung, das aus fünf Phasen besteht:

Ausgehend von der Vision, der Vorstellung des Unternehmers über Sinn und Zweck seines Unternehmens, entwickeln sich Unternehmenspolitik und Leitbild. Diese definieren die Position des Unternehmens in seiner Umwelt. Dadurch werden Aussagen über angestrebte Tätigkeitsbereiche und über die Gestaltung der Interaktion mit der unmittelbaren Umwelt (Abnehmer, Arbeitskräfte, Kapitalgeber, usw.) getroffen. Die Strategien dienen dem Erreichen oder Halten der angestrebten Stellung in der Umwelt. Funktionale Politiken sollen den Führungskräften die Umsetzung der Strategien in ihren Verantwortungsbereichen ermöglichen. Die letzte Phase (Aktionspläne, Fortschrittskontrolle und Strategieüberwachung) dient der operationalen Umsetzung. Die Unternehmenskultur besteht aus den Wertvorstellungen der Führungskräfte und der Mitarbeiter. Sie wird von allen Beteiligten und Betroffenen des strategischen Planungsprozesses gebildet und beeinflußt diese durch soziale Mechanismen.

---

1   Hinterhuber H.: Strategische Unternehmensführung; 4. Aufl.; Berlin, New York; 1989

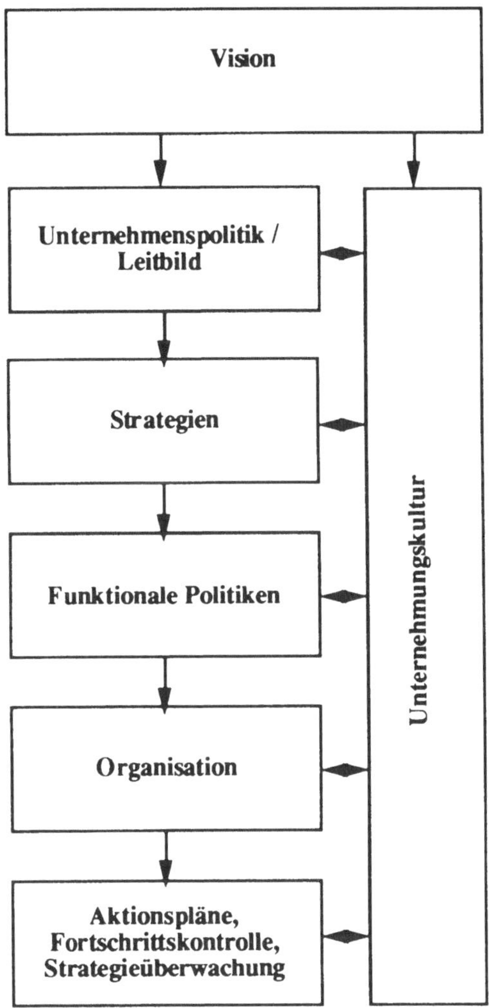

Abb. 2.17. Strategische Unternehmensplanung nach Hinterhuber

Informatikstrategien als Ergebnis der strategischen Planung von IKS sind in diesem Modell in der Phase der Entwicklung funktionaler Politiken anzusiedeln. Hinterhuber[1] geht in seinem Modell nicht auf die strategische Planung von IKS ein. Da es sich bei der Informatikstrategie um eine Sekundärstrategie handelt, die entsprechend der Quer-

---

[1] Hinterhuber H.: Strategische Unternehmensführung; a.a.O.; Bd. 2; S. 9

schnittsfunktion der IKT alle funktionalen Unternehmensbereiche berührt[1], muß ihr im Planungsschema eine Sonderstellung eingeräumt werden.

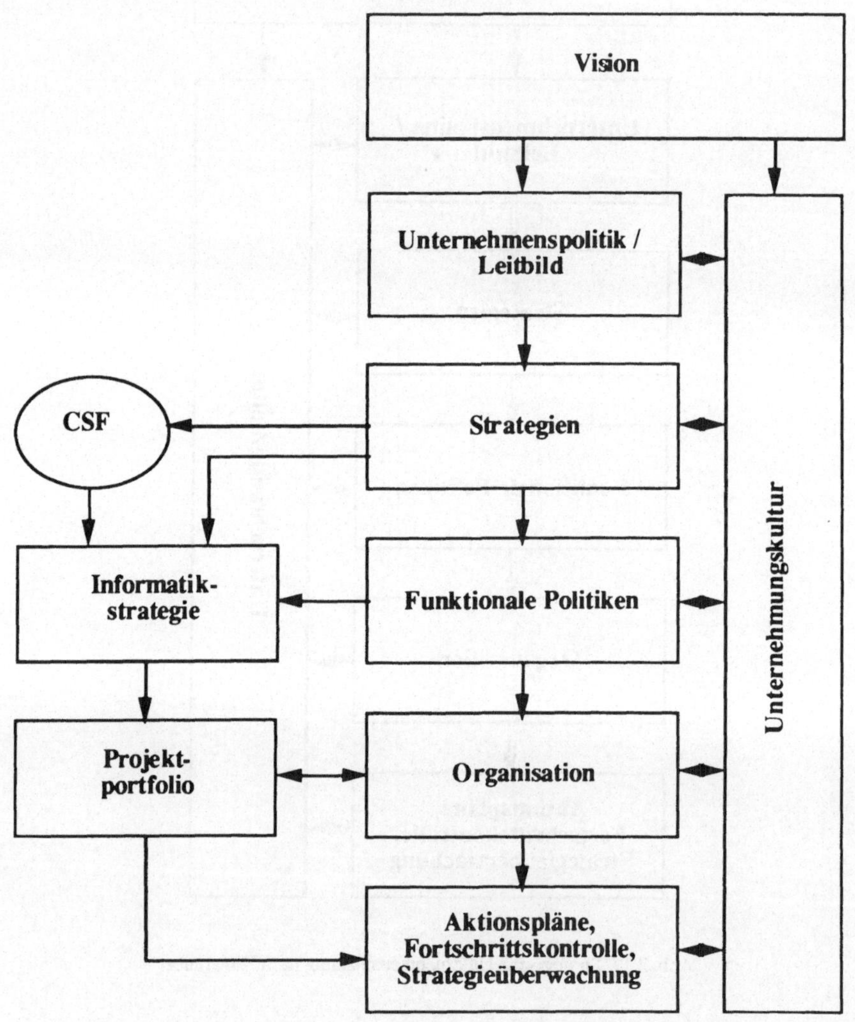

Abb. 2.18. Die Stellung der Informatikstrategie im strategischen Planungsprozeß

Strategien auf Unternehmens- und Geschäftsfeldebene haben eine mehr oder weniger starke Informationskomponente, welche wiederum mit einer gewissen Priorität ver-

---

[1]   Vgl. Abb. 2.16 "Durchdringung der Wertschöpfungskette"

sehen ist. Im Rahmen der strategischen Planung muß untersucht werden, inwieweit eine Unterstützung von Strategien durch IKS möglich und sinnvoll ist. Analoges gilt für die formulierten, funktionalen Politiken.

Daneben beinhalten Strategien und funktionale Politiken Aussagen über kritische Erfolgsfaktoren (CSF), die ebenfalls bei der strategischen Planung von IKS berücksichtigt werden[1] müssen.

Die daraus resultierende Informatikstrategie beeinhaltet ein Projektportfolio, dessen Realisierung die Organisation beeinflussen wird, die zur Realisierung funktionaler Politiken implementiert wird. Umgekehrt beeinflußt diese Organisation die Form in der Informatikprojekte realisiert werden.

2.2.2.2. Die Beteiligung des Informationsmanagements

Die Aufgabe des Informationsmanagements wird in der "bedarfsgerechten Versorgung der Unternehmen mit Informationen unter organisatorischen, technischen, personellen und wirtschaftlichen Aspekten"[2] verstanden. Da das Informationsmanagement somit auch für den Aufbau und Betrieb eines IKS verantwortlich ist, muß seine Rolle im strategischen Planungsprozeß definiert werden.

Heinrich - Burgholzer[3] gehen zunächst von einer passiven Rolle des Informationsmanagements bei der strategischen Planung aus. Betrachtet man Unternehmen unter dem Aspekt der gegenwärtigen und zukünftigen strategischen Bedeutung von IKS auf der Ebene der funktionalen Politiken, so erhält man ein Portfolio mit 4 Feldern, die sich in der Bewertung von IKS unterscheiden.

Im Feld (1) des Portfolios sind Unternehmen bzw. strategische Geschäftsbereiche (SGEs) angesiedelt, die gegenwärtig durch den Einsatz von IKS keine Wettbewerbsvorteile erzielen können, IKS also keine strategische Dimension haben. Der Einsatz von IKS Systemen auf administrativer Ebene (Finanzbuchhaltung, Fakturierung, usw.)

---

1   Heinrich L.J. Burgholzer P.: Informationsmanagement; München, Wien, Oldenbourg; 1987; S. 29

2   Pfeiffer P.: Technologische Grundlage, Strategie und Organisation des Informationsmanagements; Walter de Gruyter; Berlin, New York; 1990; S. 18

3   Heinrich L.J. Burgholzer P.: Informationsmanagement; a.a.O.

sind in diesem Feld anzusiedeln. Durch diese Systeme lassen sich heute keine Wettbewerbsvorteile erzielen, sie gehören vielmehr zur Standardausstattung moderner Unternehmen.

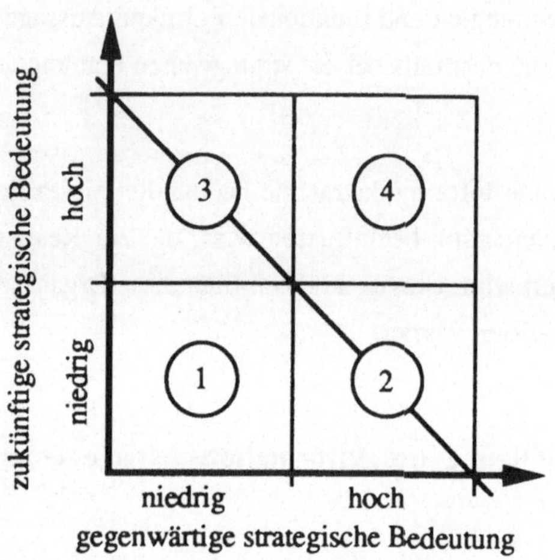

Abb. 2.19. Strategische Bedeutung von IKS (nach: Mc Farlan[1])

Das Feld (2) umfaßt Unternehmen deren IKS gegenwärtig hohen Beitrag zu den Wett-
bewerbsvorteilen liefert, diese in Zukunft jedoch nur mehr bedingt realisiert werden
können. Als Beispiel können Dispositionssysteme wie das Platzreservierungssystem
SABRE von American Airlines zum Zeitpunkt seiner Einführung dienen. Durch die
Einführung dieses Systems konnte eine erhebliche Steigerung der Auskunftsbereit-
schaft erzielt werden, das American Airlines gegenüber seinen Konkurrenten einen
Wettbewerbsvorteil verschaffte. Die Realisierung dieses Systems war ein strategischer
Zug, das entstandene System hatte strategischen Charakter, durch die Einführung von
Konkurrenzsystemen (PARS, START) änderte der Einsatz von IKS in diesem Bereich
seinen strategischen Charakter. So haben z.B. Veränderungen des Marktes, die z.B.
auf politischen Entscheidungen beruhen, eine neue Ausgangssituation geschaffen, die
dazu führten, daß europäische Fluggesellschaften seit 1987 am Projekt AMADEUS[2]

---

[1]   Mc Farlan W.F.: Information technology changes the way you compete; in: Harvard Business
      Review, May-June, 1984; S. 101

[2]   Russo A., Braun W., Hoffmann P.: AMANET - Das Superhirn AMADEUS und sein Netzwerk;
      in: Datacom Spezial - Netzwerkmanagement, Datacom-Verlag, Bergheim, 1990; S. 136ff

arbeiten, um sich auf den EG-Binnenmarkt vorzubereiten und eine Markteintrittsbarriere zu schaffen.

Im Feld (3) befinden sich Unternehmen deren IKS durch Veränderungen in der Branchenstruktur in Zukunft strategische Bedeutung gewinnen werden. Der Anteil des Informationsmanagements am strategischen Planungsprozeß steigt entsprechend. Als Beispiel kann der Logistikbereich in Handelsunternehmen genannt werden. Waren früher Verfügbarkeit und Lagerhaltung die Säulen des Unternehmens, so werden diese in zunehmendem Maße durch Informationen, wie z.B. Preise und Liefertermine ersetzt. Es ist nicht zu erwarten, daß die Bedeutung der Information wieder stagniert, viel eher steht eine Bewegung in das Feld (4) bevor.

Im letzten Feld (4) werden IKS auch in Zukunft zu Wettbewerbsvorteilen des Unternehmens beitragen. Die Information an sich hat für diesen Unternehmensbereich sehr hohen Stellenwert, und die Information kann am Markt in Wettbewerbsvorteile umgewandelt werden.

Dies kann einerseits durch den hohen Informationsgehalt des Produktes oder andererseits durch den Informationsbedarf im Produktionsprozeß (Technologie, Anzahl der Lieferanten, usw.) begründet sein. Beide Größen werden in der Literatur unter dem Begriff Informationsintensität[1] zusammengefaßt. In Versicherungsunternehmen bildet das IKS das Rückgrat des Produktes. Ohne IKS könnte das Informationsvolumen nicht bewältigt werden, die Flexibilität wäre eingeschränkt und ein auf individuelle Risiken abgestimmtes Angebot wäre nicht aufrecht zu erhalten. Durch gezielten Einsatz von IKS z.B. im Beratungsbereich können immer neue Wettbewerbsvorteile realisiert werden. Das IKS erhält somit die Funktion einer strategischen Waffe[2].

In Unternehmen, in denen die funktionalen Politiken unterhalb der Diagonale anzusiedeln sind, ist der Anteil des Informationsmanagement gering. Da in Bereichen über der Diagonale, in denen IKS zur Realisierung strategische Pläne einen Beitrag leisten sollen, vom Informationsmanagement erwartet wird Lösungen zu finden und umzu-

---

[1] Porter M.E. Millar V.E.: How information gives you competitive advantage; in: Harvard Business Review, Nr. 4 Juli/August 1985, S. 154

[2] Vgl. Mertens P., Plattfaut E.: Informationstechnik als strategische Waffe; in: Information Management 2/86; S. 6ff

setzen, ist eine Einbindung des Informationsmanagements in den strategischen Planungsprozeß unumgänglich[1].

Zusätzlich sprechen folgende Faktoren für eine Einbindung des Informationsmanagement in den strategischen Planungsprozeß:

(1)   Strategien beruhen auf dem Einsatz von IKS als strategische Waffe.

(2)   IKS leisten einen entscheidenden Beitrag zur Überwachung von CSF´s.

(3)   Eine oder mehrere funktionale Politiken, die in den Strategien eine zentrale Stellung einnehmen, befindet sich im Feld (4).

(4)   Die Informationsintensität des Produktes bedingt ein strategisches Management des Produktionsfaktors "Information".

(5)   Die Branchenstruktur verändert sich aufgrund einer verstärkten Informationskomponente am Markt.

Die ersten drei Faktoren ergeben sich erst aus dem strategischen Planungsprozeß. Die Einbeziehung des Informationsmanagements in den Prozeß muß aus diesem Grund nach jeder Planungsphase evaluiert werden. Die Faktoren (4) und (5) können durch die Beurteilung des Produktes (des Produktionsprozesses) und der Marktsituation beurteilt werden.

Die Informationsintensität des Produktes kann anhand des folgenden Kriterienkataloges überprüft werden[2]:

(1)   Informationsintensität in der Wertschöpfungskette z.B. durch
   *   hohe Anzahl der Lieferanten oder Kunden
   *   Beratungsintensität des Produktes im Verkauf
   *   Typenvielfalt
   *   hohe Anzahl von Einzelteilen
   *   hohe Anzahl von Fertigungsstufen
   *   lange Taktzeiten zwischen Auftrag und Auslieferung

(2)   Informationsintensität des Produktes z.B. durch
   *   Produkt das hauptsächlich Informationen liefert
   *   umfangreiche Wissen für den Betrieb erforderlich
   *   viele alternative Anwendungen des Produktes sind möglich

---

[1]   Heinrich L.J. Burgholzer P.: Informationsmanagement; a.a.O.; S. 29

[2]   Porter M.E. Millar V.E.: How information ...; a.a.O.; S. 158

Für die Beurteilung der Marktentwicklungen steht die Beobachtung der Unternehmens-umwelt und die Konkurrenzanalyse zur Verfügung.

2.2.2.3. Die Erstellung eines Projektportfolios

Als Rahmenbedingung für die Einführung von IKS empfiehlt es sich aufgrund der Situation des Gesamtunternehmens, eine Grundsatzstrategie[1] für den Informatikeinsatz zu formulieren. Zur Planung von IKS stehen generell vier Normstrategien zur Verfü-gung:

- Bei der **defensiven Strategie** wird versucht, den Einsatz der Informations- und Kommunikationstechnik zurückzudrängen. Neue Technologien werden nicht eingesetzt, unter Umständen erfolgt sogar ein Rückzug auf bewährte, alte Metho-den. Beispiel wäre der Einsatz herkömmlicher Kassensysteme anstatt moderner POS-Warenwirtschaftssysteme aufgrund einer einfachen Lieferanten- Abnehmer-struktur, die die Wirtschaftlichkeit einer integrierten Lösung in Frage stellt.

- Die **momentum Strategie** beruht auf einer Beibehaltung des momentanen Vor-gehens. Technologische Entwicklungen werden beobachtet, deren Einsatz stehen die Entscheidungsträger konservativ gegenüber. Dieses abwartende Verhalten kann z.B. aus Vorsicht praktiziert werden. Als Beispiel können hier Institutionen aus dem öffentlichen Bereich genannt werden, deren Bestehen von politischen Entscheidungen abhängt[2].

- Die **moderate Strategie** orientiert ihr Vorgehen an gesicherten Lösungen der Informations- und Kommunikationstechnik. Der Einsatz von IKS erfolgt in ausgewählten Unternehmensbereichen in Form von Administrations- und even-tuell Informationssystemen. Als Beispiel für diese Strategie kann ein mittelstän-discher Produktionsbetrieb dienen, der ein PPS-System einführt, ohne dabei CAD/CAM Integration zu verfolgen.

- Die **aggressive Strategie** orientiert ihr Vorgehen am massiven Einsatz der Informations- und Kommunikationstechnik. Erhöhte Spannungsfelder werden

---

[1] Vgl. Szyperski N.: Strategisches Informationsmanagement im technologischen Wandel. - Fragen zur Planung und Implementation von Informations- und Kommunikationssystemen; in: Ange-wandte Informatik 4/1980 und
Pfeiffer P.: Technologische Grundlage, Strategie und Organisation des Informationsmanagements; de Gruyter; Berlin, New York; 1990; S. 146ff

[2] Z.B. der österreichische Milchwirtschaftsfonds, dessen Existenz und Aufgabenbereich von zeitlich befristeten Marktordnungsgesetzen abhängt.

bewußt in Kauf genommen. Beispiel dafür wäre eine Bank, die durch eine Offensive im Bereich des Home-Banking Wettbewerbsvorteile sichern will.

Die Auswahl einer der vier Normstrategien muß nicht notwendigerweise für das gesamte Unternehmen erfolgen. Es ist auch möglich für Teilbereiche (Geschäftsfelder) eigene Strategien zu formulieren. Diese Vorgehen entspricht auch der Überlegung, daß es sich bei der Informatikstrategie um eine indirekte, funktionale Strategie handelt[1].

Die Festlegung auf eine Normstrategie innerhalb eines Geschäftsfeldes beinhaltet noch keine Aussage über die Ausprägung der einzelnen Anwendungssysteme[2], die innerhalb des Geschäftsfeldes zum Einsatz kommen werden. Insbesondere ist eine Einordnung in ein Projektportfolio[3] und eine Priorisierung der Anwendungssysteme notwendig.

Der Einsatz der geeigneten Normstrategie muß vor dem Hintergrund des augenblicklichen Technikstandes des Unternehmens, der Position des Unternehmens im Markt, seiner Mitarbeiter, sowie seiner Aufgabenumwelt gesehen werden. Krüger/ Pfeiffer[4] schlagen in diesem Zusammenhang folgendes Vorgehen vor:

Wie in der Abbildung "Ableitung einer Normstrategie" dargestellt, wird zunächst ein Branchenattraktivitätsportfolio[5] und eine Informationsintensitäts[6]-Matrix erstellt. Aus diesen werden die Ertragsposition des Geschäftsfeldes und die Informationsintensität des Produktes abgeleitet und in einem weiteren Portfolio gegenüber gestellt. Aus diesem läßt sich schlußendlich die Normstrategie für das untersuchte Geschäftsfeld ablesen.

---

[1] Vgl. Kapitel 2.2.1.

[2] Unter Anwendungssystem wird der Einsatz von IKS zur Bearbeitung bestimmter Aufgaben/Probleme verstanden. Beispiel: Warenwirtschaftssystem, PPS, CAQ usw.

[3] Anwendungssysteme werden als Projekte betrachtet. Gegenstand eines Projektes ist die Planung, Entwicklung und Einführung eines spezifischen Anwendungssystems. Wenn Anwendungssysteme in identischer Form in verschiedenen Geschäftseinheiten auftreten so bezieht sich ein Projekt zunächst auf eine Geschäftseinheit. Mögliche Synergieeffekte durch Zentralisierung bestimmter Projektphasen müssen im Rahmen der De/Zentralisierungsentscheidung untersucht werden.

[4] Krüger W., Pfeiffer P.: Strategische Ausrichtung, organisatorische Gestaltung und Auswirkungen des Informationsmanagements; in: Information Management 2/88; S. 6-15

[5] Vgl. Hinterhuber H.: Strategische Unternehmensführung; 4. Aufl.; Berlin, New York; 1989

[6] Zum Begriff Informationsintensität siehe Kapitel "Die Beteiligung des Informationsmanagements"

Die Bedeutung der Informationsverarbeitung fließt in diesem Modell ausschließlich über die Informationsintensität des Produktes ein. Aus diesem Grund sei hier noch einmal explizit erwähnt, daß es sich bei der Darstellung der Informationsintensität um eine Matrix, und nicht um ein Portfolio handelt. Die Größen, die auf den entsprechenden Achsen aufzutragen sind unterscheiden sich nicht dahingehend, ob sie extern vorgegeben sind oder unternehmensintern, sondern beziehen sich auf die Wertschöpfungskette nach Porter. Die Informationsintensität wird demnach auch von externen Größen (z.B. den Konkurrenten) beeinflußt. So kann das IKS eines Konkurrenten (z.B. Einbau einer Prozessorsteuerung in eine Maschine) die Informationsintensität des Produktes verändern.

Andere externe Entwicklungen können jedoch nicht oder nur schwer über die Informationsintensitätsmatrix in das Modell eingebracht werden. Porter/Millar[1] nennen drei Möglichkeiten durch die IKT den Wettbewerb beeinflussen kann:

- Durch Veränderung der Branchenstruktur
  IKT kann Wettbewerbsfaktoren[2] beeinflussen. So kann z.B. der Einsatz eines Auftragsbearbeitungssystems zu einer Intensivierung des Wettbewerbs führen.

- Durch das Entstehen neuer Wettbewerbsvorteile
  Durch die direkte Übernahme von mit Desk Top Publishing erstellter Seiten in den Druck entstehen Zeit- und Kostenvorteile, die sich in zusätzlichen Kundennutzen niederschlagen.

- Durch das Entstehen neuer Märkte
  Durch PPS freigelegte Kapazitäten können für Lohnarbeiten am Markt angeboten werden.

Die Veränderung der Branchenstruktur und das Entstehen neuer Märkte haben keinen Einfluß auf die Informationsintensität des Produktes. Diese Größen müssen auf der nächsten Planungsstufe, dem Projektportfolio berücksichtigt werden.

---

[1] Porter M.E. Millar V.E.: How information gives you competitive advantage; in: Harvard Business Review, Nr. 4 Juli/August 1985

[2] Porter M..E.: How information ...; a.a.O. S. 137
Wettbewerbsfaktoren sind die Marktmacht der Nachfrager, die Marktmacht der Anbieter, die Höhe der Markteintrittsbarrieren, die Gefahr der Produktsubstitution und die Wettbewerbsintensität zwischen den Konkurrenten.

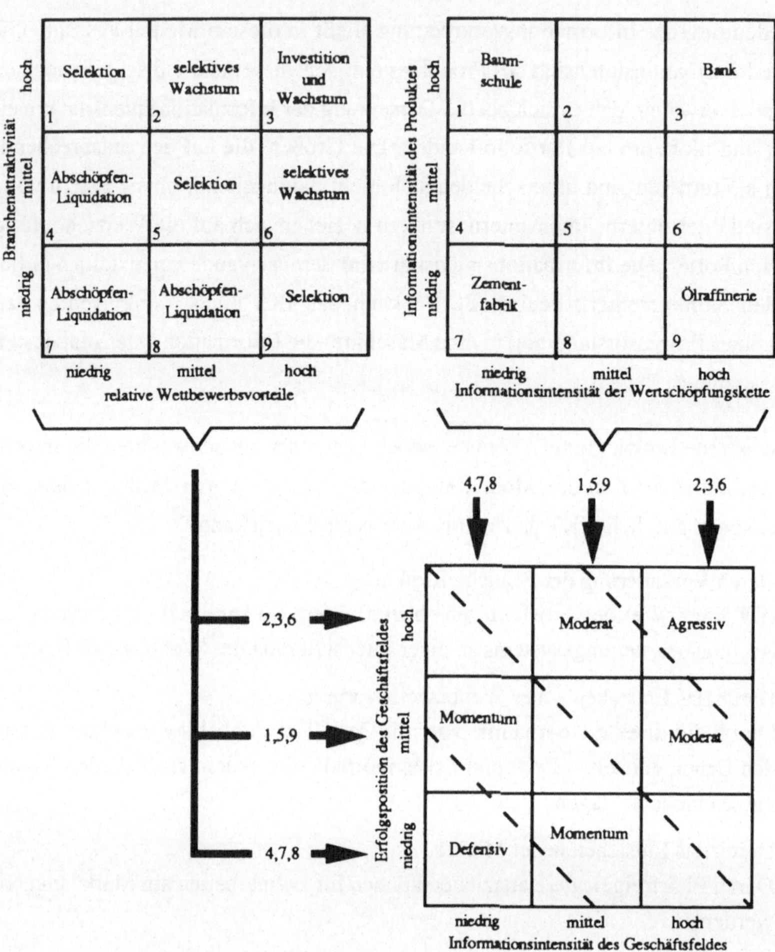

Abb. 2.20. Ableitung einer Normstrategie (nach: Krüger W., Pfeiffer P.)

Das Projektportfolio kann auf der Grundlage des Portfolios von Mc Farlan erstellt werden, indem anstatt der Geschäftsbereiche die Anwendungssysteme eines Geschäftsbereichs (des Unternehmens) positioniert werden[1].

Bei der Positionierung entlang der Dimension "gegenwärtige Bedeutung der IKT" wird der Einsatz von IKT in Relation zur Konkurrenz bewertet. Entlang der Dimension "zu-

---

[1] Vgl. Hartwig M.: Portfolioanalyse für das strategische Informationsmanagement; in: Information Management 3/87; S. 12ff

künftige, strategische Bedeutung der IKT" beruht die Bewertung auf den Größen Informationsintensität des Produkts, den Einflußfaktoren von IKT auf den Wettbewerb und möglichen Sekundärwirkungen von Geschäftsfeldstrategien bzw. funktionalen Politiken. Als Beispiel für Sekundärwirkung kann eine funktionale Politik in der Beschleunigung der Auftragsabwicklung liegen. Dies impliziert für das Anwendungssystem "Auftragsbearbeitung" einen höheren strategischen Stellenwert, als dies der Fall wäre, wenn die funktionale Politik z.B. in der Intensivierung der fachlichen Kundenbetreuung bestünde.

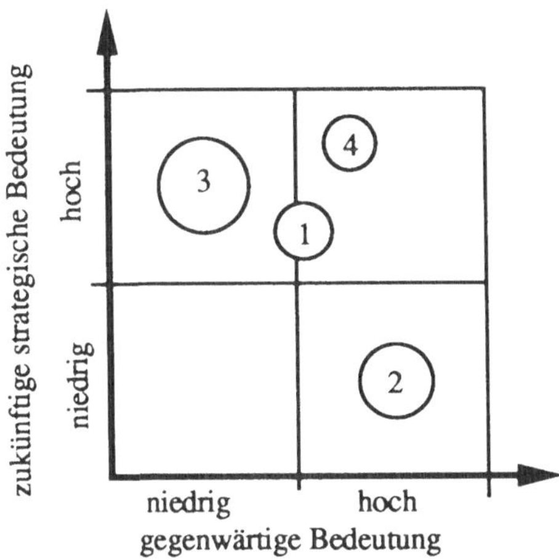

1 Büroautomation
2 Anzeigenverwaltung
3 Desktop publishing
4 Online Zugriff auf Informationsdienste (Reuters, APA,...)

Abb. 2.21. Projektportfolio einer Geschäftseinheit

Die Abbildung "Portfolio einer Geschäftseinheit" stellt das Projektportfolio einer Geschäftseinheit "Tagespresse" dar. Die Anwendungssysteme 1,2 und 4 sind (relativ zur Konkurrenz) in ausgeprägter Form vorhanden. Die Anzeigenverwaltung dient in erster Linie der Rationalisierung, Büroautomation und Informationsdienste beinhalten einen hohen strategischen Stellenwert. Desktop publishing (abgek. DTP) hat ebenfalls eine hohe strategische Bedeutung, entsprechende Systeme sind in der untersuchten Geschäftseinheit aber kaum vorhanden.

Wenn man dieses Portfolio mit dem Portfolio der Boston Consulting Group (BCG) vergleicht, so ist man versucht, Überlegungen zum Lebenszyklus eines Produkts auf

Anwendungssysteme anzuwenden[1]. Die Entstehung neuer Anwendungssysteme kann zwei Ursachen haben:

- Die technische Entwicklung ermöglicht den Einsatz von IKT in Bereichen, in denen bisher aus Kostengründen und/oder Gründen der Funktionalität ein solcher nicht möglich war. Für diesen Fall ist der Bereich des DTP ein Beispiel: Die Leistungsfähigkeit von kostengünstigen PC´s und die Entwicklung entsprechender Grafik- und Layoutprogramme ermöglichen den professionellen Einsatz im Redaktionsbereich. Der Redaktionsschluß kann nach hinten verschoben werden, wodurch eine höhere Flexibilität und somit Aktualität erreicht wird.

- Die Informationsintensität eines Produktes wird erkannt und mittels IKT in Wettbewerbsvorteile umgesetzt. Beispiel dafür ist wiederum das Platzreservierungssystem SABRE. Die Information über Flugdaten und die Reservierungsmöglichkeit wurde mittels IKT in Wettbewerbsvorteile umgewandelt.

In beiden Fällen entsteht eine hohe strategische Bedeutung des Anwendungssystems. Durch die Einführung entsprechender Systeme in der Geschäftseinheit entwickeln sich diese, bis sie eine Position rechts oben im Portfolio einnehmen. Durch Nachahmung bzw. Anpassung des Marktes wandern die Anwendungssysteme nach unten, in eine Position, wo sie analog zu den "Cash Cows" des BCG-Portfolios, in erster Linie der Rationalisierung, der Wirtschaftlichkeit des Geschäftsbereiches dienen.

Im Unterschied zum Portfolio der BCG kann hier jedoch keine Ausgeglichenheit des Portfolios verlangt werden[2], weil Anwendungssystem der Unterstützung der Geschäftsbereiche dienen, und unabhängig von ihrer Position im Projektportfolio nichts über den Erfolg der Geschäftseinheit aussagen. Aus demselben Grund läßt sich aus dem Portfolio nur bedingt ein Hinweis für die Zuordnung von Ressourcen für die Anwendungssysteme ableiten. Das Projektportfolio dient als Veranschaulichung der Bedeutung der IKT für die Geschäftseinheit und als Entscheidungsgrundlage. Die

---

[1] Vgl. Ward J. M.: Integrating Information Systems into Business Strategies; in: Long Range Planning; Vol. 20; 1987; S. 27

[2] Die Ausgeglichenheit eines Portfolios, wie sie beim BCG-Portfolio gefordert wird, bezieht sich auf die Anordnung der einzelnen positionierten Elemente. Es wird gefordert, daß für die Bereiche in denen investiert werden soll, ein Bereich existiert, der Ressourcen (Kapital) freisetzt, das für Investitionen zur Verfügung steht. Im Fall der Positionierung von Anwendungssystemen (IKT-Projekten) tritt der Fall ein, daß die Mittel für das Projekt in anderen Funktionalbereichen freigesetzt werden (z.B. durch die regionale Erweiterung des Absatzmarktes). Die Ausgeglichenheit kann erst dann wieder gefordert werden, wenn alle strategischen Maßnahmen der Geschäftseinheit im Portfolio aufgenommen werden.

Reihung der Projekte und die Zuordnung von Ressourcen bleibt dem Management vorbehalten.

2.2.3. Die Ableitung von Informatikzielen

Bei den folgenden Ausführungen wird davon ausgegangen, daß Sachziele im Rahmen der Unternehmensplanung formuliert werden. Informatikziele sind demnach Formalziele, die die Gestaltung des IKS betreffen und zur Erreichung der Sachziele beitragen sollen.

2.2.3.1. Die Ebenen des Zielsystems

Die Informatikziele beschreiben Rahmenbedingungen für die einzelnen Anwendungssysteme und die Informatik-Infrastruktur. Informatikziele können aufgrund der Unternehmensstrategie und der zu erwartenden Umweltentwicklungen grundsätzlich als bedeutend oder als weniger wichtig angesehen werden. Diese Aussagen müssen bei der Beschreibung einer Informatik-Infrastruktur berücksichtigt werden. Bei der Definition der Anwendungssysteme muß die Relevanz eines Informatikziels gesondert bewertet werden. Die globalen Ziele bleiben auf jeden Fall gültig, sie können aber aufgrund der speziellen Situation eines Anwendungssystems abgeschwächt oder verstärkt werden. Heinrich/Burgholzer[1] unterscheiden in diesem Zusammenhang zwischen systembezogenen und systemindifferenten Zielen, ohne dabei auf den Effekt der Überlagerung einzugehen.

Beispiele für Informatikziele sind: Flexibilität, Betriebssicherheit, Sicherheit des Anwendungssystems, Datenschutz, Durchdringung, Standardisierung, Effektivität, Wirtschaftlichkeit, Benutzerfreundlichkeit, Integrationsfähigkeit usw. Eine vollständige Aufzählung aller möglichen Ziele ist nicht möglich, weil die Liste situationsbezogen für jedes Unternehmen angepaßt werden muß, und es jederzeit möglich ist, daß sich aus einer speziellen Situation eines Unternehmens ein neues Informatikziel ableitet. So kann ein Unternehmen mit bestehenden IKS die Weiterverwendung installierter Ressourcen

---

[1] Heinrich L.J., Burgholzer P.: Informationsmanagement; München, Wien, Oldenbourg; 1987; S. 37

aus Kostengründen anstreben, oder bestrebt sein, die Migration zum "neuen" System mit dem vorhandenen Personal durchzuführen, um Mitarbeiter, von denen das Funktionieren des bestehende IKS abhängt, im Unternehmen zu halten.

Je nach der Gewichtung der Informatikziele des Unternehmens zeigt sich, daß der Distribuierungsgrad einen Faktor für den Erfolg der Zielerreichung darstellt. So kann in einem weitgehend dezentralisierten IKS der Zutrittsschutz als Schutzmaßnahme gegen Mißbrauch von Daten oder Sabotage wesentlich schwieriger erfüllt werden, als in einem zentralen IKS.

Um im Rahmen der Planung von IKS unter der Berücksichtigung der strategischen Planung Informatikziele ableiten zu können, muß eine Struktur geschaffen werden, in welche die unterschiedlichen Ziele eingeordnet werden können. Ein solcher Rahmen wird in der folgenden Abbildung dargestellt:

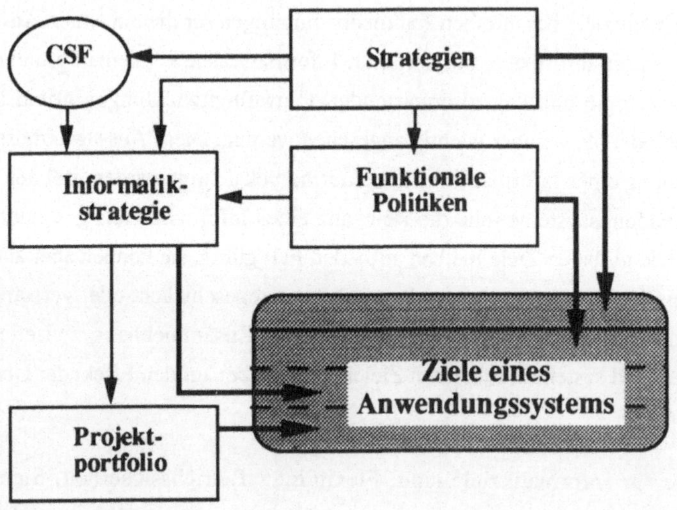

Abb. 2.22. Ziele eines Anwendungssystems

Die konkrete Ausprägung eines Zielsystems für ein Anwendungssystem setzt sich aus dem Zusammenspiel von Entscheidungen in verschiedenen Phasen des strategischen Planungsprozesses zusammen.

2.2.3.2. Die Ziele auf der Ebene der Unternehmensstrategie

Auf der Ebene der Unternehmensstrategie und der Geschäftsfeldstrategie werden Rahmenbedingungen gesteckt, die in den nachgeordneten Entscheidungen Berücksichtigung finden. Im Rahmen des Managements kritischer Ressourcen kann die Stellung der Informationsverarbeitung definiert werden. Diese Festlegung beruht auf der Informationsintensität des Produktes und den Einflüssen der IKT auf den Wettbewerb. Diese Größen fließen bei der Entwicklung des Projektportfolios ein. Konkrete Informatikziele lassen sich auf dieser Ebene jedoch noch nicht ableiten.

Geschäftsfeldstrategien beinhalten zunächst Aussagen über die angestrebten Marktpositionen (entspricht der Position des Geschäftsfeldes im Branchenattraktivitätsportfolio), über CSFs und Stärken/Schwächen Analysen. Aus diesen Informationen lassen sich schon erste, globale Ziele für die Informationsverarbeitung ableiten. Als Beispiel für Ziele auf dieser Ebene können zwei, untereinander jeweils konkurrierende, Begriffspaare dienen: Flexibilität und Standardisierung sowie Wirtschaftlichkeit und Innovation.

Wenn man diese Ziel-Paare mit einem Branchenattraktivitätsportfolio[1] überlagert (Abb. 2.23.), läßt sich daraus folgende Argumentation ableiten:

Für ein Geschäftsfeld in der Position 1 ("Question Mark") besteht die Forderung nach hoher Flexibilität und Innovationsfähigkeit. Die Flexibilität ist erforderlich, weil noch nicht feststeht, durch welche Maßnahmen Wettbewerbsvorteile realisiert werden sollen, oder ob in das Geschäftsfeld nicht weiter investiert werden soll. Die Innovationsfähigkeit ergibt sich aus der Notwendigkeit Wettbewerbsvorteile zu erzielen. Wenn dies mit IKT möglich ist, so müssen die Lösungen innovativ sein, um den Vorsprung zu maximieren.

In der Position 2 (Stars) verliert die Flexibilität an Bedeutung. Durch Standardisierung und Innovation soll eine Marktführerposition geschaffen und gehalten werden. So gelang es z.B. GM durch die Standardisierung von MAP[2] in der Fertigungstechnologie

---

[1] Vgl. Darstellung entsprechend der Boston Consulting Group; in: Kotler P., Armstrong G.: Marketing, Eine Einführung; übers. von Linnert P.; Wien 1988, S. 49

[2] MAP = Manufacturing Automation Protocol, ein von General Motors entwickeltes Kommunikationsprotokoll für den Einsatz in der Fertigung.

einen Standard zu setzen, der von Herstellern akzeptiert wurde, und GM einen Vorsprung in der Automatisierung der Produktion sicherte.

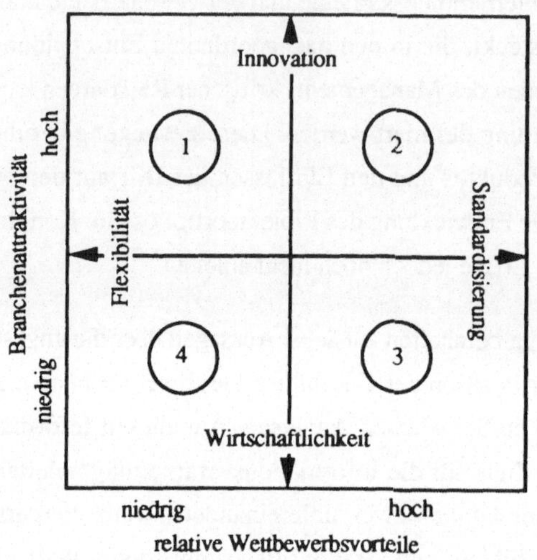

Abb. 2.23. Ableitung von Informatikzielen aus der Geschäftsfeldstrategie

Die Position 3 (Cash Cows) bedeutet neben der Standardisierung eine höhere Gewichtung der Wirtschaftlichkeit. Da Geschäftsfelder in dieser Position einen hohen Beitrag zur Wertschöpfung leisten[1], ist im Bereich der Informationsverarbeitung der Kosten/Nutzen Aspekt von erhöhter Bedeutung.

Geschäftsfelder in der Position 4 (poor Dogs) müssen im Bereich der Informationsverarbeitung in erster Linie auf die Wirtschaftlichkeit achten. In zweiter Linie spielt wiederum Flexibilität eine Rolle, nämlich dann wenn die Ressourcen wegen des Rückzugs aus dem Markt für andere GF herangezogen werden sollen.

Diese Zielüberlegungen stellen für die Entscheidungen auf den unteren Ebenen wiederum Rahmenbedingungen dar, die durchaus von taktischen Überlegungen überlagert werden können. So kann z.B. das Standardisierungsstreben für ein konkretes Projekt "Entwicklung eines Steuerungssystems für Heizungen" von der Forderung

---

[1]　Vgl. Kotler P. Armstrong G.: Marketing ...; a.a.O.

nach "Anpassungsfähigkeit an Kundenwünsche" derart beeinflußt werden, daß Individuallösungen der Vorzug gegeben wird.

Die Ebene der funktionale Politiken liefert ihren Beitrag zur weiteren Konkretisierung des Zielsystems auf dem Umweg über die Informatikstrategie und das Projektportfolio.

2.2.3.3. Die Ziele auf der Ebene der Informatikstrategie

Die Informatikstrategie ist die Ebene auf der die meisten Zielaussagen getätigt werden. Hier werden globale Ziele formuliert, deren Ausprägung für alle Anwendungssysteme relevant ist und anwendungssystembezogene Ziele, die nur lokale Relevanz aufweisen. Die globale Ziele strukturiert Roithmayr[1] in Sicherheitsstreben, Durchdringungsstreben, Anpassungsstreben und Effizienzstreben. Als fünften Punkt nennt er das Risikomanagement als Querschnittsfunktion.

Um zu einem operationalen Zielbegriff zu gelangen, werden diese Zielkategorien weiter analysiert, sodaß eine Aussage über den Nachdruck mit dem ein Ziel verfolgt werden soll möglich wird. Die Abbildung "Strukturierung der Informatikziele" stellt eine mögliche Operationalisierung der Ziele dar.

Das Risikomanagement stellt eine Querschnittsfunktion dar. Im Rahmen der Zielformulierung kann hier darauf hingewiesen werden, in welchem Ausmaß Risikomanagement explizit erfolgen soll, oder ob Risikomanagement nur für offensichtliche Gefahrenquellen (z.B. Datenschutz im Bereich des Gesundheitswesen) eingesetzt wird. Insbesondere das Sicherheitsstreben bedingt einen verstärkten Einsatz von Risikomanagement, sodaß aus einem hohem Sicherheitsstreben eine hohe Bedeutung des Risikomanagements abgeleitet werden kann.

Das Sicherheitsstreben läßt sich aus der subjektiven Bewertung der operativen Objekte[2] des Sicherheitsstrebens ableiten. Wenn die Bedeutung eines Objektes für das IKS vom Informationsmanagement als hoch erkannt wird, so steigert dies die Bedeutung des

---

[1]   Roithmayr F.: Controlling von Informations- und Kommunikationssystemen; München Wien Oldenbourg 1988, S. 147

[2]   Unter Objekt wird eine Größe verstanden, über deren Relevanz und angestrebte Ausprägung eine quantitative und/oder qualitative Aussage möglich ist.

Sicherheitsaspektes. Ähnlich verhält es sich im Bereich Anpassungsstreben und Durchdringungsstreben.

<table>
<tr><td colspan="3" align="center">Zielkategorien</td></tr>
<tr><td colspan="3">Risikomanagement

Identifikation der Gefahren und der Verwundbarkeit,
Risikoeinschätzung, Entwurf und Test von Gegenmaßnahmen</td></tr>
<tr><td>Sicherheitsstreben</td><td>Anpassungsstreben</td><td>Durchdringungsstreben</td></tr>
<tr><td>Zugriffsschutz
Datensicherung
Betriebssicherheit
Wiederanlauf
Verschlüsselung
Datenschutz
Manipulation
Hacker
Blitzschutz
Raubkopien</td><td>Performance
Benutzeroberfläche
Arbeitsorganisation
Ergonomie
Infrastruktur
DV-Organisation
Schulung</td><td>Entwicklungsrückstau
Änderungsdienst
Projektmanagement</td></tr>
</table>

Abb. 2.24. Strukturierung der Informatikziele (nach Roithmayr)

Unter Anpassungsstreben werden jene Objekte zusammengefaßt, die eine Aussage über den angestrebten Abbildungsgrad der Realität im IKS und damit verbunden die Anpassung des IKS an Mensch und Aufgabe ermöglichen[1]. Heinrich/Burgholzer[2] nennen als Synonym den Begriff "Flexibilität", womit ein Zusammenhang mit der Forderung nach Flexibilität, wie sie sich aus der Geschäftsfeldstrategie ergibt, hergestellt ist.

Das Durchdringungsstreben beschreibt die Geschwindigkeit, mit der die Anwendungssysteme in die Realität umgesetzt und den Benutzern zur Verfügung gestellt werden sollen, wobei auch der Aspekt der Wartung und Änderung miteinfließt.

---

[1]   Roithmayr F.: Controlling ...; a.a.O.; S. 171

[2]   Heinrich L.J., Burgholzer P.: Informationsmanagement; a.a.O.; S. 38

Das Effizienzstreben (Wirtschaftlichkeitsstreben) läßt sich anhand einer Gegenüberstellung von angestrebten Kosten und Leistungen bewerten. Hierbei tritt das spezielle Problem der Bewertung der Leistungen eines IKS in Geldeinheiten auf, auf das in der Literatur des öfteren hingewiesen wird[1].

Weitere mögliche Ziele[2] sind das Produktivitätsstreben, Innovationsstreben, Effektivitätsstreben (Wirksamkeit) usw.. Bei diese Zielen ist die Identifikation der Zielobjekte jedoch problematisch. Die Berücksichtigung mehrerer Ziele führt dazu, daß mehrere Zielobjekte bei der Bewertung der Ziele berücksichtigt werden müssen und somit eine gegenseitige Beeinflussung entsteht.

Auf der Ebene der Anwendungssysteme (Projekte) stehen dieselben Ziele zur Bewertung an, welche schon in der Informatikstrategie berücksichtigt wurden. Konkret handelt es sich hier um eine Überprüfung und eventuelle Anpassung der Ziele an Besonderheiten, die sich aus dem Umfeld des Anwendungssystems ergeben. Sollten bei diesem Vorgehen grundsätzliche Diskrepanzen auftreten, so ist eine Plausibilitätsprüfung notwendig.

Die Überlagerung von Zielen mit Zielen, die auf einer höheren Ebene als Rahmenbedingung vorgegeben wurden, bedarf in jedem Fall der Entscheidung durch das Management.

2.2.4. Resultierende Rahmenbedingungen für die Distribuierung

Der Einfluß der strategischen Planung auf Distribuierungsentscheidungen im Bereich der Informationsverarbeitung erfolgt allen drei Ebenen der strategischen IS-Planung:

- Unternehmensstrategie

- Geschäftsfeldstrategie

- Informatikstrategie

---

1   Vgl. Nagel K.: Nutzen der Informationsverarbeitung; Oldenbourg Verlag; München, Wien; 1988; S. 28

2   Vgl. Heinrich L.J., Burgholzer P.: Informationsmanagement; a.a.O.; S. 40

Die Unternehmensstrategie steckt Rahmenbedingungen für die Geschäftsfelder ab. Je nach Ausmaß der Autonomie und Verantwortung der Unternehmensbereiche ergibt sich ein Gestaltungsspielraum für die Informationsverarbeitung. Diese Vorstellungen des Managements fließen in die Strategien der Geschäftseinheiten ein und haben dadurch indirekte Auswirkungen auf das IS.

Die Geschäftsfeldstrategie konkretisiert durch die Funktionalstrategien die Maßnahmen, die zur Erreichung der strategischen Ziele führen sollen. Diese Maßnahmen können direkte de/zentralisierende Tendenzen beinhalten oder über den Umweg der Gestaltung der Organisation auf die Distribuierungsentscheidung Einfluß nehmen. Ein Beispiel für direkte Einflußnahme ist die Strategie der Volkswagenwerke, die Werkstätten in ein Ersatzteilinformationssystem einzubinden, um den Anteil an Originalersatzteilen zu steigern. Diese Strategie bewirkt eine Dezentralisierung des Informationszugangs. Ein Beispiel für den Einfluß der Organisation wäre die Bildung nationaler Vertriebsgesellschaften. Durch die notwendige Berücksichtigung nationaler Buchführungsvorschriften kann daraus eine Dezentralisierung des Rechnungswesens notwendig werden. Je nach Autonomie der Gesellschaften können auch andere Bereiche der Informationsverarbeitung betroffen sein.

Die Informatikstrategie beeinflußt die Distribuierung durch die Definition der Projekte und deren Reihung, sowie durch die Informatikziele, die bei den einzelnen Projekten verfolgt werden. Die Reihung ist ein starker Einflußfaktor, weil durch die Zuordnung von Ressourcen für Projekte mit hoher Priorität Rahmenbedingungen für die nachgeordneten Projekte geschaffen werden. Die Informatikziele bewirken eine Tendenz zur De/zentralisierung durch die Notwendigkeit, entsprechende Sachmittel (Ressourcen) zur Erreichung der Ziele bereitzustellen. Die Bereitstellung kann aus wirtschaftlichen oder technischen Gründen dazu führen, daß konkrete zentrale oder dezentrale Formen der Informationsverarbeitung ausgeschlossen werden müssen. So führen z.B. hohe Anforderungen an die Betriebssicherheit und den Objektschutz zu hohen Investitionskosten, die einer Dezentralisierung entgegenwirken.

Für die Distribuierungsentscheidungen in der Informationsverarbeitung müssen demnach Funktionalstrategien, die Organisation, die Informatikprojekte und die darin verfolgten Informatikziele Berücksichtigung finden.

Neben der Berücksichtigung der Einflüsse der strategischen Planung auf die Gestaltung des IKS ist es auch notwendig, die Entscheidungen über das IKS (in diesem Zusammenhang die Entscheidung über die De/Zentralisierung) in den Prozeß der strategischen IKS-Planung einzuordnen. Im Zuge der strategischen Planung kann erstmals auf der Ebene der Geschäftsfeldstrategien eine Aussage über das IKS gemacht werden. Diese beschränkt sich jedoch auf Normstrategien und Informatikziele, ohne konkrete Anhaltspunkte für die Gestaltung des IKS zu liefern. Der Diskussionsgegenstand ist die Informationsverarbeitung der gesamten Geschäftseinheit, ohne auf die einzelnen Anwendungssysteme im Detail einzugehen. Erst durch die Definition von CSF und funktionalen Politiken, die durch das IKS unterstützt werden sollen, entsteht ein konkretes Bild dessen, was das IKS in der Geschäftseinheit leisten soll. Diese angestrebten Anwendungssysteme werden in eigenständigen Projekten[1] verfolgt, in denen über die Gestaltung des IKS entschieden werden muß. Daraus läßt sich ableiten, daß auch die Distribuierungsentscheidung, die einen Teil der Gestaltung darstellt, auf dieser Ebene erfolgen soll. Dabei muß berücksichtigt werden, daß die Distribuierungsentscheidung zu einem Optimum für das gesamte Projektportfolio und nicht zu einem Suboptimum für ein einzelnes Projekt führen soll.

2.3. Die Entwicklung der Technologie und von Standards

Die technische Entwicklung der Datenverarbeitungssysteme, also der Computer und der Kommunikationssysteme während der letzten zehn Jahre ermöglicht heute den Einsatz verschiedener Systemkonfigurationen für die Erfüllung der Aufgaben eines Anwendungssystems. Diese Entwicklung wird durch vermehrte Standardisierungsbemühungen im Bereich der Datenverarbeitung (z.B. relationale Datenbanken, Betriebssysteme) noch verstärkt, weil dadurch heterogene DV-Systeme, trotz zunehmender Integration auf Anwendungsebene, ermöglicht werden. Diese Entwicklungen, technologischer Fortschritt und Standardisierung erweitern den Entscheidungsspielraum bei der Gestaltung eines IKS. Neue Entwicklungen im Bereich Netzwerke und Datenkommunikation beeinflussen die Distribuierungsentscheidungen dementsprechend. Diese Tendenzen und ihre Auswirkungen werden im folgenden Kapitel diskutiert.

---

[1] Die Eigenständigkeit der Projekte bedeutet nicht, daß sie sich nicht gegenseitig beeinflussen. Es soll lediglich ausgedrückt werden, daß die Durchführung der Projekte (Einführung eines Anwendungssystems) voneinander unabhängig ist.

2.3.1. Ausprägungen der Systemarchitektur

Der Begriff Systemarchitektur wird in der Literatur unterschiedlich interpretiert. Schneider[1] versteht darunter die Beschreibung des äußeren Erscheinungsbildes aller Komponenten des DV-Systems. Heinrich-Roithmayr[2] hingegen verstehen darunter die Konfiguration - die Zusammenstellung - von Hard- und Softwarekomponenten eines DV-Systems. Unter dem Aspekt der Gestaltung von IKS ist dieser Definition der Vorzug zu geben.

2.3.1.1. Die Hardwarekonfiguration

Als Komponenten werden im Hardwarebereich Funktionseinheiten zur Eingabe (Tastaturen, Lesegeräte, ...), zur Verarbeitung (Prozessorleistung, Arbeitsspeicher), zur Speicherung (Festplatten, optische Platten, Bandstationen, ...) und zur Ausgabe (Drucker, Plotter, ...) verstanden. Softwarekomponenten sind Programme, die abgestimmt auf die Hardware bestimmte Funktionen zur Verfügung stellen. Diese Funktionen werden durch das Betriebssystem und durch Entwicklungssoftware[3] zur Verfügung gestellt und sind zunächst unabhängig von den Anwendungssystemen zu sehen.

Die historische Konfiguration von Hardwarekomponenten geht von einer zentralen Versorgung aus. Alle Funktionseinheiten sind an einem Ort verfügbar. Diese Konfiguration ist typisch für DV-Systeme, die für Batchverarbeitung ausgelegt sind, oder einem beschränkten Benutzerkreis zur Verfügung stehen. Ein PC im "stand-alone" Betrieb oder ein Laborrechner mit speziellen Steuerungsaufgaben entsprechen dieser Konfiguration.

---

[1] Schneider H.J.: Lexikon der Informatik und Datenverarbeitung; München Wien Oldenbourg;1986; S. 39

[2] Vgl. Heinrich L. J., Roithmayr F.: Wirtschaftsinformatik Lexikon; 3. Aufl. ; München Wien Oldenbourg 1989; S. 456, 457, 273

[3] Diese Definition beeinhaltet alle Softwarekomponenten, die der Softwareinfrastruktur zuzuordnen sind: Betriebssystemkomponenten, Kommunikationssoftware, Entwicklungswerkzeuge wie z.B. Datenbanksysteme, CASE usw. aber keine reinen Anwendungsprogramme, die nur Bestandteil eines Anwendungssystems sind.

Sobald das DV-System mehreren Benutzern gleichzeitig interaktiv zur Verfügung gestellt wird, müssen bestimmte Hardwarekomponenten (Erfassung und evtl. Ausgabe, abgek. E/A Systeme) mehrfach vorhanden sein. Diese Konfiguration entspricht der eines klassischen Mainframes mit Mehrbenutzerbetrieb. Die Tendenz einer Dezentralisierung dieser Komponenten an den Arbeitsplatz des Benutzers liegt auf der Hand. Das Ergebnis ist in der Abbildung "Konfiguration eines Mainframe" dargestellt.

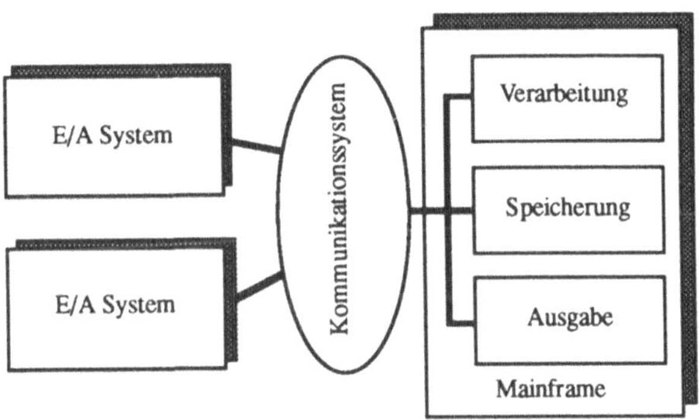

Abb. 2.25. Konfiguration eines Mainframes

Durch die geringe Intelligenz der E/A Systeme (Terminals, Drucker) ist der einzelne Arbeitsplatz in hohem Maß von der Verfügbarkeit des Kommunikationssystems abhängig, während das gesamte DV-System unabhängig vom Kommunikationssystem arbeitsfähig ist. Fällt z.B. ein Teil des Kommunikationssystems aus, so können alle anderen Arbeitsplatzsysteme davon unabhängig mit ihrer Arbeit fortfahren. An die Verfügbarkeit und Leistung des zentralen Rechners werden hingegen sehr hohe Anforderungen gestellt. So können z.B. weitere Arbeitsplatzsysteme dazu führen , daß die Leistungsgrenze des Mainframes erreicht wird und ein Ausbau mit hohen Kosten verbunden ist. Um die Verfügbarkeit zu steigern, müssen kritische Komponenten redundant installiert werden[1].

Alternativ zu einem Mainframekonzept können auch Teile des Mainframes, Hardwarekomponenten zur Speicherung, Verarbeitung und Ausgabe dezentralisiert werden.

---

[1] Redundante Konfiguration zur Erhöhung der Betriebssicherheit sind in allen Konfigurationsformen möglich. Da aber die Funktionalität dadurch nicht beeinflußt wird, bleibt diese Möglichkeit in der weiteren Diskussion unberücksichtigt.

Dabei können auch einzelne Komponenten dezentralisiert und andere weiterhin zentral gehalten werden, oder Komponenten (z.B. Speichermedien) sowohl zentral als auch dezentral gehalten werden, wobei hier ein Zuordnung von Aufgaben im Zusammenhang mit Anwendungssystemen erfolgen muß. So können die Datenbestände für ein Anwendungssystem zentral, für ein anderes dezentral gehalten werden.

Die Konfiguration als dezentrales DV-System wird in der Abbildung "Konfiguration eines Netzwerkes" dargestellt.

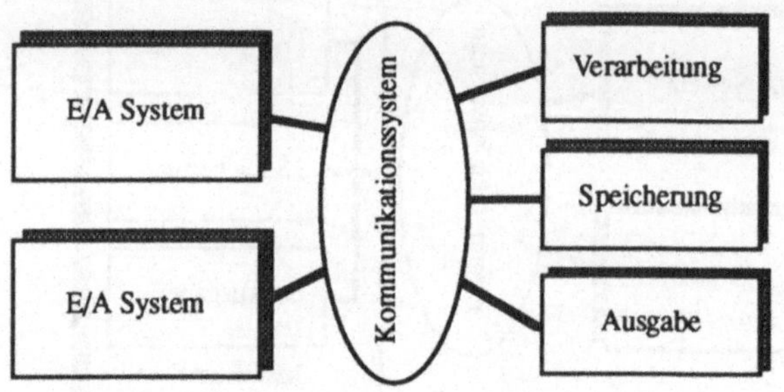

Abb. 2.26. Konfiguration eines Netzwerkes

In einer Netzwerkkonfiguration werden den E/A-Systemen jeweils eigene Verarbeitungssysteme zur Verfügung gestellt, so wie z.B. bei einem PC-Netzwerk der Fall ist, wo alle Arbeitsplätze über eigene Verarbeitungskapazität verfügen. Die Komponenten, wie sie in der Abbildung "Konfiguration eines Netzwerkes" dargestellt sind, können zum Teil miteinander kombiniert werden. So ergibt die Kombination eines E/A Systems mit einem Verarbeitungssystem eine "Diskless-Workstation", die Kombination eines Speicher- und eines Ausgabesystems einen "File- und Printserver". Durch diese Kombinationen entstehen Zwischenlösungen, die weder als Mainframe- noch als reine Netzwerkkonfiguration gelten, weil sie Strukturelemente sowohl der einen, als auch der anderen Grundkonfiguration aufweisen. Diese Konfigurationen werden mit dem Begriff "verteilte Konfiguration" bezeichnet.

Im Unterschied zur Mainframe - Konfiguration ist bei dezentralen und verteilten Konfigurationen der Betrieb des gesamten DV-Systems von der Verfügbarkeit des Kommunikationssystems abhängig. Wegen der zentralen Bedeutung des Kommunikationssystems - des Netzwerkes[1] - wird auf die Konsequenzen und Möglichkeiten in einem eigenen Punkt eingegangen[2]. Der Vorteil der dezentralen Konfiguration besteht (vom rein technischen Standpunkt) in der flexiblen Erweiterbarkeit.

2.3.1.2. Die Softwarekonfiguration

Bei der Konfiguration der Software muß zunächst unterschieden werden, in Komponenten, die unmittelbar zum Betrieb der Hardware (Betriebssystem, Kommunikationssoftware) notwendig sind und Komponenten, die anwendungsunabhängige Services und/oder Werkzeuge zur Verfügung stellen (Datenbanksystem, Datensicherung, Mailboxsystem, ...)[3]. Softwarekomponenten, die für die Funktion der Hardware benötigt werden, sind Teil der Entscheidung der Hardwarekonfiguration. Softwarekomponenten der zweiten Gruppe sind bis zu einem gewissen Grad frei konfigurierbar. Je nach Verteilung der Verarbeitungskapazitäten können zentrale, dezentrale oder "Client-Server" Konfigurationen geschaffen werden.

Die möglichen Konfigurationen sind am Beispiel eines Datenbanksystems in der Abbildung "Softwarekonfigurationsformen" dargestellt. Zentrale und dezentrale Software sagen nichts darüber aus, wo die Software gespeichert ist, d.h. auf welchen Speichersystemen sie verfügbar gehalten wird. Die Begriffe zentral und dezentral geben nur Auskunft darüber, ob die Software auf einem zentralen Verarbeitungssystem oder dezentral auf mehreren Verarbeitungssystemen abläuft. Im Fall der Client-Server Konfiguration läuft ein Teil der Software dezentral ab. Dieser Teil stellt im Normalfall die Benutzerschnittstelle am E/A-System zur Verfügung (Front-End). Zur Erfüllung bestimmter Funktionen (z.B. Zugriff auf die Datenbank) nimmt die Front-End-Software (Client) die Services des zentralen Softwareteils (Server) in Anspruch. Dieses Client-Server Prinzip kann immer dann eingesetzt werden, wenn Funktionen für alle am Kommunikationssystem angeschlossenen Systeme zur Verfügung gestellt werden sollen.

---

[1] Der Begriff "Netzwerk" kann im weiteren Sinn als Synonym für ein DV-System mit dezentraler Architektur verstanden werden, oder im engeren Sinn als Oberbegriff für alle Hard- und Softwarekomponenten des Kommunikationssystems. Hier und in den weiteren Ausführungen soll der Begriff in seinem engeren Sinn verstanden werden.

[2] Vgl. Kapitel "2.3.2.3. Funktionen des Netzwerkmanagements" auf Seite 120

[3] Services werden im Kapitel "Objekte der Dezentralisierung" genauer behandelt.

Zentrale Softwarekonfiguration

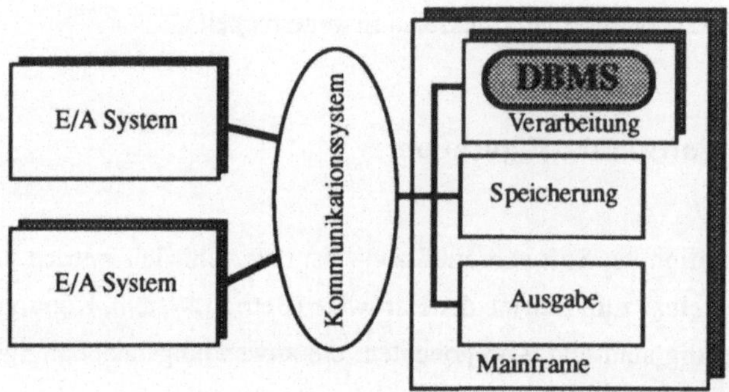

Dezentrale Softwarekonfiguration

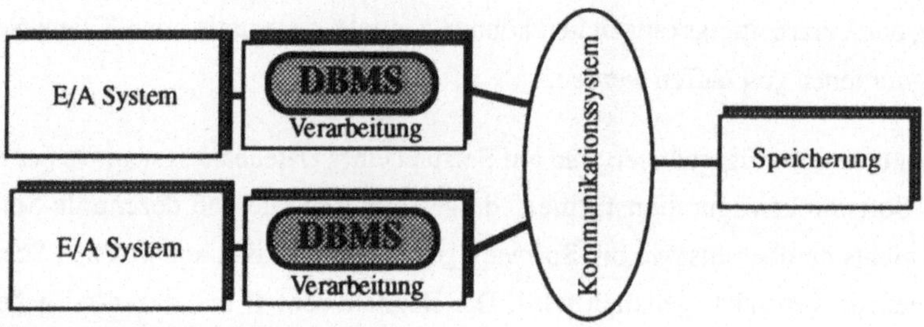

Softwarekonfiguration nach dem Client-Server Prinzip

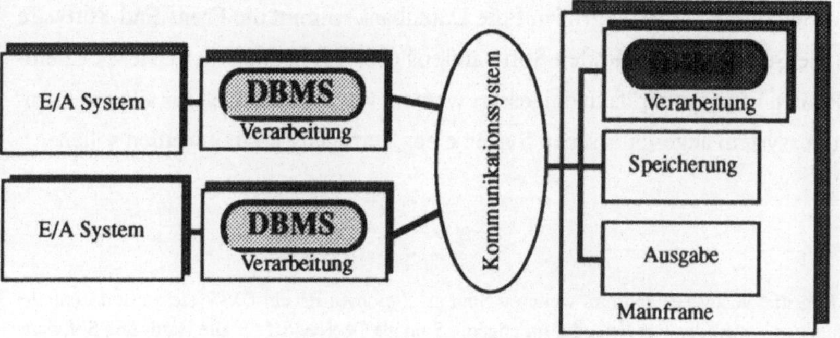

Abb. 2.27. Softwarekonfigurationsformen

Die Systemarchitektur setzt sich aus Hard- und Softwarekonfiguration zusammen, wobei von den möglichen Kombinationsformen einige realisiert werden können, andere jedoch nicht sinnvoll sind. Dieser Zusammenhang wird in der Abbildung "Kombination von HW- und SW-Konfigurationen" dargestellt.

Verarbeitungs-HW SW	zentral	verteilt	dezentral
zentral	sinnvoll	sinnvoll	wenig sinnvoll
Client-Server	nicht möglich	sinnvoll	möglich
dezentral	nicht möglich	sinnvoll	sinnvoll

Abb. 2.28. Kombination von HW- und SW-Konfigurationen

In der Spalte "Dezentrale Verarbeitungshardware" ist technisch jede Software-konfiguration möglich. Zentrale Verarbeitung trotz der Verfügbarkeit weiterer Verarbeitungssysteme scheint jedoch wenig sinnvoll, weil dadurch Verarbeitungskapazitäten ungenutzt bleiben. Client-Server Konfigurationen sind möglich und in manchen Fällen sinnvoll einsetzbar. Diese Aussagen gelten nur unter der Voraussetzung, daß die Systemarchitektur für ein einzelnes Anwendungssystem untersucht wird. Betrachtet man die Systemarchitektur eines DV-Systems, das mehrere Anwendungssysteme unterstützt, so in einer (im gesamten) dezentralen Hardware für ein Anwendungssystem auch zentrale Verarbeitung der Software möglich und gegebenenfalls sinnvoll.

2.3.2. Technologie und Standards des Kommunikationssystems

Das Kommunikationssystem bzw. das Netzwerk im engeren Sinn ist für alle Formen der Dezentralisierung der Informationsverarbeitung von höchster Bedeutung.

Die Abhängigkeit verteilter und dezentraler Konfigurationen vom Kommunikationssystem bedingt die Forderung nach hoher Verfügbarkeit. Die Forderungen an das Kommunikationssystem variieren außerdem mit den Entfernungen, die zu überbrücken sind und mit den Aufgaben, die ein Datenverarbeitungssystem unterstützt. Dieser Abschnitt dient dazu diese Forderungen zu strukturieren, sodaß im Zuge der Distribuierungsentscheidung die Erfüllbarkeit dieser Forderungen überprüft werden kann. Wird beispielsweise die Dezentralisierung von Datenerfassung und -ausgabe in einem Administrationssystem angestrebt, so kann dies nur erfolgreich sein, wenn in allen Regionen in denen das Unternehmen tätig ist, ausreichend zuverlässige Trägerdienste angeboten werden. Ähnliche Beispiele lassen sich mit der Wartung von Hardwarekomponenten oder mit Umwelteinflüssen in Produktionsumgebungen vorstellen.

Wenn das Kommunikationssystem nicht von Externen betrieben wird, wie es im Bereich der Datenfernübertragung im allgemeinen der Fall sein wird, so gelten ähnliche Argumente für das Management des Kommunikationssystems, das Netzwerkmanagement. Wenn die Funktionen des Netzwerkmanagements nicht mit ausreichender Qualität erfüllt werden können, sinkt die Leistungsfähigkeit des Kommunikationssystems quantitativ und qualitativ ab. Dies senkt den Erfolg einer dezentralen Informationsverarbeitung.

Aus diesen Gründen sollen hier die Klassifizierung und daraus abgeleitete Zielsetzungen, die Kommunikationsstandards und das Netzwerkmanagement genauer analysiert werden.

2.3.2.1. Typologie von Netzwerken

Ein Netzwerk[1] ist die Gesamtheit von Vermittlungsstellen, Teilnehmereinrichtungen und Leitungen. Diese Definition beinhaltet keine Spezifizierung der Funktion eines Netzwerkes, der Aspekt der Informationsverarbeitung bleibt unberührt. Synonym zum Begriff eines dezentralen Datenverarbeitungssystems bzw. eines Netzwerks im weiteren Sinne definiert Kauffels[2] ein Computernetz als den Verbund von räumlich mehr oder minder getrennten Computern und Peripheriegeräten und Kommunikationsgeräten oder Gruppen solcher Geräte zum Zweck des Datenaustausches oder der Zusammenarbeit. Der Begriff Netzwerk soll hier dem Kommunikationssystem vorbehalten bleiben, was auch der Intention der Definition von Heinrich-Roithmayr ent-

---

1   Heinrich L. J., Roithmayr F.: Wirtschaftsinformatik Lexikon, 3. Aufl.; München Wien Oldenbourg 1989, S. 336

2   Kauffels F. J.: Einführung in die Datenkommunikation, Datacom Verlag, Pulheim 1987

spricht. Für Netzwerke im weiteren Sinn soll der Begriff Computernetz verwendet werden.

Zur Typisierung von Netzwerken stehen mehrere Merkmale zur Verfügung. Neben technischen Daten wie Übertragungsverfahren, Übertragungsgeschwindigkeit usw. kann nach dem Betreiber (öffentlich oder privat), nach der räumlichen Ausdehnung und nach Zugangsbeschränkungen (geschlossener Betrieb) unterschieden werden. Die wesentlichsten Einflüsse auf die Funktionalität eines Netzwerks haben die räumliche Ausdehnung[1] und die Übertragungsgeschwindigkeit. Abhängig von der räumlichen Ausdehnung eines Netzwerkes können 3 Gruppen gebildet werden[2]:

LAN   Local Area Network. Die räumliche Ausdehnung beschränkt sich hier auf ein Gebäude oder maximal auf einen Gebäudekomplex (Betriebsgelände). Die Datenraten im LAN sind im allgemeinen hoch.

MAN   Metropolitan Area Network. Die räumliche Ausdehnung geht deutlich über ein LAN hinaus. Meist wird mittels eines MAN die Verbindung verschiedener LANs hergestellt. Die Datenraten sind niedriger als im LAN, durch den Einsatz von Glasfaserverkabelung kann das MAN eine Backbonefunktion übernehmen und auch mit höheren Datenraten betrieben werden.

WAN   Wide Area Network. Globale Ausdehnung eines Netzwerkes (National und International). Einsatz zur Koppelung von Rechensystemen und Netzwerken unter Zuhilfenahme öffentlicher oder privater Fernmeldeeinrichtungen. Datenraten sind relativ niedrig.

Auf der Grundlage des Kommunikationssystems, des Netzwerkes, bestehen Computernetze, die obwohl sie in den verschiedensten Ausprägungen auftreten (z.B. PC-LANs, Großrechnernetze, Kommunikationsnetze usw.) Ziele anstreben, die für alle Computernetzen ganz oder zumindest teilweise Geltung haben. Diese gemeinsamen Ziele sollen hier kurz erläutert werden[3]:

---

[1]   Die räumliche Ausdehnung hat großen Einfluß auf die Übertragungsgeschwindigkeit und bedingt zusätzliche Risiken und Restriktionen.

[2]   Vgl. Sloman M., Kramer J.: Verteilte Systeme und Rechnernetze; Hanser Verlag; München, Wien; 1989; S. 142 f

[3]   Kauffels F.J.: Einführung in die Datenkommunikation; 2. Aufl.; Datacom Verlag; Pulheim; 1987; S. 18ff

Datenverbund

Zugriff auf geografisch verteilte Daten. Durch einen Datenverbund kann eine erhöhte Aktualität der Informationen erreicht und die redundante Datenhaltung vermieden werden.

Lastverbund

Verteilung von Lasten zu Stoßzeiten. Der Computerverbund wird dazu benutzt, Computer durch Umverteilung von Aufträgen zu entlasten. Man sollte meinen, dieses Ziel sei durch die Preisentwicklung nicht mehr aktuell. Es wird aber gerade im Bereich der Mainframes auf dieses Gestaltungselement zurückgegriffen, und auch die Architektur moderner Datenbanksysteme weist in diese Richtung.

Funktionsverbund

Erweiterung der lokal zur Verfügung stehenden Funktionalität durch die Einbeziehung der Fähigkeiten spezieller durch das Netz zugreifbarer Computer oder Geräte. Als Beispiel seien Host-Gateways und Kommunikationsserver genannt.

Leistungsverbund

Durch das Netz werden aufwendige Probleme auf mehrere Computer verteilt. Dadurch steigt die Leistungsklasse der angeschlossenen Geräte bzw. die Leistungsgrenzen fallen weniger ins Gewicht. Die Steuerung der parallelen Verarbeitung eines Problems muß vom Betriebssystem unterstützt werden, und das Problem muß geeignet aufbereitet werden, um eine Parallelisierung zu ermöglichen. Dieses Ziel und die zu seiner Erreichung notwendigen Technologien sind insbesondere bei technischen Anwendungen und Simulationen von zentraler Bedeutung.

Verfügbarkeitsverbund

Steigerung der Verfügbarkeit des Gesamtsystems bzw. die Erreichung einer Minimaldienstleistung auch bei Ausfall mehrerer Komponenten ist ein Gesichtspunkt, der besonders bei Realzeitsystemen, wie z.B. in der industriellen Fertigung, von allergrößter Bedeutung ist.

Diese Ziele sind alle nicht trivial und es bedarf zum Teil eines beträchtlichen Ressourceneinsatzes, um ein Ziel durchzusetzen. Die quantitativen bzw. qualitativen Merkmale eines Zieles sowie deren wirtschaftliche Konsequenzen dürfen aus diesem Grund nicht außer Acht gelassen werden.

Je nach Anwendungsbereich können auch bei Computernetzen verschiedene Typen unterschieden werden, für die aufgrund unterschiedlicher Anforderungen verschiedene zusätzliche Ziele in Betracht gezogen werden müssen[1]:

Öffentliches Weitverkehrsnetz

Öffentliche Weitverkehrsnetze bieten als Dienstleistung die reine Datenübermittlung an. Anwender könne diese Dienste gegen Gebühr in Anspruch nehmen. Daraus lassen sich folgende Ziele für die Gestaltung eines solchen Netzwerkes ableiten:

- Wirtschaftlichkeit

- Bequemer, kostengünstiger Netzwerkzugang

- Flächendeckung

- Qualitätssicherung durch den Betreiber (Datensicherheit, garantierte Durchsatzraten)

- angemessene Services und Service-Parameter für den Benutzer (Kosten/Leistung/ Technik)

- Gewährung von Datenschutz und Informationssicherheit

- Hohe Verfügbarkeit des Gesamtsystems

Lokales Netz im Rechenzentrum

Hier wird die Verbindung der Komponenten eines Rechenzentrums (Recheneinheiten, Speichereinheiten, Ausgabeeinheiten, Überwachungseinrichtungen etc.) untereinander gewährleistet. Die Komponenten stehen auf relativ engem Raum, von der räumlichen Ausdehnung her gesehen handelt es sich um ein LAN, in dem aber eine hohe Übertragungskapazität gefordert ist. Weitere Forderungen an ein solches Netz sind:

- Flexibilität bezüglich der Art der angeschlossenen Endgeräte

- Protokolltransparenz. Es darf keinen Unterschied machen, ob (ältere) Geräte mit einem individuellen Kabel an ein anderes angeschlossen sind oder über ein Netzwerkverteilsystem

- Wartungsfreundlichkeit, da die Verantwortung für einen reibungslosen Betrieb in der Hand des Betreibers selbst liegt

---

[1] Kauffels F.J.: Einführung in die Datenkommunikation; 2. Aufl.; Datacom Verlag; Pulheim; 1987; S. 20ff

- Leichte Erweiterbarkeit

- Betriebssicherheit

PC-LAN

PC-LANs dienen einer Vielfalt von Anwendungen. Diese reichen von Büroautomation über den Zugang zu Transaktionssystemen bis zu technischen Steuerungsaufgaben. Neben der Kommunikation verfolgen PC-LANs auch wirtschaftliche Zielsetzungen z.B. durch die gemeinsame Nutzung bestimmter (teurer) Ressourcen. Generell lassen sich daraus folgende Ziele angeben:

- geringe Kosten

- einfache Technik

- schnelle Installation

- Anschließbarkeit leistungsfähiger PC´s und/oder Minicomputer als Server

- problemloser Betrieb

- zügige Diagnosemöglichkeiten

- Gateways zu anderen Computern bzw. Netzwerken

Industrienetzwerk in der Fertigung

Industrienetzwerke in der Fertigung werden zur Steuerung und Überwachung von Produktionsanlagen eingesetzt. Neben den mitunter großen Datenvolumina die zu verarbeiten sind, kommen in diesem Bereich auch Realzeitanforderungen zum Tragen, um einen komplexen Produktionsprozeß aufrecht zu erhalten. Neben CAD/CAM-Daten werden unter anderem auch Meßdaten und Steuerinformationen übertragen. Die Anforderungen für diese Anwendungen sind unterschiedlich; deshalb werden in diesem Bereich meist hierarchische Netzwerkstrukturen gebildet. Die Anforderungen an solche Netzwerke sind generell:

- dieselben Ziele wie im Rechenzentrum aber zusätzlich

- mechanische Robustheit

- Unempfindlichkeit gegenüber elektromagnetischen Störungen

Diese Ziele sind nach Kauffels in der Realität nicht simultan zu 100 % erreichbar. Aus diesem Grund sind Lösungen in den meisten Fällen ein Kompromiß. Aufgabe im Zuge der Systemplanung ist es, zu entscheiden in welchem Bereich - bei welchen Zielen - Eingeständnisse möglich sind und wo nicht.

Diese Typisierung der Netzwerke und der Computernetze läßt erkennen, daß einerseits Standardisierung Voraussetzung für den flexiblen Einsatz der Technologien für die Informationsverarbeitung in einem Unternehmen ist, und daß Werkzeuge bereitgestellt werden müssen, die Betriebssicherheit, Leistung (Durchsatz), Datensicherheit und Anpassungsfähigkeit gewährleisten.

2.3.2.2. Kommunikationsstandards und deren Bedeutung

In den folgenden Ausführungen wird nicht auf die technischen Einzelheiten der Standards eingegangen, es soll vielmehr ein Überblick über die Entwicklung gegeben werden und deren Einfluß auf den Entscheidungsspielraum bei der Planung von IKS diskutiert werden.

Die International Standards Organisation (ISO) hat im Jahr 1977 damit begonnen, ein Modell einer offenen Systemarchitektur zu entwerfen[1], mit dem das Problem der unterschiedlichen, herstellerspezifischen und somit inkompatiblen Kommunikationssysteme durch Normung gelöst werden soll.

Dabei ist das Modell "OSI" (Open Systems Interconnection) entstanden, eine Referenzstruktur mit sieben Ebenen (Schichten). Dieses Modell stellt selbst kein Protokoll dar, sondern bietet den Herstellern eine Struktur an, die es ermöglicht eigene Kommunikationssysteme zu definieren, die sich an dem Modell orientieren. Dadurch soll eine Grundlage für zukünftige, kompatible Kommunikationssysteme geschaffen werden.

Die wirtschaftliche Relevanz des OSI Modells ergibt sich aus folgenden Gesichtspunkten:

- Ermöglichung heterogener Netzwerke
- Anwenderorientierung und Vergleichsmöglichkeiten
- Sicherheit der Hersteller bei der Vermarktung

---

[1]　Stöttinger K.: Das OSI Referenzmodell; Datacom Verlag; Pulheim; 1990

- Ermöglichung der Entwicklung von VLSI Komponenten

- Entstehen eines "billigen" Massenmarktes

Für die Anwender ergibt sich der Vorteil, mit einem Netzwerk alle Bedürfnisse der Datenübertragung abdecken zu können, wodurch bei der Installation heterogener Systeme Kosteneinsparungen möglich sind. Der Entscheidungsspielraum wird dadurch weiter vergrößert, weil technische Restriktionen zunehmend an Bedeutung verlieren.

Das ISO/OSI Modell wurde von den führenden Herstellern weitgehend akzeptiert. Da die Hersteller bislang eigene Netzwerkphilosophien verfolgten[1] und eine Umstellung auf das OSI-Modell mit Rücksicht auf bestehende Installationen nicht ohne weiteres möglich ist, lassen sich die Protokolle im Bereich der herstellerspezifischen Kommunikationssysteme (z.B. SNA, DECnet) nicht immer zur Gänze in das OSI-Modell einordnen. In den letzten Jahren wurden von ISO eine Reihe von spezifischen Protokollen vorgestellt, die sich an die Spezifikationen des Modells halten (z.B. X.400, X.500). Alle führenden Hersteller bieten heute eine Unterstützung dieser Protokolle als Alternative zu ihren eigenen Kommunikationsstrukturen an.

Beispielhaft für die Entwicklung von OSI-konformen Protokollen sind MAP und TOP. Diese Protokolle wurden von General Motors (MAP) und Boeing (TOP) zur Vernetzung von Systemen im Produktionsbereich entwickelt[2]. Diese Protokolle unterstützen alle sieben Schichten des OSI-Modells, also auch die Anwendungsebene. Systeme und Benutzer sind in der Lage über das Kommunikationssystem Nachrichten auszutauschen, ohne über die Struktur und die Funktionsweise des Kommunikationssystems informiert zu sein. Durch die Marktmacht der Anwender existieren bereits zahlreiche Produkte, die diese Protokolle unterstützen[3] und in Unternehmen bereits eingesetzt werden.

Auf den unteren Schichten, wo die eigentlichen Kommunikationsaufgaben abgewickelt werden, existieren eine Reihe von Standards, die auch weitgehend bereits in Produkte umgesetzt wurden. Im LAN-Bereich sind dies Ethernet (802.3), Token Ring (802.5)

---

[1] Beispiele dafür sind SNA (IBM), DecNet (Digital Equipment), Wangnet (Wang) usw.

[2] Vgl. Suppan-Borowka J., Simon T.: MAP, Datacom Verlag, Pulheim 1986 und
Stegner K.: Die Integration von heterogenen Informations- und Kommunikationssystemen im Industriebetrieb; Diplomarbeit am Institut für Wirtschaftsinformatik der Universität Innsbruck; Innsbruck Kundl; 1990

[3] Vgl. Stegner K.: Die Integration ...; a.a.O.

und Token Bus (802.4) und im Bereich der Weitverkehrsnetze sind dies X.25[1] als bereits etablierter Standard und ISDN als zukunftsweisende Alternative.

Auf den anwendungsorientierten Schichten sind X.400 als Norm für die Übermittlung von Nachrichten (elektronische Post) und FTAM als Norm für den Filetransfer die bedeutendsten OSI-Definitionen. X.400 regelt alle Aspekte der Nachrichtenübermittlung, ohne auf den Inhalt der Nachricht Rücksicht zu nehmen. Aufbauend auf X.400 können Anwendungen ihre Informationen über ein genormtes Transportsystem übermitteln. Beispiele dafür sind EDIFACT[2] und ODA/ODIF[3].

Der Einsatz von OSI oder von OSI-konformen Netzwerken ist, trotz der (zur Zeit) geringen Verfügbarkeit von Produkten eine strategische Entscheidung. Die Entscheidung über Basistechnologien, wie z.B. das einzusetzende Verkabelungssystem oder die Bewertung von Produktalternativen sind dem taktischen und operativen Bereich zuzuzählen. Die intensive Diskussion von Basistechnologien führt zu einer Verzerrung der Schwerpunkte des Managements, die hier zwar angemerkt aber nicht weiter diskutiert werden sollen.

Wesentlich weiter verbreitet als OSI ist der defacto Standard TCP/IP, ein Protokoll, das im Zuge des Aufbaus von ARPANET entwickelt wurde[4]. Das ARPANET wurde Ende der 60er Jahre ins Leben gerufen und beruht auf einem Projekt des DoD (Department of Defense), das einerseits die Untersuchung der Netzwerktechnologie und andererseits eine Verbesserung der Kommunikationsmöglichkeiten mit Partnern in der Forschung und der Wirtschaft verfolgte. Heute sind an diesem Netz direkt ca. 2000 Computer angeschlossen.

---

[1]   Der Datex-P Dienst der Bundespost basiert auf X.25 und eine Reihe von Großunternehmen (Banken, Industrie) sind im Begriff Unternehmensweite Datenkommunikation auf de Basis von X.25 Netzen aufzubauen.

[2]   "Electronic Data Interchange For Administration, Commerce And Transport"
siehe auch: Rosenberg H. J. (Bearb.): Einführung in EDIFACT; DIN - Deutsches Institut für Normung e.V.; Berlin; 1988

[3]   "Open Document Architecture/Open Document Interchange Format". Durch diese Standardisierung wird die Möglichkeit geschaffen, formatierte Dokumente zu übermitteln um sie weiterzubearbeiten.

[4]   Vgl. Glaser G.M., Hein M. Vogl J.: TCP / IP, Datacom Verlag, Pulheim 1990 und
Marquardt R., Mues D. Olsowsky G., Suppan-Borowka J: Ethernet Handbuch, Datacom Verlag, Pulheim 1986

TCP/IP ist als Netzwerkkomponente des Betriebssystems UNIX (und seiner Derivate) auch in Unternehmen, insbesondere im technischen Bereich, verbreitet. Im kommerziellen Bereich sind hingegen herstellerspezifische Kommunikationslösungen vorherrschend. Die bereichsübergreifende Kommunikation stellt sich aus diesem Grund als schwierig dar. Eine Migration zu OSI wird allgemein als Lösungsansatz akzeptiert, wobei festzustellen ist, daß diese Migration aus technischen Gründen nur lang-, bestenfalls mittelfristig realisierbar scheint. Momentan besteht nur die Möglichkeit, TCP/IP oder herstellerspezifische Protokolle und - wo verfügbar - OSI-konforme Protokolle (z.B. MAP, TOP, X.400) entweder exklusiv oder koexistierend in einem Kommunikationssystem einzusetzen.

2.3.2.3. Funktionen des Netzwerkmanagements

Durch die hohe Bedeutung des Kommunikationssystems für dezentrale Systeme ist die Überwachung des Netzwerkes, seiner Verfügbarkeit und Leistung von entscheidender Bedeutung für den zufriedenstellenden Betrieb des DV-Systems. Um das Kommunikationssystem zu überwachen und zu warten, bedarf es einer Reihe von Funktionen, die es ermöglichen die dezentralen Knoten zu steuern. Diese Funktionen werden unter dem Begriff Netzwerkmanagement zusammengefaßt.

Als illustratives Beispiel, warum Netzwerkmanagement notwendig und wirtschaftlich bedeutend ist, kann das weltweite Reservierungssystem der Swissair dienen[1]. Das Netzwerk, das aus mehr als 1000 Knoten besteht, weist eine Verfügbarkeit von 99,7% auf, die Antwortzeiten beim Benutzer liegen weltweit unter drei Sekunden, wobei mehr als 80% davon die Übertragung der Informationen im Netz ausmacht. Abgesehen von der Servicequalität (Antwortzeitverhalten) verursachen Betriebsstörungen, wenn man von 300.000sfr Einnahmen pro Stunde und einer Gesamtverfügbarkeit des Systems von 98% ausgeht einen Einnahmenausfall von mehr als 2 Millionen sfr pro Monat[2]. Die

---

[1] Meier E.: "Network Management bei der Swissair"; in: Information Management 3/1986; S. 24-29

[2] Interressant in diesem Zusammenhang scheint eine Untersuchung von ICL, bei der 47% der befragten Anwender keine Schätzungen abgeben konnten wie hoch die Kosten eines Netzwerkausfalls pro Stunden seinen. Bei immerhin 34% lagen die Schätzungen bei über 1.000$ pro Stunde. aus: Bohländer E., Gora W.: "Netzwerkmanagement als Unternehmensdisziplin"; in: Datacom Spezial -Netzwerkmanagement; Datacom Verlag; Bergheim; 1990; S. 90

Anforderungen die sich daraus ergeben spiegeln sich im Kriterienkatalog wieder, der für das Netzwerk des Buchungssystems Amadeus erstellt wurde[1]:

- Alle Verbindungen müssen über unterschiedliche Leitwege geführt werden, um einen "single point of failure" auszuschließen. Der Ausfall irgendeiner Komponente im Netz muß für den Benutzer und das Gesamtsystem transparent sein. Die Verfügbarkeit des Netzes muß höher als 99,8% sein (24 Stunden, 365 Tage)

- Die Verweildauer von Daten weltweit im Netz darf nicht länger als eine Sekunde sein. Die maximale Belastung von Netzwerkrechnern darf nicht höher als 70% (90% im Störfall) sein, um akzeptable Antwortzeiten zu garantieren. Die primäre Leitungsführung ist terrestrisch, um lange Laufzeiten über Satelliten zu vermeiden. Satellitenstrecken werden für Backup-Zwecke verwendet.

- Die Netzwerkarchitektur muß künftige Erweiterungen mit minimalstem Aufwand ermöglichen.

Der Begriff Netzwerkmanagement wird in der Praxis nur unscharf von anderen Begriffen, wie Systemmanagement oder Systemadministration abgegrenzt. Als Basis für eine Diskussion soll die Definition von Roithmayr dienen: "Netzwerkmanagement ist der Teil des Produktionsmanagements, der sich mit der optimalen Nutzung des gesamten Transportsystems (Anm.: entspricht dem Kommunikationssystem) befaßt[2]." Demgegenüber stehen das Systemmanagement, das das gesamte IKS als Gegenstand seiner Managementfunktion betrachtet[3], und die Systemadministration, die die Verwaltung und Betreuung von Benutzern und Applikationen beinhaltet. Insbesondere der Begriff Systemmanagement führt zu Verwirrung, weil er in der OSI-Spezifikation über Netzwerkmanagement in anderem Zusammenhang gebraucht wird und dementsprechend auch in der Literatur verwendet wird.

---

[1] Russo A., Braun W., Hoffmann P.: "AMANET - Das Superhirn AMADEUS und sein Netzwerk"; in: Datacom Spezial - Netzwerkmanagement, Datacom-Verlag, Bergheim, 1990; S. 140

[2] Heinrich L. J., Roithmayr F.: Wirtschaftsinformatik Lexikon; 3. Aufl.; München Wien Oldenbourg 1989, S. 338

[3] Vgl. Roithmayr F.: "Ein Vorentscheidungsmodell zur Bestimmung des Zentralisierungs- bzw. Dezentralisierungsgrades für Informationssysteme"; in: Dirlewanger W.: Organisation und Betrieb der Informationsverarbeitung - 6. GI-Fachgespräch über Rechenzentren, Kassel 1985; Springer-Verlag; Berlin, Heidelberg, New York, Tokyo; 1985; S. 47

Das OSI-System-Management liefert Mechanismen zur Beobachtung, Kontrolle und Koordination aller Managed Objects innerhalb offener Systeme[1]. Offene Systeme sind Kommunikationssysteme, die sich an dem OSI-sieben-Schichten Modell orientieren Managed Objects sind Elemente des Kommunikationssystems (z.B. Router, Gateways usw.), die Gegenstand des OSI-Netzwerkmanagementkonzeptes sind. Der Begriff des Systemmanagements im OSI-Modell unterscheidet sich wesentlich von dem Begriff, der die Lenkung und Planung des gesamtem IKS zum Inhalt hat.

Für die Funktionen, die im Rahmen des Netzwerkmanagements wahrzunehmen sind, bestehen hersteller- und protokollspezifisch unterschiedliche Bezeichnungen und Definitionen, die auf die jeweilige Netzwerkarchitektur abgestimmt sind[2]. Diese Unterschiede aufzuzeigen ist nicht Gegenstand dieses Buches, stattdessen werden hier die Aufgabenbereiche angeführt, die im Rahmen des Netzwerkmanagements wahrgenommen werden müssen.

Operational Management (Netzsteuerung) beschreibt die Gruppe von Funktionen, die im laufenden Betrieb dazu benutzt werden, die Netzwerkbetriebsmittel bereitzustellen und zu warten[3]. Dazu gehören z.B. die Sammlung von Daten über Verfügbarkeit und Auslastung der Ressourcen, die Wartung von Adresslisten, Veranlassung und Überwachung des Wiederanlaufs im Fehlerfall, Problemanalyse auf logischer Ebene (Problemmanagement), usw.

Maintenance (Fehlermanagement - auf technischer Ebene). Ausfälle müssen automatisch an eine Instanz gemeldet werden, die in der Lage ist den aufgetretenen Fehler einzugrenzen und die Behebung zu veranlassen. Nach der Fehlerbehebung müssen Testmöglichkeiten bestehen, die die Funktionalität der betroffenen Einheit gewährleisten, bevor der Produktionsbetrieb (Wiederanlauf) wieder aufgenommen werden kann[4].

---

[1] Kauffels F. J.: "Netzwerkmanagement - Einführender Überblick"; in: Datacom Spezial -Netzwerkmanagement; Datacom Verlag; Bergheim; 1990

[2] Hierzu: Kauffels F. J.: "Netzwerkmanagement - Einführender Überblick"; in: Datacom Spezial -Netzwerkmanagement; Datacom Verlag; Bergheim; 1990
o.A.: "IBM´s Approach to Network Management"; in: Datapro-Network Applications; McGraw-Hill/Datapro Research; 1989
o.A.: "Architectural Support of Network Management: An Alternate View"; in: Datapro-Network Applications; McGraw-Hill/Datapro Research; 1988

[3] Kauffels F. J.: Netzwerkmanagement ...; a.a.O.; S. 7

[4] Vgl. o.A.: "Local Area Network Management Issues"; in: Datapro-Network Applications; McGraw-Hill/Datapro Research; 1989

Configuration Management (Konfigurationsverwaltung) beinhaltet die Überwachung und Dokumentation der Veränderungen von Hard- und Softwarekomponenten. Diese Informationen sind notwendig, um im Fehlerfall den Wiederanlauf zu ermöglichen und um Engpässe oder andere funktionale Probleme (z.B. Routingprobleme) zu analysieren.

Performance Management (Netztuning) soll durch Beobachtung und Analyse des Informationsflusses im Netzwerk die Auslastung und Leistung derart optimieren, daß für den Benutzer die subjektive Leistung des Netzwerkes maximiert wird. Dabei wird intensiv auf den Datenbestand des configuration managements zurückgegriffen, um Engpässe zu erkennen. Die entstehenden Informationen bilden eine Grundlage für die Netzwerkplanung (Erweiterung)[1].

User Administration (Benutzerverwaltung) spielt in allen DV-Systemen (nicht nur in Netzwerken) eine große Rolle, in denen für die Inanspruchnahme von Diensten und Ressourcen Gebühren verrechnet werden. Die Erfassung der Inanspruchnahme, sowie die Verwaltung von Zugriffs- (Nutzungs-) rechten stellen die zentralen Funktionen dieses Aufgabenbereiches dar.

Security Management (Datenschutz und Datensicherheit) gewinnt mit fortschreitender Dezentralisierung zunehmende Bedeutung. Elemente, wie Datensicherung, Zutrittsregelungen, Zugriffsregelungen Kopierschutz, Schutz vor Viren, Benutzeridentifizierung usw. bedingen den Einsatz organisatorischer und technischer Mittel, sodaß ein den Anforderungen entsprechendes, komplexes Sicherheitssystem entsteht.

Diese Sichtweise des Netzwerkmangements unterscheidet sich vom OSI-Netzwerkmanagement dadurch, daß sich das OSI-Modell ausschließlich auf die Aspekte der Kommunikationssteuerung und -sicherung beschränkt, während die hier angeführten Aufgabenbereiche sich mehr an den Anforderungen der Anwender orientieren. Diese Sichtweise deckt sich auch mit der Forderung Netzwerkmanagement als Unternehmensdisziplin[2] zu interpretieren und neben den rein physikalischen Aspekten auch organisatorische und mangementorientierte Aspekte miteinzubeziehen. Die Funktionen, die im OSI-Netzwerkmanagement angeboten werden[3], überschneiden sich mit den

---

[1]   Vgl. Minoli D.: "Managing Local Area Networks: Accounting, Performace, and Security Management"; in: Datapro-Network Applications; McGraw-Hill/Datapro Research; 1989

[2]   Bohländer E., Gora W.: "Netzwerkmanagement als Unternehmensdisziplin"; in: Datacom Spezial -Netzwerkmanagement; Datacom Verlag; Bergheim; 1990; S. 88-92

[3]   Darunter fallen OSI-Systemmanagement, Schichtenmanagement und Protokollmanagement. Vgl. Kauffels F. J.: "Netzwerkmanagement - Einführender Überblick"; in: Datacom Spezial -Netzwerkmanagement; Datacom Verlag; Bergheim; 1990

angeführten derart, daß sie für die Realisierung der hier geforderten Funktionen als Methode bzw. Werkzeug eingesetzt werden können. Damit deckt das OSI-Netzwerkmanagementmodell wesentliche Erfolgsfaktoren für das Management von Kommunikationsnetzen ab[1].

2.3.3. Einfluß auf Distribuierungsentscheidungen

Die technologische Entwicklung ermöglicht eine zunehmende Freizügigkeit, was die Distribuierung von IKS angeht. Durch diese Entwicklung ergeben sich für Unternehmen neue Möglichkeiten IKS strategisch einzusetzen. Solche strategischen Entscheidungen, die auf der Grundlage der beschriebenen technischen Möglichkeiten und Entwicklungen getroffen werden, haben Einfluß auf die Distribuierungsentscheidungen für ein IKS.

Zudem bilden die technischen Möglichkeiten eine Rahmenbedingung für die Distribuierung von IKS, die auch organisatorische Konsequenzen beinhaltet. So bedingt die Entscheidung für eine bestimmte Softwarekonfiguration im Bereich der Datenbanken eine entsprechende Auslegung des Kommunikationssystems. Der Einsatz von Netzwerktechnologien bedeutet automatisch die Notwendigkeit, Netzwerkmanagement in mehr oder weniger ausgeprägter Form einzusetzen.

Daraus läßt sich kein direkter Schluß für die Distribuierung eines konkreten IKS ableiten, wohl aber läßt sich die Forderung an ein unterstützendes Entscheidungsmodell ableiten, flexibel in Hinblick auf die technologischen Entwicklungen und die dadurch implizierten organisatorischen (nicht) Notwendigkeiten zu sein. Ebenso muß der Aspekt strategischer Entscheidungen in der Distribuierungsentscheidung berücksichtigt werden.

2.4. Zusammenfassung

In diesem Kapitel wurden vier Themenbereiche behandelt, die in engem Zusammenhang mit der Distribuierung eines IKS stehen.

---

[1]   Vgl. Terplan : Communication Networks Management; Prentice Hall; 1987

Zunächst wurde ein kybernetisches Modell eines lebensfähigen Systems dargestellt und gezeigt, daß das IKS eines Unternehmens als lebensfähiges Subsystem aufgefaßt werden kann. Daraus resultiert die Forderung der Anpassung des IKS an seine Umwelt, an das Unternehmen. Intern muß das IKS in der Lage sein, die Varietät der Umwelt zu kompensieren, also flexibel sein. Jede Einheit des IKS, die als Subsystem des IKS beschrieben werden kann, muß im Sinne der Rekursivität des Modells wiederum die Eigenschaft der Lebensfähigkeit aufweisen. Im Hinblick auf diese Untersuchung kann das IKS unter verschiedenen Aspekten betrachtet werden. So kann z.B. das Ressourcenmanagement, das Applikationsmanagement, das Netzwerkmanagement und das Risikomanagement als Subsystem definiert werden; ebenso kann aber die Informationsverarbeitung in einer Abteilung, einem Werk usw. als Subsystem definiert werden. Anhand dieses Modells kann eine Aussage darüber getroffen werden, ob die Struktur eines IKS in de Lage ist, die von ihm geforderten Leistungen zu erbringen.

Der zweite Themenbereich beschäftigt sich mit der Aufbauorganisation. Die Aufbauorganisation bildet den Rahmen, in den das IKS (die Informatik Abteilung) eingegliedert werden soll. Sie ist die Grundlage des Distribuierungskontinuums, also jener Dimension, auf der die Objekte des IKS, die distribuiert werden sollen, positioniert werden. Zudem wird auf die Innenorganisation der Informationsverarbeitung eingegangen, weil diese ein Objekt der Distribuierung darstellt.

Im darauffolgenden Teil wird der Einfluß von Unternehmensstrategien auf die Informationsverarbeitung beschrieben und gezeigt, wie sich aus der strategischen Unternehmensplanung Informatik-(norm)-strategien und Informatikziele ableiten lassen. Für die Distribuierungsentscheidung sind die in diesem Teil angeführten Zusammenhänge insofern von Bedeutung, als dadurch die Anforderungen an das IKS definiert werden und grundlegende Aussagen zum Einsatz von IKT im Unternehmen gemacht werden. Diese Aussagen müssen in der Distribuierungsentscheidung berücksichtigt werden.

Der letzte Themenbereich beschreibt technologische Entwicklungen, die die technische Grundlage für eine Dezentralisierung von IKS bilden. Die technischen Möglichkeiten begrenzen, gemeinsam mit den organisatorischen und wirtschaftlichen Rahmenbedingungen, den Handlungsspielraum im Zuge der Distribuierung von IKS. Andererseits können die angeführten Kriterien dazu herangezogen werden, Anforderungen für die Implementierung einer konkreten Konfiguration zu definieren.

Die in diesen vier Bereichen aufgezeigten Zusammenhänge bilden die Grundlage für den Entwurf eines computergestützten Werkzeugs, das die Distribuierung eines IKS unterstützen soll. Dieser Entwurf wird im 4. Kapitel vorgestellt werden, zuvor werden als methodische Grundlage drei Entscheidungsmodelle vorgestellt, die zur Bestimmung des optimalen Distribuierungsgrades beitragen sollen.

3. Entscheidungsmodelle zur Bestimmung des optimalen Distribuierungsgrades

Zur Bestimmung des optimalen Distribuierungsgrades müssen zunächst die Objekte definiert werden, deren Distribuierung Gegenstand der Entscheidung ist. Erst in der Folge kann ein Modell angewandt werden. In der Literatur finden sich drei Entscheidungsmodelle die Beachtung gefunden haben[1]. Ausgehend von der Definition der Objekte der Distribuierungsentscheidung werden diese kurz vorgestellt und diskutiert.

3.1. Objekte der Dezentralisierung

Ziel dieses Abschnitts ist, Klarheit darüber zu erhalten, was Gegenstand (Synonym: Objekt) von Distribuierungsentscheidungen bei der Planung von IKS sein kann. Der Begriff Objekt soll dabei in seiner weitesten Bedeutung benutzt werden, als alles was oder woran man denken kann[2]. Diese weite Definition beinhaltet nicht nur materielle (Hardware), intellektuelle (Software) und personelle Objekte, sondern auch Prozesse und Funktionen, die Bestandteil eines IKS sind.

Eine Aufbereitung dieses Themas findet sich bei Bessai[3], der ein IKS unter verschiedenen Aspekten in Objektklassen und Objekte gliedert, die Gegenstand der Distribuierung sein können. Dabei wird das IKS unter einem funktions-, einem phasen- und einem elementbezogenen Aspekt betrachtet.

Funktionen beschreiben die in Zusammenhang mit einem IKS durchzuführenden Tätigkeiten und Aufgaben. Eine weitere Gliederung unterscheidet dann in Funktionen, die managementorientiert sind und solche, die ausführungsorientiert sind. Phasen beziehen sich auf den zeitlichen Ablauf der Prozesse im IKS, wobei in Phasen des Gestaltungs-

---

1   Vgl. Kretzschmar M., Mertens P.: Verfahren zur Vorbereitung der Zentralisierungs-/ Dezentralisierungsentscheidung in der betrieblichen Datenverarbeitung; in: Informatik Spektrum 5, 1982, S. 237-251

2   Vgl. Flechtner H. J.: Grundbegriffe der Kybernetik; Stuttgart, 1966, S. 12

3   Bessai B.: Objekte der Dezentralisierung; in: Handbuch der modernen Datenverarbeitung "Dezentralisierung", Heft 121, 1885; S. 9-20

prozesses (Planung des IKS) und Phasen des Ablaufs (Betrieb des IKS) unterschieden werden kann. Elemente letztlich beschreiben physische und logische Objekte, die entweder aktiv an Funktionen bzw. Phasen beteiligt sind(Ressourcen wie Hardware, Software, Personal, ...) oder passiv Objekte der Gestaltung, der Verarbeitung sind.

Diese Gliederung soll in der Folge die Grundlage für eine detailliertere Beschreibung der Objekte darstellen. Je nach Umfang des IKS kann die Spezifikation der einzelnen Objekte mehr oder weniger detailliert vorgenommen werden. Mit dem Ziel das Modell nicht übermäßig komplex zu gestalten, wird eine komprimierte Darstellung vorgezogen.

3.1.1. Funktionen

Funktionen sind Aufgaben die unabhängig vom Zeitpunkt, dh. unabhängig vom Fortschritt eines Projektes, also während der gesamten Lebensdauer eines IKS , für die Entwicklung, den Betrieb und die Erhaltung des IKS notwendig sind.

Die Abbildung "Funktionen als Objekte der Distribuierung" zeigt die Funktionen in einem IKS und deren Gliederung in management- und ausführungsorientierte Funktionen. Managementorientiert sind dabei folgende Funktionen:

Planung: Erhebung und Gewichtung von Informationen aus der Umwelt, Entwurf von IKS und Vorbereitung von Entscheidungsalternativen.

Organisatorische Gestaltung: Eingriffe in die Aufbau- und Ablauforganisation des Unternehmens zur Anpassung an die Anforderungen des IKS.

Entscheidung/Anordnung: Alternativenauswahl, Freigabe von finanziellen Mittel und Ressourcen, Auslösung von Projekten usw.

Controlling: Überwachung und Lenkung der Wirtschaftlichkeit der Projekte, Termin- und Leistungskontrolle der Projekte.

Motivierung: Argumentation des Projektziels gegenüber den Beteiligten und den Betroffenen.

Bei den managementorientierten Funktionen ist festzuhalten, daß es sich um die Distribuierung von Aufgaben, Kompetenzen und Verantwortung handelt. Dieser Vorgang wird in der Organisationslehre als Delegation beschrieben[1]. Insbesondere Planung, Entscheidung und organisatorische Gestaltung als Objekte der Distribuierung beinhalten ein großes Delegationsrisiko[2]. Für Planung und Entscheidung gehen Blau/Schoenherr[3] davon aus, daß das Risiko durch Formalisierung und Standardisierung (Programmierung) eingeschränkt werden kann.

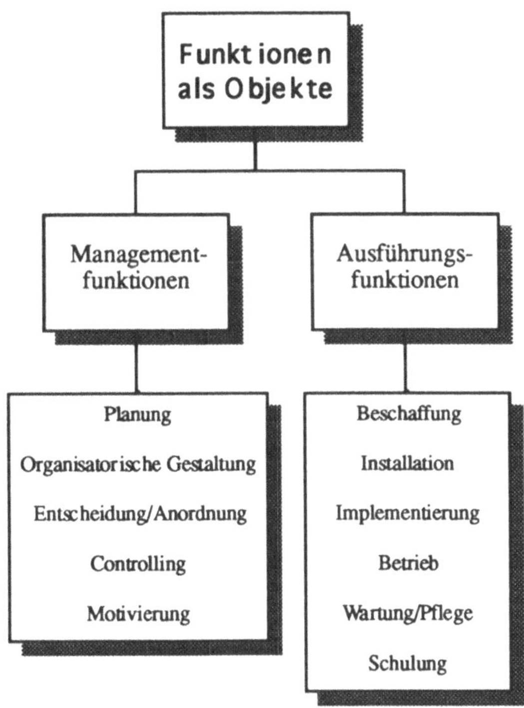

Abb. 3.1. Funktionen als Objekte der Distribuierung

---

1 Vgl. Bühner R.: Betriebswirtschaftliche Organisationslehre; 4. Auflage; München, Wien, Oldenbourg; 1989; S. 73

2 Vgl. Welge M.K.: Unternehmensführung, Band 2: Organisation; Poeschel Verlag; Stuttgart; 1987; S. 290

3 Blau P.M., Schoenherr F.: The Structure of Organisations; New York; 1971 nach: Welge M.K. a.a.O.

Das Delegationsrisiko bei IKS-bezogenen Funktionen[1] beruht in erster Linie auf den hohen Investitionssummen und den daraus resultierenden hohen Folgekosten von Fehlentscheidungen. Demgegenüber steht seitens des Top-Managements ein gewisser Delegationsdruck, der aus den folgenden Größen resultiert:

- fehlendes Spezialwissen (bezogen auf den IKT-Einsatz)

- fehlendes Detailwissen über lokale (räumlich und/oder organisatorisch) Probleme und Problemlösungen

- Varietät der Aufgabenumwelt

- Größe des Unternehmens

Diesem Entscheidungskonflikt kann durch Einsatz von Entlastungs- (Kontroll-) mechanismen begegnet werden. Solche Mechanismen bestehen in der Standardisierung (Vorgabe von Lösungsalternativen), der Formalisierung (Vorgabe eines Entscheidungsverfahrens) , der Pluralisierung (Verteilung der Entscheidung auf mehrere Entscheidungsträger, die sich gegenseitig kontrollieren) oder der Delegation an vertrauenswürdige "Statthalter" (Feudalprinzip). Unabhängig von den Mechanismen. die eine geordnete Funktionserfüllung gewährleisten sollen, muß das zentrale Controlling[2] in der Lage sein, die Ergebnisse zu erfassen und zu interpretieren.

Folgende Funktionen werden unter dem Begriff ausführungsorientiert zusammengefaßt:

Beschaffung: Koordination des externen Zukaufs von Ressourcen und/oder Betriebsmaterial

Installation: Zusammenstellung und Inbetriebnahme (von Teilen) des DV-Systems oder von Anwendungssystemen.

Implementierung: Softwaretechnische Umsetzung von Projekten und/oder Änderungsaufträgen, Anpassung von Standardsoftware an lokale Anforderungen

Betrieb: Überwachung des Systems, Operating, Arbeitsvorbereitung, kurzfristige Kapazitätsplanung, Nachbearbeitung usw.

Wartung/Pflege: Betreuung des laufenden Systems.

Schulung: Ausbildung von Benutzern und Systembetreuern (-verantwortlichen)

---

[1]   Vgl. Welge M.K.: Unternehmensführung; a.a.O.; S. 290ff
[2]   Siehe Pkt. 2.1.2.3. Die Innenorganisation der Informationsverarbeitung

Bei den Ausführungsfunktionen steht die Verrichtung im Vordergrund, daraus folgt daß das Konfliktpotential dementsprechend niedriger als bei den Managementfunktionen ist. Die Argumente, die eine Distribuierungsentscheidung für diese Objekte beeinflussen, beruhen weitgehend auf wirtschaftlichen Überlegungen. Für Betrieb und Wartung lassen sich Argumente aus den Informatikzielen ableiten, für die Schulung spielen auch personalpolitische Entscheidungen eine Rolle.

Eine genauere Differenzierung der Funktionen, z.B. exakte Abgrenzung der Entscheidungskompetenz oder Qualitätssicherung als Teil von Implementierung und Betrieb scheint unter Berücksichtigung des hier verfolgten Ziels, eine übersichtliche Objektstruktur zu definieren, als nicht sinnvoll.

3.1.2. Phasen

Phasen sind Aufgaben und Ereignisse betrachtet unter dem Aspekt des zeitlichen Ablaufes. Dabei können, wie in Abbildung "Phasen als Objekte der Distribuierung" dargestellt, zunächst die Phasen der anwendungssystembezogenen Projekte und die Phasen der Anwendungssystemnutzung unterschieden werden. Die Entstehung von Anwendungssystemen oder deren Anpassung an geänderte Umweltbedingungen in einem Unternehmen ist Gegenstand eines Projektes. Diese Informatikprojekte werden nach einem Phasenkonzept abgewickelt[1]. Dabei werden folgende Phasen unterschieden[2]:

Vorstudie: Prüfung der Projektchancen, erste Aussagen zur Wirtschaftlichkeit des Systems, erstellen einer Projektübersicht, Definition der Zielsetzung.

Hauptstudie: Erhebung des IST-Zustandes, Erstellen einer IST-Analyse, Strukturierung der Detailstudien.

Detailstudien: Erstellung eines SOLL-Konzeptes, Beschreibung organisatorischer Abläufe, Erstellen von Datenmodellen und Mengengerüsten, Migrationspläne

Systembau: Ausschreibung, Konfiguration, Eigenentwicklung, Installation, Test.

Einführung: Anpassung der Organisation, Schulung, Nutzung, Revision

Wartung: laufende Tätigkeiten und Anpassungen

---

1 Vgl. Gernet E.: Das Informationswesen in der Unternehmung; Carl Hanser Verlag; München, Wien; 1987; S. 160ff und die dort angeführte Literatur.

2 Vgl. Gernet E.: Das Informationswesen ...; a.a.O.

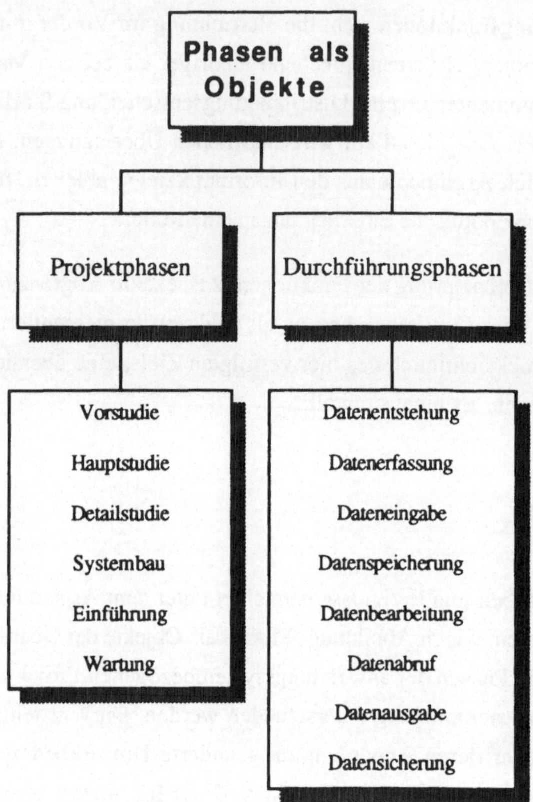

Abb. 3.2. Phasen als Objekte der Distribuierung

Das hier dargestellte Phasenmodell ist stellvertretend für alle anderen Phasenmodelle, welche in der Systemplanung angewandt werden. Andere Phasenmodelle unterscheiden sich in Anzahl der Phasen und der Zuordnung von Aufgaben/Ziele zu den einzelnen Phasen. Die Objekte der Distribuierung bestehen in den Phasen des jeweils angewandten Modells.

In den meisten Fällen laufen diese Phasen chronologisch nacheinander ab, wobei die einzelnen Phasen auf den Ergebnissen der vorgelagerten Phasen aufbauen. Eine Wiederholung einer Phase ist dabei nicht der Normalfall, eventuelle Mängel werden punktuell behoben. Diese lineare Vorgehensweise wird lediglich bei der Entwicklung von Expertensystemen durchbrochen. Hier ist die freie Reihung der Phasen und eine Wiederholung von Phasen ein zentraler Bestandteil des Entwicklungsprozesses[1].

Bei Projekten, die einer linearen Phasenkonzeption folgen, ist eine Distribuierungsentscheidung für jede einzelne Phase möglich, ohne daß dabei für nachfolgende Phasen eine Entscheidung vorweggenommen würde. Bei Projekten, die von der Wiederholung einzelner Phasen ausgehen ist eine Distribuierungsentscheidung auf Phasenebene theoretisch denkbar, wird aber wegen der zu erwartenden Motivationsproblematik nicht angewandt werden. Wenn z.B. die Wiederholung der Hauptstudie (von Teilstudien) nötig ist, weil sich während der Implementierung die Umweltbedingungen geändert haben, so müssen die Projektteams der Studien und der Implementierung, unabhängig von ihrem bisher (umsonst) geleisteten Einsatz, motiviert werden mit ihrer Arbeit - im schlimmsten Fall - wieder bei Null zu beginnen. Wenn die Reihenfolge der Phasen nicht vorbestimmt ist und Wiederholungen nicht ausgeschlossen werden können, ist eine Distribuierungsentscheidung nur auf Projektebene sinnvoll.

Die Durchführungsphasen beschreiben den Datenverarbeitungsprozess unter dem Aspekt der Tätigkeiten am Objekt Information, wobei Daten hier als Synonym für alle Informationsarten verstanden werden kann.

Datenentstehung: Informationen entstehen zu einem bestimmten Zeitpunkt an einem bestimmten Ort. In einigen (seltenen) Fällen kann dieser Ort Objekt einer Distribuierungsentscheidung sein, z.B. entsteht der Aktienkurs an der Börse. Durch Plazierung von Aktien an verschiedenen Börsen kann der Ort, an dem die Information "Aktienkurs" entsteht, beeinflußt werden.

Datenerfassung: Informationen müssen zunächst erhoben werden. Die Erhebung erfolgt unabhängig vom IKS und kann auch mit konservativer Technologie erfolgen (Papier und Bleistift).

Dateneingabe: Zur Weiterverarbeitung müssen die Informationen eingegeben werden. Dies ist die erste Phase, die direkt mit dem IKS in Verbindung steht und bei der Gestaltung von IKS Gegenstand von Distribuierungsentscheidungen sein wird.

Datenspeicherung: Die Speicherung von Informationen zur späteren Verwendung.

Datenbearbeitung: Manipulation von Informationen, Hinzufügen oder Löschen.

---

[1] Vgl. Kurbel K.: Entwicklung und Einsatz von Expertensystemen; Springer Verlag; Berlin, Heidelberg, New York, London, Paris, Tokio; 1989; S. 71

Datenabruf: Abfrage von Informationen vom IKS und deren Präsentation für den Benutzer.

Datenausgabe: Physische Ausgabe von Informationen für den Transport oder sonstige Weiterleitung (z.B. Sprache).

Datensicherung: Archivierung von Informationen aus Sicherheitsgründen. Dieses Objekt könnte genausogut den verrichtungsorientierten Funktionen zugeordnet werden.

Datenentstehung und Datenerfassung sind nicht direkter Bestandteil des IKS, sie stellen vielmehr den maximalen Dezentralisierungsgrad der Dateneingabe dar. Die anderen angeführten Phasen können Gegenstand von Distribuierungsentscheidungen sein, vorausgesetzt, die benötigten Funktionseinheiten (Hardware und Software) sind dafür vor Ort verfügbar. Die Entscheidung Dateneingabe und Datenabruf zu dezentralisieren bedingt z.B. die Verfügbarkeit von Bildschirmarbeitsplätzen oder vergleichbarer Funktionseinheiten. Dadurch kann, speziell wenn Distribuierungsentscheidungen für mehrere Anwendungssysteme gefällt werden müssen, eine Überschneidung mit der Distribuierung der elementbezogenen Objekte entstehen.

Die Distribuierungsentscheidung über die Durchführungsphasen ist für das Unternehmen ein wesentlicher Teil der organisatorischen Gestaltung des Arbeitsablaufs. Für die Gestaltung des IKS kann diese Entscheidung als Rahmenbedingung (Bestandteil der zu unterstützenden Organisation) oder als gestaltbares Objekt gesehen werden.

3.1.3. Elemente

Elemente sind physische oder logische Komponenten des IKS, die entweder aktiv oder passiv am Informationsverarbeitungsprozeß teilnehmen. Dieser Zusammenhang wird in der Abbildung "Elemente als Objekte der Distribuierung" dargestellt.

Die aktiven Elemente sind die Komponenten eines DV-Systems, wobei das Kommunikationssystem unter dem Aspekt der Distribuierung auszuklammern ist. Das Kommunikationssystem ist aufgrund seiner Funktion in dem Ausmaß zu dezentralisieren, als es das DV-System unter technischen Gesichtspunkten voraussetzt. Im einzelnen umfassen die Elemente folgende Komponenten:

Hardware: Arbeitsplatzgeräte (Bildschirme,...), Ausgabegeräte (Drucker, Plotter,...) Verarbeitungsgeräte (Computer,...), Speicher (Platten, ...)

Software: Anwendungsprogramme und Systemsoftware (Betriebssysteme, Werkzeuge wie z.B. Datenbanken)

Personal: Personal für Planung, Entwicklung und Betrieb des IKS aber keine Benutzer.

Services: Komplexere Funktionseinheiten des IKS, bestehend aus Hard- und Software, die bestimmte Services anbieten. z.B. Fileserver, Datenbankserver, Mailserver, Printerserver usw.

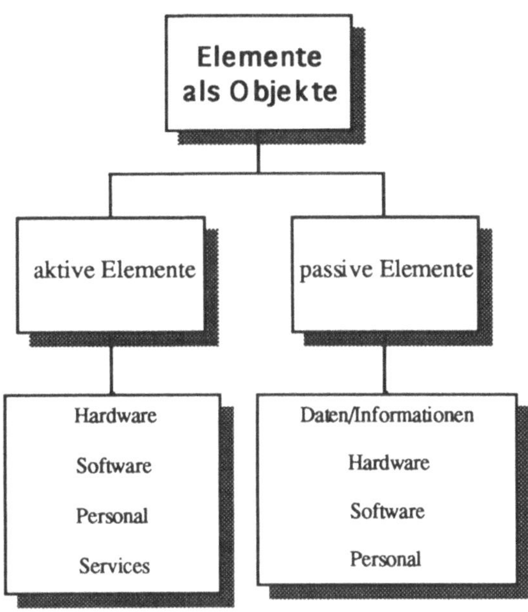

Abb. 3.3. Elemente als Objekte der Distribuierung

Hardwarekomponenten, Personal und Services sind uneingeschränkt Gegenstand von Distribuierungsentscheidungen. Rockart et al.[1] fordert eine gemeinsame Entscheidung für Hardware, Software und Personal. Durch die technologische Entwicklung (Netzwerke, remote Operating, neue Betriebssysteme usw.) muß diese Forderung heute als unbegründet von der Hand gewiesen werden. Eine unabhängige Entscheidung für diese Elemente ist daher möglich. Da Systemsoftware jedoch entweder zum Betrieb von

---

[1] Rockart J. F. Bullen C. V., Leventer J. S.: Centralisation vs Decentralisation of Information Systems. A. Preliminary Model for Decision Making, MIT Working Paper, April 1977 (Draft); S. 23

Hardware notwendig ist, oder Services zur Verfügung stellen soll, ist eine Entscheidung mit der Hardware bzw den Services eng verknüpft. Anwendungsprogramme sind weitgehend unabhängig, Kriterien wie Wirtschaftlichkeit (Lizenzpolitik), Leistung (Speicher- und Verarbeitungskapazität), Unabhängigkeit (Redundanz) spielen eine große Rolle.

Die passiven Elemente umfassen alle **Daten/Informationen**, die im IKS verarbeitet und gespeichert werden und alle aktiven Elemente, sofern sie selbst Gegenstand von Aktivitäten werden. Bei der Hardware handelt es sich hierbei um Installation und Wartung, bei der Software um Implementierung und Pflege und beim Personal um Schulung. Diese Aktivitäten, bei denen die Elemente eine passive Rolle haben, sind ident ist mit den ausführungsorientierten Funktionen. Distribuierungsentscheidungen für die passiven Elemente Hardware, Software und Personal sind von den Distribuierungsentscheidungen für die Funktionen unabhängig, obwohl hier eine hohe Korrelation zu vermuten ist. Schulung erfolgt z.B. im allgemeinen an dem Ort, an dem das Personal während der Schulung anwesend ist. Die Entscheidungen über die Distribuierung von Schulung als Funktion und dem Personal während der Schulung müssen also identisch sein. Diese Aussage gilt jedoch nicht mehr, wenn die Funktion "Schulung" zentral Unterlagen oder andere Hilfsmittel (z.B. Computer-Based-Courses) erstellt, die das Personal dezentral erarbeitet.

Für eine konkrete Entscheidung über die Distribuierung der Objekte ergeben sich zwei Probleme:

(1)   Die Objekte der Distribuierung stehen miteinander in enger Wechselwirkung. Die De/Zentralisierung von Objekten beeinflußt die Entscheidung für andere Objekte.

(2)   Die Fragestellung beruht nicht auf der De/Zentralisierung der Objekte, sondern auf der De/zentralisierung von Objektkombinationen. So kann die Beschaffung von Hardware zentral, die "Beschaffung" von Personal aber dezentral erfolgen

Beide Probleme können gelöst (2) oder zumindest vereinfacht (1) werden, wenn ein Entscheidungsmodell die Kombination von Objekten als kleinstes Entscheidungsobjekt betrachtet[1]. Diese Kombinationen sind in den folgenden Abbildungen dargestellt.

---

[1]   Vgl. Bessai B.: Objekte der Dezentralisierung; in: Handbuch der modernen Datenverarbeitung "Dezentralisierung", Heft 121, 1885; S. 15ff

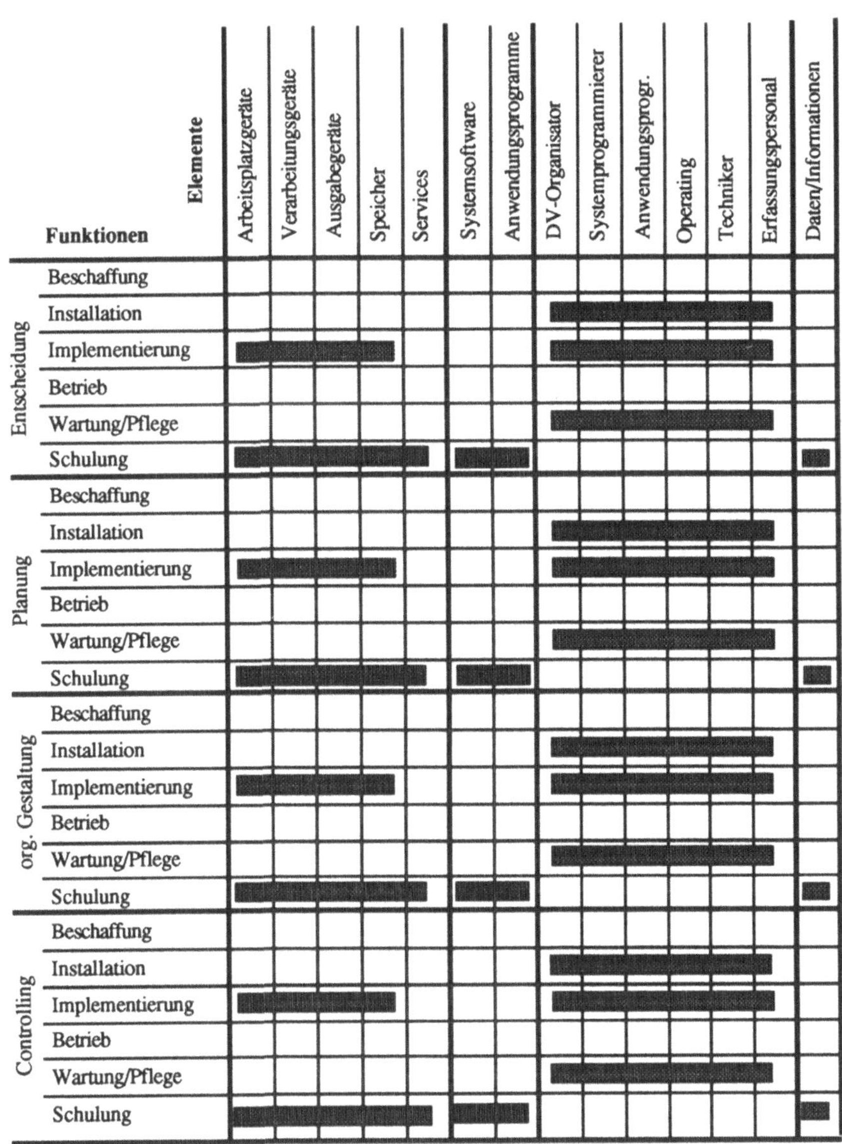

Abb. 3.4. Zusammenhang zwischen Funktionen und Elementen

Funktionen / Phasen	Vorstudie	Hauptstudie	Detailstudie	Systembau	Einführung	Wartung	Eingabe	Bearbeitung	Ausgabe	Sicherung
Entscheidung										
Planung										
org. Gestaltung										
Controlling										
Motivierung										

Abb. 3.5. Zusammenhang zwischen Funktionen und Phasen

In den Abbildungen "Zusammenhang zwischen Funktionen und Elementen" und "Zusammenhang zwischen Funktionen und Phasen" werden die relevanten Kombinationen zwischen den Entscheidungsobjekten dargestellt. In den Abbildungen werden die Entscheidungsfelder, welche inhaltlich irrelevant sind, grau unterlegt. So wird z.B. die Entscheidung über die Beschaffung von Arbeitsplatzgeräten als Entscheidungsfeld definiert, für das eine Distribuierungsentscheidung getroffen werden kann.

Diese Überlegungen zu den Objekten und den Entscheidungsfeldern der Distribuierungsentscheidungen sollen zunächst als Grundlage für die Diskussion der Entscheidungsmodelle in der Literatur und später für die Entwicklung eines eigenen, rechnergestützten Modells dienen.

3.2. Das Entscheidungsmodell von Rockart

Das von Rockart[1] et al. am MIT (Massachusetts Institute of Technology) entwickelte Modell hat das Ziel, die Alternativen der Gestaltung eines de/zentralen IKS auf eine vertretbare Bandbreite einzuschränken. Dabei soll die Struktur des IKS optimal an die Organisation des Unternehmens angepaßt werden. Aus den entstandenen Alternativen

---

[1] Rockart J. F. Bullen C. V., Leventer J. S.: Centralisation vs Decentralisation of Information Systems. A. Preliminary Model for Decision Making, MIT Working Paper, April 1977 (Draft)

wird in einem weiteren Entscheidungsprozeß, welcher der eigentlichen Investitionsentscheidung entspricht, eine Alternative ausgewählt.

Das Modell besteht aus drei Phasen, der Zerlegung des Problemfeldes, der Anwendung
der Faktorentabelle und der Analyse der Ergebnisse.

3.2.1. Zerlegung des Problemfeldes

Ausgehend von der Überlegung, daß eine einheitliche Entscheidung über die De/zentra-
lisierung des IKS nicht sinnvoll sei, wird das Problemfeld nach drei Aspekten strukturiert.

3.2.1.1. Prozesse der Informationssystem-Funktion

Unter der Informationssystem-Funktion werden alle Funktionen[1], die Bestandteil des
IKS sind, verstanden. Die Informationssystem-Funktion kann in drei Prozesse unterschiedlicher Charakteristik gegliedert werden, diese sind[2]:

- Die Systementwicklung: Der Prozeß der Analyse des Entwurfs und der Implementierung von Anwendungssystemen, also die Projektphasen.

- Der Systembetrieb: Darunter wird der Prozeß der Nutzung des Informationssystems verstanden, was in erster Linie die Objekte der Durchführungsphase
  beinhaltet.

- Das Systemmangement: Darunter wird dir Lenkung und Planung von IKS verstanden, wobei die strategische Planung von IKS beinhaltet ist.

Für diese drei Prozesse wird davon ausgegangen, daß eine Distribuierungsentscheidung unabhängig voneinander möglich ist. Die daraus resultierenden Möglichkeiten
werden in der Abbildung "De/zentralisierung der Informationssystem-Funktion" exem-
plarisch dargestellt.

---

[1] Vgl. Pkt. 3.1.1. Funktionen als Objekte von Distribuierungsentscheidungen

[2] Heinrich L. J., Roithmayr F.: Die Bestimmung des optimale Distribuierungsgrades von Informationssystemen - Entscheidungsmodell und Fallstudie; in: Handbuch der modernen Datenverarbeitung (HMD); Forkel Verlag; Heft 121; Jannuar 1985; S. 31

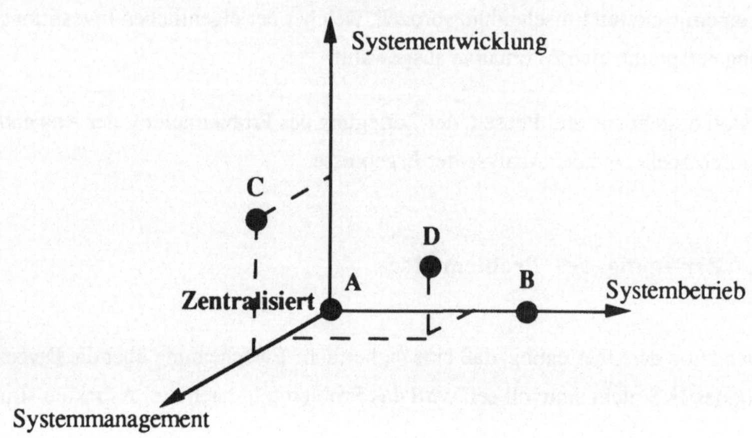

Abb. 3.6. De/zentralisierung der Informationssystem-Funktion

In der Position "A" befinden sich IKS, welche alle drei Prozesse zentralisiert haben. IKS in dieser Form sind, außer in speziellen Anwendungsbereichen, kaum mehr anzutreffen, sie entsprechen durchwegs nicht mehr dem Stand der Technik. Ein Beispiel für die Position "B" ist die U.S. Airforce, die Management und Entwicklung zentral durchführt, während Betrieb und Nutzung des IKS stark dezentralisiert erfolgt[1]. Der Position "C" entspräche ein Krankenhaus, das Management und Entwicklung für administrative und medizinische Anwendungssysteme getrennt und dezentralisiert betreibt, die Nutzung erfolgt jedoch "zentral" im selben Krankenhaus. Die Position "D" letztlich beschreibt Unternehmen in deren IKS alle drei Prozesse dezentralisiert sind.

Die drei Prozesse werden in Teilprozesse gegliedert, für die später eine Distribuierungsentscheidung getroffen werden soll. Die Systementwicklung gliedert sich dabei in Funktionsentwurf, Detailentwurf, Implementierung, Wartung und Personal. Der Systembetrieb besteht aus Datenerfassung/Überprüfung, Update der Datenbasis[2], Verarbeitung, Datenausgabe, Hardware/Software/Personal und Datenbasen. Das Systemmanagement setzt sich aus strategischer Planung und Kontrolle zusammen.

---

[1]   Rockart et al.: Centralisation vs Decentralisation ...; a.a.O.

[2]   Update der Datenbasis kann synonym zum Begriff Dateneingabe interpretiert werden, Datenerfassung beschreibt, entsprechend den Ausführungen zu Phasen als Objekte der Distribuierungsentscheidung, die Erhebung von Daten/Informationen.

Rockart et al.[1] weist in diesem Zusammenhang darauf hin, daß die De/zentralisierung des Systemmanagements die bedeutendste Entscheidung im Distribuierungsprozeß ist. Während z.B. Fehlentscheidungen bei der Hardware oder dem Personal relativ geringes und kalkulierbares Risiko beinhalten, löst eine Fehlentscheidung im Bereich des Systemmanagements organisatorische Prozesse aus, die kurz- und mittelfristig nicht mehr reversibel sind. Aus diesem Grund soll die Distribuierung des Systemmanagements im Rahmen des Entscheidungsprozesses nicht weiter unterteilt werden. Eine De/zentralisierung betrifft demnach das Systemmanagement als gesamtes und nicht einen seiner Teilprozesse.

3.2.1.2. Bildung von logischen Anwendungsgruppen

Der zweite Aspekt, unter dem die Informationssystem-Funktion strukturiert wird, besteht in der Betrachtung der Anwendungsaufgaben, die das IKS unterstützen soll. Diesem Aspekt liegt die Annahme zugrunde, daß jede Anwendung oder jede Gruppe von Anwendungen, die in einem gegebenen organisatorischen Zusammenhang die Informationsverarbeitung unterstützt, ihre eigenen Charakteristika und spezifische Anforderungen hat. Diese Anwendungen bzw. Gruppen von Anwendungen werden als logische Anwendungsgruppen (abgek. LAG) bezeichnet[2].

Weiters wird davon ausgegangen, daß die LAGs voneinander weitgehend unabhängige Prozesse darstellen. Der Informationsaustausch zwischen den LAGs ist gering, während die Interaktion einzelner Anwendungsaufgaben innerhalb einer LAG relativ stark ist. Beispiele für LAGs anhand eines Produktionsbetriebes sind Auftragsbearbeitung (Erfassung, Verfolgung und Abrechnung), PPS, Materialwirtschaft. Diese LAGs sind nicht unabhängig voneinander, die Schnittstellen sind jedoch klar definiert und bedingen keine intensive Kommunikation. So ist beispielsweise die Schnittstelle zwischen Auftragsbearbeitung und PPS durch Werksaufträge und Fertigmeldungen beschrieben.

Durch die relative Unabhängigkeit der einzelnen LAGs kann die Distribuierungsentscheidung bezüglich der Systementwicklung und des Systembetriebs für jede LAG autonom gefällt werden, was zu unterschiedlichen Systemkonfigurationen für die

---

[1]　Vgl. Rockart et al.: Centralisation vs Decentralisation ...; a.a.O.; S. 19

[2]　Der Begriff LAG kann weitgehend als Synonym zu dem schon verwendeten Begriff "Anwendungssystem" betrachtet werden.

einzelnen LAGs führen kann. So wird z.B. die LAG "Auftragsbearbeitung aufgrund spezifischer Anforderungen (Datenbankorientierung, Dialogbetrieb) zu einer zentralen Verarbeitung mit dezentralen E/A-Systemen tendieren, während Simulationen in einem Produktionsbetrieb mit eigener Entwicklung zentral durchgeführt werden.

3.2.1.3. Bestimmung des Distribuierungskontinuums

Der letzte Gliederungsaspekt besteht in der Strukturierung des Unternehmens als Distribuierungskontinuum. Darunter wird die Bestimmung eines zentralen Punktes (z.B. Konzernleitung) und der verschiedenen Dezentralisierungsebenen verstanden. Dezentralisierungsebenen können z.B. Niederlassungen, Werke (Produktionsstätten) auf der ersten Ebene und Abteilungen auf einer zweiten Ebene sein. Wenn die Organisationseinheiten auf einer Ebene unterschiedlich sind (z.B. andere Produkte, andere Produktionsverfahren), so empfiehlt es sich für eine LAG, für einzelne Organisationseinheiten unterschiedliche Distribuierungsentscheidungen zu treffen.

Das Entscheidungsmodell unterstützt eine Distribuierungsentscheidung zwischen jeweils zwei Ebenen des Distribuierungskontinuums. Prozesse und Ressourcen des Systembetriebs und der Systementwicklung, oder das Systemmanagement als Ganzes können jeweils der übergeordneten Organisationseinheit (zentral) oder der Organisationseinheit selbst zugeordnet werden. Wenn sich das Distribuierungskontinuum über mehrere Ebenen erstreckt, so muß der Entscheidungsprozess für jede Ebene wiederholt werden[1]. Die Struktur der Informationssystem-Funktion und der LAGs bleibt davon jedoch unberührt.

Zusammenfassend läßt sich die Zerlegung des Problemfeldes anhand eines Würfels veranschaulichen, wie er in der Abbildung "Entscheidungswürfel nach Rockart" dargestellt ist.

Durch diese Darstellung wird das Konzept der "basic decision unit" ersichtlich. Eine "basic decision unit" beschreibt die kleinste Einheit, die bei einer Distribuierungsent-

---

[1] Vgl. Kretzschmar M., Mertens P.: Verfahren zur Vorbereitung von Zentralisierungs-/Dezentralisierungsentscheidungen in der betrieblichen Datenverarbeitung; in: Informatik Spektrum 5 (1982); S. 237-251

scheidung als Entscheidungsobjekt gesehen wird. Rockart et al.[1] weist darauf hin, daß das Ausmaß der De/zentralisierung der einzelnen Subprozesse und Ressourcen innerhalb der basic decision unit nicht gleich sein muß, daß aber innerhalb der basic decision unit eine große Abhängigkeit der Entscheidungen voneinander besteht.

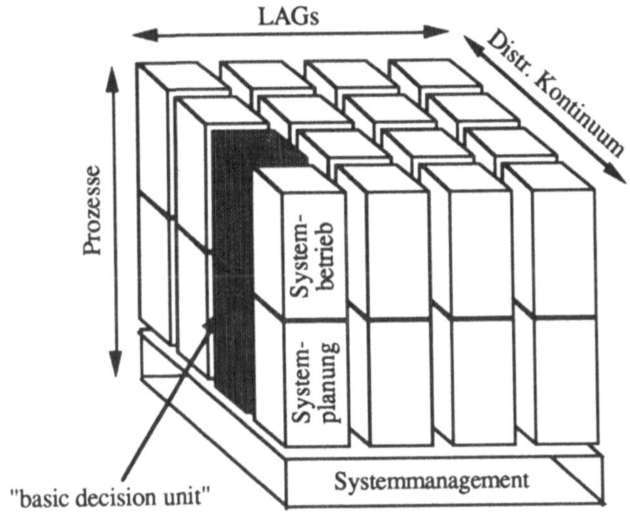

Abb. 3.7. Entscheidungswürfel (nach Rockart et al.)

3.2.2. Die Anwendung der Faktorentabellen

Das Kernstück des Entscheidungsmodells besteht in der Anwendung von Faktorentabellen. Diese Faktorentabellen gehen davon aus, daß es bestimmte (generell gültige) Faktoren gibt, welche die Distribuierungsentscheidung für jeden Teilprozeß (für jede Ressource) beeinflussen[2]. Die verwendeten Faktoren wurden in empirischen Studien

---

[1]　Vgl. Rockart et al.: Centralisation vs Decentralisation ...; a.a.O. S. 27

[2]　Heinrich L. J., Roithmayr F.: Die Bestimmung des optimale Distribuierungsgrades von Informationssystemen - Entscheidungsmodell und Fallstudie; in: Handbuch der modernen Datenverarbeitung (HMD); Forkel Verlag; Heft 121; Jannuar 1985; S. 35

gewonnen[1], von Mertens[2] modernisiert und an deutsche Verhältnisse angepaßt. In den Faktortabellen lassen sich drei Gruppen von Faktoren identifizieren:

- Faktoren, welche das Unternehmen als Ganzes und den derzeitigen Stand der Datenverarbeitung beschreiben. Diese Faktoren haben einerseits das Ziel die Distribuierung der Datenverarbeitung an den Dezentralisierungsgrad der Organisation anzupassen und andererseits den stabilisierenden Einfluß eines zufriedenstellend funktionierenden IKS zu berücksichtigen.

- Faktoren, welche die "dezentralen" Organisationseinheiten - die Teilbereiche - des Unternehmens beschreiben. Diese Faktoren beziehen sich auf die Autonomie der Teilbereiche, auf die Aufgabenstruktur und auf die geografischen Gegebenheiten.

- Faktoren, welche die LAG charakterisieren. Diese Faktoren beschreiben die Ziele die mit der LAG verfolgt werden, sowie die daraus resultierenden Anforderungen an die LAG und an die eingesetzten Ressourcen (z.B. Verfügbarkeit).

Eine Faktorentabelle ist in der Abbildung "Faktorentabelle" dargestellt. Die Buchstaben **Z,z** stehen für zentralisierende Wirkung, **D,d** steht für dezentralisierende Wirkung. Durch die Groß- und Kleinschreibung wird die Stärke der Wirkung ausgedrückt. Diese Darstellung kann beim praktischen Einsatz des Modells durch eine ordinale Skala ersetzt werden, wodurch differenziertere Aussagen ermöglicht werden[3]. Nach der Zustimmung/Ablehnung zu den einzelnen Faktoren kann für die Prozesse und Ressourcen mittels einer Gegenüberstellung von zentralisierenden und dezentralisierenden Faktoren eine Tendenz festgestellt werden.

Auf eine genauere Beschreibung der einzelnen Faktoren wird in diesem Zusammenhang verzichtet, vielmehr wird auf detailliertere Darstellungen der Faktorentabelle mit Erläuterungen der einzelnen Faktoren bei Rockart, Mertens und Roithmayr[4] verwiesen.

---

[1] Rockart et al.: Centralisation vs Decentralisation ...; a.a.O.; S. 30

[2] Mertens P.: Aufbauorganisation der Datenverarbeitung; Wiesbaden - Gabler; 1985; S. 41ff

[3] Vgl. Heinrich L. J., Roithmayr F.: Die Bestimmung des optimale Distribuierungsgrades von Informationssystemen - Entscheidungsmodell und Fallstudie; in: Handbuch der modernen Datenverarbeitung (HMD); Forkel Verlag; Heft 121; Jannuar 1985; S. 39

[4] Rockart et al.: Centralisation vs Decentralisation of Information Systems. A. Preliminary Model for Decision Making, MIT Working Paper, April 1977 (Draft)
Mertens P.: Aufbauorganisation der Datenverarbeitung; Wiesbaden - Gabler; 1985; S. 41 ff
Roithmayr F.: Fragebogen und Faktorentabelle "Zentralisation vs. Dezentralisation" des EDV-Zentrums der Johannes Kepler Universität Linz; nicht veröffentlichte Unterlage.

3.2.3. Analyse der Ergebnisse und Kritik des Modells

Der letzte Schritt der Modellanwendung besteht darin, alternative Konfigurationen zu erstellen, die dem Grad der De/zentralisierung entsprechen, der sich aus der Faktorentabelle abgeleitet hat. Diese Konfigurationen sind als Alternativen einer Investitionsentscheidung zu interpretieren, bei der Kosten, Zeit, Effektivität und Risiko als wichtigste Entscheidungskriterien angeführt werden[1].

Für die Phase der Altenativenkonfiguration und die anschließende Bewertung bietet das Entscheidungsmodell keine Hilfestellung mehr an. Das Ziel des Modells ist demnach darin zu sehen, für die Distribuierungsentscheidung Tendenzen aufzuzeigen, nicht jedoch einen konkreten Gestaltungsvorschlag für ein IKS zu generieren. Dies deckt sich auch mit den Erfahrungen mit der Anwendung des Modells, insbesondere Kretzschmar/Mertens[2] weisen auf diese Tatsache hin.

Weitere Kritikpunkte an dem Modell finden sich in Fallstudien oder ergeben sich aus der heute zur Verfügung stehenden Technologie:

- Die aus empirischen Studien gewonnenen Faktoren und die ihnen zugesprochenen Wirkungen sind nur schwer nachprüfbar. Der Übertragbarkeit der Aussagen im Hinblick auf Ort (USA) und Zeitpunkt (1977) der Erhebung auf europäische Verhältnisse und in die heutige Zeit kann aus diesem Grund nicht unbedingt zugestimmt werden[3].

- Die Differenzierung der Wirkung der einzelnen Faktoren in stark/schwach zentral/dezentral wird als ungenügend angesehen. Dies zeigt sich im Bestreben, die Bewertung der Faktoren anhand einer ordinalen Skala vorzunehmen[4].

- Rockart et al. gehen bei der Definition der organisatorischen Teilsysteme davon aus, daß diese isoliert nebeneinander existieren. Sie berücksichtigen also die bestehenden Interdependenzen nicht. Diese Annahme ist - außer auf Konzernebene -

---

1   Vgl. Rockart et al: Centralisation vs Decentralisation ...; a.a.O.; S. 48

2   Kretzschmar M., Mertens P.: Verfahren zur Vorbereitung von Zentralisierungs-/Dezentralisierungsentscheidungen in der betrieblichen Datenverarbeitung; in: Informatik Spektrum 5 (1982); S. 250

3   Kretzschmar M., Mertens P.: Verfahren zur Vorbereitung ...; a.a.O.

4   Vgl. Heinrich L. J., Roithmayr F.: Die Bestimmung des optimale Distribuierungsgrades von Informationssystemen - Entscheidungsmodell und Fallstudie; in: Handbuch der modernen Datenverarbeitung (HMD); Forkel Verlag; Heft 121; Jannuar 1985; S. 39

realitätsfremd. Dadurch wird eine Reihe unzulässiger Lösungen generiert, die in einem weiteren Kontrollschritt eliminiert werden müssen[1].

	Faktorentabelle	Systementwicklung					Systembetrieb						System-management	
		Funktionsentwurf	Detailentwurf	Implementierung	Wartung	Personal	Datenerfassung	Update Datenbasis	Verarbeitung	Datenausgabe	Datenbasen	HW/SW, Personal	Strategische Planung	Kontrolle
Organisation	dezentrale Organisation	D	D	D	D	D	D	D	D	D	D	D	D	D
	einheitliche Planung	z	z	z	z	z		z	z				z	z
	mehrere SGE´s	D	D	D	D	D	D	D	D	D	D	D	D	D
	zentralisierte EDV	Z	Z	Z	Z	Z	Z	Z	Z	Z	Z	Z	Z	Z
	dezentralisierte EDV	D	D	D	D	D	D	D	D	D		D	D	D
	gute Kontakte zu Abt.	Z	Z	Z	Z	Z		Z	Z	Z		Z	Z	Z
	Professionelles RZ	Z	Z	Z	Z	Z		Z	Z	Z		Z	Z	Z
Teilbereich	spezialisierte Aufgabe	D		D			D	D	D	D		D		D
	abgeschlossene Aufgabe	d	d	d		d	d	d	d	d	d	d		d
	geographisch getrennt	d		d			d				d	d		
	dynamische Aufgabenstruktur	D	D	D	D	D	D	D	D	D	D	D		D
	schnelles Wachstum	D	D	D	D	D	D	D	D	D	D	D		D
	Profit Center	d	d	d			d				d			d
LAG	Strategische Dimension	Z		Z		Z	Z	Z			Z	Z		
	Managementkontrolle	z		z		z	z	z			z	z		
	Ausführungskontrolle	d		d		d	d			d	d	d		
	Prozeßkontrolle	D		D		D	D	D	D		D	D		
	Integrationsbestrebungen	Z		Z		Z	Z	Z			Z	Z		
	Kritische Antwortzeiten						D	D		D	D	D		

Abb. 3.8. Faktorentabelle (nach: Rockart et al.)

---

[1] Heinrich L. J., Lamprecht M.: Fallstudie Zentralisierung / Dezentralisierung; in: Information Management 1/1986; S. 19

- Das Modell bietet keine Unterstützung bei der Alternativenbewertung, insbesondere erfolgt keine Berücksichtigung der (Betriebs-) Kosten. Der Beitrag zu Investitionsentscheidungen ist eher als gering anzusehen. Das Modell schränkt in erster Linie die Konfigurationsalternativen ein, die im Detail - mit anderen Mitteln - analysiert werden müssen.

- Die Strukturierung der Ressourcen im Entscheidungswürfel muß nach heutigem Stand der Technik als unzureichend angesehen werden. Entwicklungen, wie sie das Netzwerkmanagement oder remote Operating darstellen, ermöglichen unabhängige Distribuierungsentscheidungen für die einzelnen Ressourcen, sodaß eine Gliederung wie im Kapitel "Elemente als Objekte von Distribuierungsentscheidungen" dargestellt wurde, als sinnvoll angesehen werden kann.

Trotz der Kritikpunkte muß festgehalten werden, daß das Entscheidungsmodell von Rockart in der Literatur im Vergleich mit den zwei Modellen, die in der Folge noch vorgestellt werden sollen, am meisten Beachtung gefunden hat.[1] Der Grund dafür ist wohl in der Strukturierung des Entscheidungsobjektes zu suchen, die dieses Modell von den beiden anderen, die noch beschrieben werden, unterscheidet.

3.3. Das Modell von Buchanan und Linowes

Auch Buchanan und Linowes[2] sehen die Zielsetzung der De/zentralisierung der Informationsverarbeitung in der Anpassung an die organisatorische Struktur und die Unternehmensstrategie. Sie stellen dabei die organisatorische Gestaltung der Informationssysteme in den Vordergrund. Der Dezentralisierungsgedanke zielt dabei weniger auf die Verteilung der Hardware, als vielmehr auf den Grad der Benutzermitwirkung,

---

[1] Vgl. Kretzschmar M., Mertens P.: Verfahren zur Vorbereitung von Zentralisierungs-/Dezentralisierungsentscheidungen in der betrieblichen Datenverarbeitung; in: Informatik Spektrum 5 (1982)
Heinrich L. J., Lamprecht M.: Fallstudie Zentralisierung / Dezentralisierung; in: Information Management 1/1986
Heinrich L. J., Roithmayr F.: Die Bestimmung des optimale Distribuierungsgrades von Informationssystemen - Entscheidungsmodell und Fallstudie; in: Handbuch der modernen Datenverarbeitung (HMD); Forkel Verlag; Heft 121; Jannuar 1985 und
Mertens P.: Aufbauorganisation der Datenverarbeitung; Wiesbaden - Gabler; 1985; S. 41ff

[2] Buchanan J.R., Linowes R. G.: Understanding distributed dataprocessing; in: Harvard Business Review; July-August; 1980; S. 143-153

der sich für die Autoren als relativ unabhängig von der technischen Gestaltung des Rechensystems darstellt[1].

Zur Strukturierung des Entscheidungsobjektes wird die Informationssystem-Funktion in Entwicklung und Betrieb unterteilt, wobei für jede Phase zwischen Leitungs- und Durchführungsfunktionen unterschieden wird. Diese Struktur wird in der Abbildung "Aktivitäten der Informationssystem-Funktion" dargestellt. Die so definierten Aktivitäten werden als Entscheidungsobjekt für die Distribuierungsentscheidung herangezogen. Mit Hilfe des Entscheidungsmodells soll festgestellt werden, inwieweit Benutzer an den entsprechenden Aktivitäten mitwirken und welche Kompetenzen ihnen zugesprochen werden.

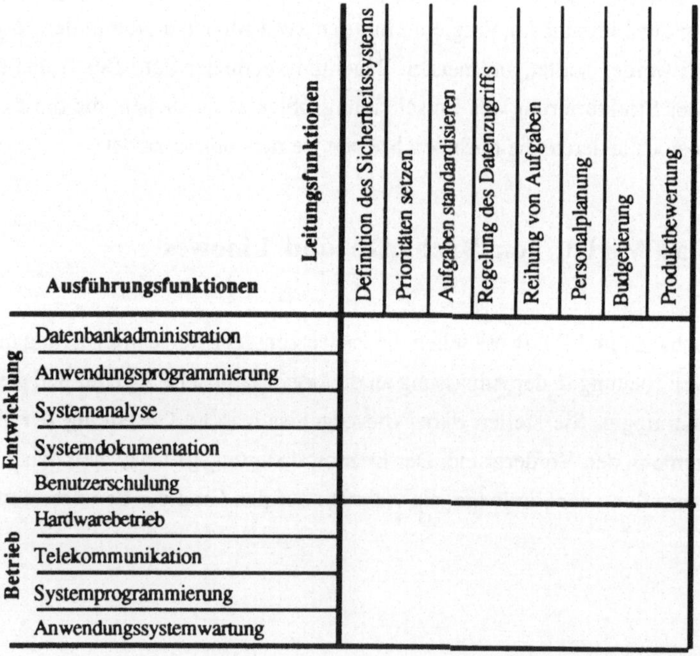

Ausführungsfunktionen	Leitungsfunktionen							
	Definition des Sicherheitssystems	Prioritäten setzen	Aufgaben standardisieren	Regelung des Datenzugriffs	Reihung von Aufgaben	Personalplanung	Budgetierung	Produktbewertung
Entwicklung								
Datenbankadministration								
Anwendungsprogrammierung								
Systemanalyse								
Systemdokumentation								
Benutzerschulung								
Betrieb								
Hardwarebetrieb								
Telekommunikation								
Systemprogrammierung								
Anwendungssystemwartung								

Abb. 3.9. Aktivitäten der Informationssystem-Funktion

---

[1] Kretzschmar M., Mertens P.: Verfahren zur Vorbereitung von Zentralisierungs-/Dezentralisierungsentscheidungen in der betrieblichen Datenverarbeitung; in: Informatik Spektrum 5 (1982); S. 243

Das Entscheidungsmodell selbst besteht aus vier Werkzeugen, die hier vorgestellt werden. Das erste Werkzeug beinhaltet die Erhebung der entscheidungsrelevanten Informationen, die anderen liefern unterschiedliche Darstellungen der im ersten Schritt erhobenen Informationen.

3.3.1. Das Dezentralisierungsspektrum der Aktivitäten der IS-Funktion

Die sich aus der Organisation ergebenden oder die für die Zukunft gewünschten Grade der Dezentralisierung werden für jede Aktivität anhand eines Spektrums bestimmt. Die Darstellung erfolgt mittels einer Geraden an deren linkem Ende alle Kompetenzen zentralisiert durch das Rechenzentrum wahrgenommen werden und deren rechtes Ende eine Dezentralisierung der Aufgaben und Kompetenzen darstellt. D.h. Alle Aufgaben werden von den Benutzern (Abteilungen) wahrgenommen.

Die Ausprägungen zwischen diesen beiden Extremen werden durch exemplarische Tätigkeiten markiert, die von links nach rechts eine zunehmende Mitwirkung der Benutzer widerspiegeln. Bei dieser Darstellung wird davon ausgegangen, daß bei einer Ausprägung von irgendeinem Punkt auf dem Spektrum alle Tätigkeiten links von dem Punkt vom Benutzer (zumindest mit starker Mitwirkung) wahrgenommen werden, während Tätigkeiten rechts zentralisiert werden.

Die Abbildung "Dezentralisierungsspektrum der Aktivitäten der IS-Funktion" zeigt einen Ausschnitt aus der bei Buchanan und Linowes vorgeschlagenen Darstellungs- und Bewertungsform.

Datenbankadministration

Zurverfügungstellen von Unterlagen	Spezifikation der Anforderungen	logischer Datenbankentwurf	physischer Datenbankentwurf	Datenzugriff organisieren und überwachen	Management aller Datenbasen

Anwendungsprogrammierung

Übernahme eines laufenden Systems	Bedürfnisse formulieren	Teilnahme am Entwicklungsteam	Entwicklung überwachen	Auswahl und Entwicklung von Werkzeugen und Ressourcen

Abb. 3.10. Dezentralisierungsspektrum der Aktivitäten der IS-Funktion (nach Buchanan/Linowes[1])

---

[1] Vgl. Buchanan J.R., Linowes R. G.: Understanding distributed dataprocessing; in: Harvard Business Review; July-August; 1980; S. 148f

Die Positionierung auf verschiedenen Spektren für alle Aktivitäten der IS-Funktion bildet die Grundlage für die nachfolgenden Darstellungsformen, die dem Management bei der Distribuierungsentscheidung Hilfestellung geben sollen.

3.3.2. Die Darstellung der Ergebnisse

Die Ergebnisdarstellung erfolgt zunächst, indem die Aktivitäten nach dem Ausmaß der Dezentralisierung gereiht werden. Dadurch soll eine generelle Aussage über die Distribuierung der IS-Funktion ermöglicht werden. Für weitergehende Analysen scheint dieses Instrument jedoch nicht geeignet.

Eine weitere Darstellungsform stellt einen Bezug zum Systemlebenszyklus her[1]. Der Lebenszyklus wird durch die Phasen Planung, Entwurf, Programmierung, Einführung und Betrieb/Wartung beschrieben, wobei jede Phase wiederum durch ein oder mehrere "Meilensteindokument(e)" charakterisiert wird. Durch Interpretation der im ersten Schritt erhobenen Informationen wird die Rolle der Organisationsteilnehmer (Rechenzentrum: Management, Programmierung, Produktion; Benutzer: Management, Systemanalyse) im Zusammenhang mit den Meilensteindokumenten definiert. Hierbei wird zwischen Erstellung, Kommentar, Abnahme und Einverständnis (ohne Einflußnahme) unterschieden. Diese Darstellungsform liefert genaue Aussagen über die Rolle der Beteiligten im Rahmen eines Informatikprojektes, leider läßt sich aus den Ausführungen von Buchanan/Linowes keine klare Aussage über das Vorgehen bei der Erstellung ableiten.

Die letzte Darstellungsform soll das wünschenswerte Ausmaß der Benutzerbeteiligung an Ausführungs- und Leitungsfunktionen darstellen. Diese grafische Darstellung ist in der Abbildung "Lageplan der Aufgabenfelder" wiedergegeben.

Die Grafik wird erstellt, indem man in den äußeren Quadraten die Ergebnisse der Erhebung für alle Aktivitäten aufträgt. Dies geschieht getrennt für Ausführungsfunktionen - Betrieb, Leitungsfunktionen - Betrieb, Ausführungsfunktionen - Entwicklung und Leitungsfunktionen - Entwicklung. Verlängert man die extremsten Ausprägungen für

---

[1]   Vgl. Buchanan J.R., Linowes R. G.: Making distributed dataprocessing work; in: Harvard Business Review; July-August; 1980; S. 150f

jede Aktivitätengruppe in das innere Quadrat, so erhält man für Entwicklung und Betrieb ein kleineres Rechteck, das für die Interpretation herangezogen wird.

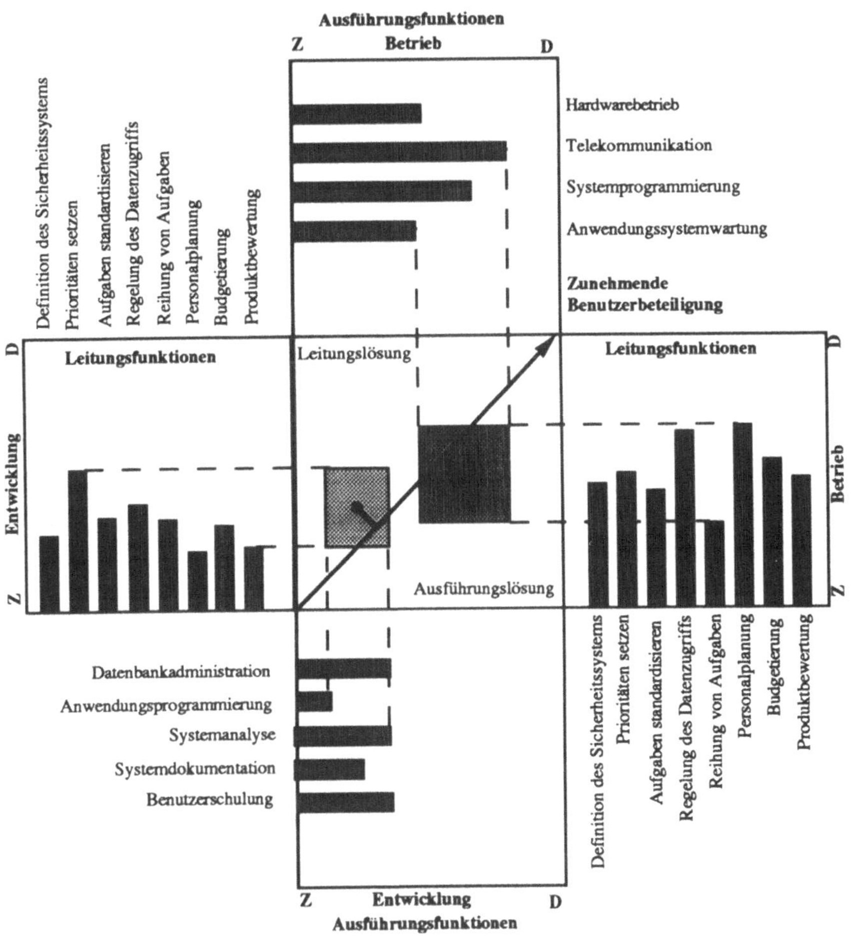

Abb. 3.11. Lageplan der Aufgabenfelder (nach Buchanan/Linowes[1])

1   Entnommen aus: Kretzschmar M., Mertens P.: Verfahren zur Vorbereitung von Zentralisierungs-/ Dezentralisierungsentscheidungen in der betrieblichen Datenverarbeitung; in: Informatik Spektrum 5 (1982); S. 244
Buchanan J.R., Linowes R. G.: Making distributed dataprocessing work; in: Harvard Business Review; July-August; 1980; S. 155

Die Interpretation erfolgt, nachdem aus dem Mittelpunkt der Rechtecke eine Lotgerade auf die Diagonale gefällt wurde. Je weiter der Schnittpunkt Lotgerade - Diagonale von links unten nach rechts oben wandert, desto höher sollte der Grad der Benutzerbeteiligung sein, wobei es zunächst unerheblich ist, auf welcher Seite der Diagonale der Mittelpunkt des Rechtecks liegt.

Die Lage des Rechtecks in Bezug auf die Diagonale ermöglicht eine Aussage darüber, ob die Benutzer eher an den Leitungs- oder eher an den Ausführungsfunktionen beteiligt werden sollen. Eine Lage oberhalb der Diagonale, wie dies in der Abbildung "Lageplan der Aufgabenfelder" für die Entwicklung der Fall ist, bedeutet demnach eine Benutzerbeteiligung an den Leitungsfunktionen ("Leitungslösung"). Für den Betrieb ist nach dieser Darstellung eine Ausführungslösung anzustreben.

Die Interpretation des "Lageplans der Aufgabenfelder" gibt dem Management eine Reihe von Anhaltspunkten über die anzustrebende Organisation der Informationsverarbeitung, ohne eine direkte Aussage über die notwendige Allokation von Ressourcen zu machen. Vielmehr wird ein Rahmen präsentiert, in den organisatorische Alternativen eingeordnet und bewertet werden können.

3.3.3. Kritik des Modells

Die Ergebnisse einer vergleichenden Fallstudie[1] gestehen dem Modell einfache Anwendbarkeit zu und bestätigen dessen Eignung zur Evaluation von Alternativen im organisatorischen Bereich. Zu den Vorzügen des Modells zählt auch der Versuch das gesamte Feld der Aktivitäten der IS-Funktion miteinzubeziehen. Zu den Kritikpunkten gehören[2]:

- Durch die sehr abstrakte Größe des "Benutzermitwirkungsgrades" ergeben sich starke Unschärfen, insbesondere was die eigentliche Frage der Distribuierung von DV-Ressourcen betrifft.

- Bei der Einschätzung der Einzelaktivitäten spielen subjektive Kriterien eine große Rolle. Objektive Einflußgrößen - wie z.B. Personalfluktuation -, die nicht direkt

---

[1] Kretzschmar M., Mertens P.: Verfahren zur Vorbereitung von Zentralisierungs-/Dezentralisierungsentscheidungen in der betrieblichen Datenverarbeitung; in: Informatik Spektrum 5 (1982); S. 237 - 251

[2] Vgl. Kretzschmar M., Mertens P.: Verfahren zur Vorbereitung ...; a.a.O.

mit der IS-Funktion in Verbindung stehen, finden keine Berücksichtigung. Trotzdem wird durch die Einzelbewertungen das Ergebnis bereits determiniert.

- Bei der Bewertung der Einzelaktivitäten findet keine scharfe Abgrenzung zwischen Istzustand und Sollzustand statt.

- Es erfolgt keine Definition des Distribuierungskontinuums, somit ist keine Aussage über die Allokation von Ressourcen möglich, das Modell beschränkt sich ausschließlich auf den organisatorischen Aspekt.

Durch die direkte Erhebung der angestrebten Dezentralisierung der Einzelaktivitäten, die dann mittels grafischer Darstellung komprimiert wird, bildet das Modell eine wertvolle Diskussionsgrundlage im Entscheidungsprozeß der organisatorischen Gestaltung. Für die Entscheidung inwieweit die Aktivitäten dezentralisiert werden sollen, um eine optimale IKS-Unterstützung zu ermöglichen, bietet das Modell jedoch keine Hilfestellung an.

3.4. Das Modell von Slonim et al.

3.4.1. Beschreibung des Modells

Im Gegensatz zu den zwei bereits vorgestellten Modellen spielt die Organisation der Informationsverarbeitung bei Slonim et al.[1] eine untergeordnete Rolle. Die Objekte, deren Distribuierung das Modell unterstützen soll sind Daten, Hardware und Software, wobei auf den Aspekt der Homogenität und der Kompatibilität besonderes Augenmerk gelegt wird. Das Verfahren selbst beruht auf der Methode der Nutzwertanalyse.

Das Modell gibt elf Grundkonfigurationen vor, die sich in ihrem Dezentralisierungsgrad bezüglich der einzelnen Objekte und der vorhandenen Kompatibilität unterscheiden. Die erste Grundkonfiguration besteht in einem zentralen System, indem alle Objekte zentralisiert sind. Alle anderen Grundkonfigurationen haben dezentralen Charakter. Die

---

[1] Slonim J., Schmidt D., Fisher P.: Consideration for determining the degrees of centralisation or decentralisation in the computing environment; in: Information and Mangement; 2/1979; S. 15 - 29

Unterschiede zwischen diesen Konfigurationen ist in der Abbildung "Dezentrale Grundkonfigurationen" dargestellt.

Für Daten wird unterschieden, ob sie segmentiert oder redundant auf den dezentralen Systemen verwaltet werden. Segmentierte, verteilte Datenbanken bedingen, daß das DBMS auf allen Knoten in der Lage sein muß ein "Two Phase Commit" durchzuführen, weil sonst die Konsistenz des Datenbestandes im Fehlerfall während einer Transaktion nicht gewährleistet ist. Diese Forderung ist speziell mit heterogener Software nur schwer zu erfüllen. Redundante Datenbanken setzen ausgereifte organisatorische Konzepte voraus, um die Konsistenz zu gewährleisten.

Konfiguration	Daten		Hardware		Software		
	segmen-tiert	redun-dant	homogen	hetero-gen	homogen	hetero-gen	Daten kompa-tibel
2	x		-	-	-	-	-
3	x		-	-		x	-
4	x			x	-	-	-
5	x			x	x		x
6	x			x		x	x
7		x	-	-	-	-	-
8		x	-	-		x	-
9		x		x	-	-	-
10		x		x	-	-	x
11		x		x		x	x

x .. Kriterium trifft zu
- .. keine Aussage getroffen

Abb. 3.12. Dezentrale Grundkonfigurationen (nach Kretzschmar/Mertens[1])

---

[1] Kretzschmar M., Mertens P.: Verfahren zur Vorbereitung von Zentralisierungs-/Dezentralisierungsentscheidungen in der betrieblichen Datenverarbeitung; in: Informatik Spektrum 5 (1982); S. 241

Bei Hard- und Software wird zwischen einer homogenen und einer heterogenen Konfiguration unterschieden, wobei nicht in allen Grundkonfigurationen eine Aussage über Hard- und Software getroffen wird, zwei der Konfigurationen (2,7) unterscheiden nur die Alternativen bezüglich der Datenverwaltung. Die übrigen Grundkonfigurationen sind ebenfalls nicht derart gewählt, daß in allen Fällen eine direkt vergleichbare Alternative zur Verfügung steht. So unterscheiden sich die Konfigurationen 5 und 6 durch die Homogenität der Software bei segmentierter Datenverwaltung, bei redundanter Datenverwaltung ist in den vergleichbaren Konfigurationen (10,11) in einem Fall keine Aussage über die Softwarekonfiguration getroffen. Diese Auswahl der Grundkonfigurationen läßt erkennen, daß nicht für alle Konfigurationsalternativen eine Aussage zu erwarten ist.

Als zweite Komponente des Entscheidungsmodells stellen Slonim et al.[1] Tabellen zur Verfügung, die alle Grundkonfigurationen nach Kriterien im Sinne einer Nutzwertanalyse bewerten. Die Kriterien gliedern sich dabei in folgende Gruppen:

Operationale Faktoren: Darunter fallen Faktoren, die mit Sicherheitsanforderungen, Systemmanagement, erwartetes Wachstum, Flexibilität usw. in Verbindung stehen.

System-Leistung: Diese Faktoren beziehen sich auf die Konfiguration der Hardware, insbesondere jene Größen die Einfluß auf den Durchsatz des Systems haben.

Update-Anforderungen: Diese Faktoren beziehen sich auf die Anforderungen, die sich aus der Problematik dezentraler Datenbestände ergeben. Die Faktoren, die in den entsprechenden Tabellen angeführt werden, berühren zwar die "Deadlock" Problematik, die Frage des Two Phase Commit wird jedoch nicht berücksichtigt.

Geforderte Datenzugriffsmöglichkeiten: Diese Faktoren berücksichtigen die unterschiedlichen Formen der Abfrage, die auftreten können. Die Unterschiede bestehen in der unterschiedlichen Standardisierung der Abfragen (freie Abfragen versus vordefinierte Auswertungen) und in der unterschiedlichen Anzahl der betroffenen - dezentralen - Datenbestände (lokale versus globale Abfragen).

Wirtschaftlichkeit: Die Wirtschaftlichkeitsbetrachtung bezieht sich in erster Linie auf die Kostenseite. Nutzen fließt lediglich über eine mögliche Verbesserung der Ressourcenauslastung in das Modell ein.

---

[1] Slonim J., Schmidt D., Fisher P.: Consideration for determining ...; a.a.O.

Größe des Datenbestandes: Durch diese Faktoren soll die Abhängigkeit der vorteilhaftesten Konfiguration von der Größe des Datenbestandes abgebildet werden.

Benutzerstruktur: Diese Faktorengruppe spiegelt die Abhängigkeit von der Anzahl und der geografischen Verteilung der Benutzer des Systems wieder.

Die Abbildung "Nutzwerte der Grundkonfigurationen" gibt einen Ausschnitt aus der Faktorentabelle wieder. Eine vollständige Darstellung der Faktoren findet sich bei Slonim et al.[1], wegen des Umfangs der Tabelle wird hier auf eine Gesamtdarstellung verzichtet.

Faktor	Gewicht	1	2	3	4	5	6	7	8	9	10	11
Batch-Abfragen		5	3	2	2	0	0	3	2	2	0	0
Online-Abfragen		3	5	2	2	0	0	5	4	4	0	0
Verknüpfung lokaler Datenbestände		3	4	2	2	0	0	5	4	4	0	0
Verknüpfung verteilter Datenbestände		1	4	2	2	1	1	5	4	4	1	1
Eingeschränkte Abfragen		5	3	1	1	1	1	2	2	2	2	2
Uneingeschränkte Abfragen		5	4	3	3	2	2	5	3	3	2	2
usw.						...						

Abb. 3.13. Nutzwerte der Grundkonfigurationen (nach Slonim et al.)[2]

Jeder der Faktoren wird bei der Anwendung der Tabelle mit einem Gewicht versehen. Der Anwender sucht aus den Faktorentabellen, die für seine konkrete Anwendung zutreffenden Faktoren aus und kann somit durch Addition der gewichteten Nutzwerte eine Aussage über die Vorteilhaftigkeit der einzelnen Grundkonfigurationen machen.

---

[1] Slonim J., Schmidt D., Fisher P.: Consideration for determining ...; a.a.O.

[2] Slonim J., Schmidt D., Fisher P.: Consideration for determining ...; a.a.O.

3.4.2. Ergebnisse und Kritik des Modells

Kretzschmar/Mertens[1] fanden die Ergebnisse ihrer Studie in einem deutschen Konzern durch die Anwendung des Modells von Slonim et al. bestätigt. Trotzdem führen Sie einige schwerwiegende Kritikpunkte an, die es nicht sinnvoll erscheinen lassen, das Modell in der vorliegenden Form als alleinige Unterstützung der Distribuierungsentscheidung einzusetzen. Folgende Kritikpunkte wurden angeführt[2]:

- Die Vorgaben von nur elf Grundkonfigurationen führt dazu, daß das Modell nur sehr grobe Aussagen über die anzustrebende Dezentralisierung ermöglicht.

- Die Grundkonfigurationen unterscheiden sich lediglich im Grad der Datenverteilung und des Homogenitätsgrades von Hard- und Software. Diese Unterscheidung ist zu abstrakt, als daß die Ergebnisse Schlußfolgerungen auf eine konkrete Hardwarekonfiguration zuließen. Somit eignet sich das Modell zwar zur Verifizierung vorgeschlagener Alternativen, bietet aber keine Unterstützung bei der Generierung alternativer Konfigurationen.

- Das Modell erlaubt keine Aufteilung des Entscheidungsfeldes in kleinere Einheiten und berücksichtigt den gegenwärtigen organisatorischen Zustand nicht, so daß die Anpassungsfähigkeit an die Gegebenheiten des betrachteten Unternehmens mangelhaft ist.

- Die starke Hardwareorientierung läßt keine Schlüsse auf die anzustrebende Distribuierung der Systementwicklungs- und Managementaktivitäten zu.

Zusätzlich muß als Kritikpunkt angeführt werden, daß die umfangreichen Nutzwerttabellen zwar einfach in ihrer Anwendung sind, die enthaltenen Wertungen sich jedoch jeder Kritik entziehen, weil über ihren Ursprung keine Aussage getroffen wurde. Um diesen Punkt bei der Anwendung des Systems zu berücksichtigen, muß der Anwender den Grundkonfigurationen konkrete Alternativen zugrundelegen und die Tabellen nach seinen objektiven (?) Eindrücken modifizieren. Durch dieses Vorgehen wird die Verantwortung auf den Anwender abgewälzt, was die Qualität des Modells mindert.

---

1 Kretzschmar M., Mertens P.: Verfahren zur Vorbereitung von Zentralisierungs-/Dezentralisierungsentscheidungen in der betrieblichen Datenverarbeitung; in: Informatik Spektrum 5 (1982); S. 250

2 Vgl. Kretzschmar M., Mertens P.: Verfahren zur Vorbereitung ...; a.a.O.

3.5. Zusammenfassung

In diesem Kapitel wurden drei Entscheidungsmodelle zur Bestimmung des optimalen Distribuierungsgrades von IKS vorgestellt. Die Ergebnisse der drei Modelle sind unterschiedlich, während die einen ihren Schwerpunkt auf den organisatorischen Aspekt legen, steht bei anderen die Konfiguration von Hard- und Software im Vordergrund. Für jedes Modell wurde versucht Stärken und Schwächen herauszuarbeiten, sodaß ein Vergleich möglich wurde.

Um die relative Unstrukturiertheit des Entscheidungsobjektes zu mindern, wurde eingangs versucht das Entscheidungsobjekt in klar definierte Entscheidungsfelder zu gliedern. Diese Gliederung wurde einerseits zur Beschreibung der Entscheidungsmodelle herangezogen, andererseits wird die Bildung von Entscheidungsfeldern ein zentraler Punkt des Werkzeugs zur Distribuierung von IKS sein.

Dieses Werkzeug wird nun in den folgenden Kapiteln vorgestellt.

4. CADIS Grundlagen und Realisierung

CADIS steht für Computer Aided Distribution of Information Systems und ist der Name des Softwareprototyps, der Distribuierungsentscheidungen auf der Grundlage der bisherigen Aussagen unterstützen soll. In diesem Kapitel werden Überlegungen dokumentiert, die dem Entwurf von CADIS zugrunde liegen, und der Aufbau und die Implementierung von CADIS dokumentiert.

4.1. Grundlagen von CADIS

Bei der Konzeption von CADIS steht der Gedanke im Mittelpunkt, ein System zu entwickeln, das entwicklungsfähig ist und den Charakter eines Werkzeugs aufweist. Diese beiden Ziele beinhalten beispielsweise die Möglichkeit das Entscheidungsverhalten oder die Erhebungsmethoden[1] von CADIS zu verändern, ohne das Werkzeug selbst manipulieren zu müssen. Um diese Ziele zu erreichen, ist es notwendig verschiedene Softwaretechnologien miteinander zu verknüpfen. Vor der Analyse der Entwicklungsumgebung und des Aufbaus von CADIS, werden hier noch einige theoretische Grundlagen diskutiert.

4.1.1. CADIS im Vergleich zu anderen Entscheidungsmodellen

Drei Entscheidungsmodelle zur Distribuierung von IKS, die als Grundlage für die Entwicklung von CADIS in Frage kommen, wurden bereits vorgestellt. Das Modell von Slonim et al.[2] wurde dabei wegen der schwerwiegenden Kritikpunkte[3] ausgeschieden. Das Modell von Buchanan / Linowes[4] beruht auf der direkten Bewertung des

---

[1] Unter Erhebungsmethoden werden alle Verfahren verstanden, die der Bestimmung von Merkmalsausprägungen bzw. der Gewinnung von Informationen dienen, welche im Entscheidungsprozeß benötigt werden.

[2] Slonim J., Schmidt D., Fisher P.: Consideration for determining ...; a.a.O.

[3] Vgl. Kapitel 3.4.2.; S. 135

[4] Buchanan J. R., Linowes R. G.: Making distributed dataprocessing work; in: Harvard Business Review; July-August; 1980

gewünschten Dezentralisierungsgrades für einzelne Entscheidungsfelder und liefert als Ergebnis eine Bandbreite entsprechender, organisatorischer Lösungen. Das Modell ist nicht in der Lage konkrete Konfigurationen zu generieren und zu bewerten. Als Grundlage für CADIS wurde wegen der am weitesten entwickelten Strukturierung des Entscheidungsobjektes das Modell von Rockart et al.[1] herangezogen.

Durch Modifikationen am Modell wurde versucht, die angeführten Kritikpunkte[2] zu berücksichtigen. Diese Modifikationen betreffen im einzelnen folgende Punkte:

- Durch eine feinere Gliederung der Entscheidungsfelder und die Möglichkeit einer variablen Ressourcenzuordnung können technologische Entwicklungen oder Veränderungen in der Qualifikationsstruktur am Arbeitsmarkt bzw. in den Anforderungsprofilen berücksichtigt werden.

- Durch die Zuordnung von Kostenattributen können Alternativen zumindest anhand der Kostendimension verglichen werden.

- Die Interdependenzen der organisatorischen Teilsysteme werden teilweise durch die Einführung einer räumlichen Dimension abgebildet. Organisatorische Interdependenzen müssen über die Möglichkeiten, die sich aus dem Werkzeugcharakter von CADIS ergeben implementiert werden.

- Die Differenzierung der Wirkung der Faktoren wird durch eine konsequentere Anwendung der Nutzwertanalyse erreicht. Die Nutzwertanalyse, wie sie hier angewandt wird, wird in einem eigenen Punkt diskutiert.

- Die Überprüfbarkeit der Faktoren bleibt ein offenes Problem, dem durch folgende zwei Ansätze begegnet wird: Dem Experten steht es frei, Bewertungen, die CADIS in der Analysephase vornimmt, zu verändern, und somit die Wirkungen der angewandten Faktoren zu beeinflussen. Außerdem wird durch ein differenziertes Verfahren der Faktorenauswahl die Möglichkeit geschaffen, Wirkungen auf Entscheidungsfelder in Abhängigkeit vom Charakter des Anwendungssystems zu unterscheiden.

Zusammenfassend kann die Methode, die CADIS zugrunde liegt, charakterisiert werden als eine Weiterentwicklung des Entscheidungsmodells von Rockart et al., wobei versucht wurde der Kritik durch Modifikationen des Modells gerecht zu werden. Zudem ist durch den Aufbau von CADIS gewährleistet, daß andere, über die Methode

---

[1]   Rockart J.F., Bullen C. V., Leventer J.S.: Centralisation vs Decentralisation ...; a.a.O.

[2]   Vgl. Kapitel 3.2.3.; S. 123

der Nutzwertanalyse hinausgehende Methoden in den Entscheidungsprozeß eingebunden werden können.

4.1.2. Positionierung von CADIS im Prozeß der Systemplanung

Die Zielsetzung von CADIS ist es, auf der Grundlage eines gegebenen Strategie/ Maßnahmenpaketes (als Ergebnis der strategischen Unternehmensplanung) und von vorgegebenen Anwendungssystemen, die Entscheidung über die Zuordnung[1] von Aufgaben und Ressourcen (Entscheidungsfeldern) zu Organisationseinheiten zu unterstützen. Die strategische Unternehmensplanung und die Anwendungssysteme bilden dabei eine wesentliche Rahmenbedingung und beeinflussen die Distribuierungsentscheidung. Die Entscheidung, die von CADIS unterstützt wird, ist jedoch Teil der Systemplanung, wobei unter "System" hier ein IKS verstanden werden muß.

Für das Vorgehen bei der Systemplanung wird allgemein ein Phasenkonzept vorgeschlagen[2]. Verschiedene Varianten unterscheiden sich dabei in Anzahl und Detaillierungsgrad der einzelnen Stufen. Ausgehend von einem sehr groben Schema, das den Systemplanungsprozeß in vier Stufen gliedert, kann man den Bereich, in dem CADIS eingesetzt wird identifizieren (vgl. Abbildung: Positionierung von CADIS im Prozeß der Systemplanung).

Auf die Auswahl eines detaillierteren Phasenkonzeptes wurde bewußt verzichtet, weil CADIS unabhängig von der Planungsmethode aufgrund von Informationen und Bewertungen die Distribuierungsentscheidung unterstützt. Abhängig davon, ob den Informationen, die mit CADIS verarbeitet werden, der IST- oder der SOLL-Zustand der Organisation zugrunde liegt, kann das mit CADIS geplante IKS als Unterstützung einer bestehenden Organisation oder als Werkzeug einer Reorganisation eingesetzt werden.

---

[1] Diese Zuordnung kann synonym mit dem Begriff der Distribuierung interpretiert werden.

[2] Vgl. Heinrich L.J., Burgholzer P.: Systemplanung Bd.1; 3. Aufl; München Wien Oldenbourg; 1987; S. 63f
   Zangemeister Ch.: "Systemtechnik"; in: Grochla E. (Hrsg.), Handwörterbuch der Organisation, 2. Aufl., Stuttgart 1980; Sp. 2190ff
   Hansen H. R.: "Systemanalyse"; in: Grochla E. (Hrsg.), Handwörterbuch der Organisation, 2. Aufl., Stuttgart 1980; Sp. 2178ff

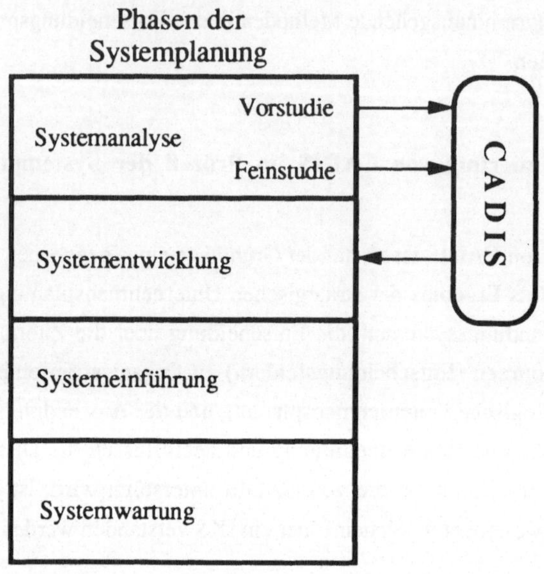

Abb. 4.1. Positionierung von CADIS im Prozeß der Systemplanung

Außerhalb des Systemplanungsprozesses kann CADIS im Sinne eines "reverse engineering" auch zur Analyse bestehender Konfigurationen und/oder Organisationen herangezogen werden.

4.1.3. Entscheidungstheoretische Grundlagen

In der Entscheidungstheorie werden drei Type von Entscheidungen unterschieden: Entscheidungen unter Sicherheit, unter Risiko und unter Unsicherheit. Diese Unterscheidung beruht auf den dem Entscheidungsträger zur Verfügung stehenden Informationen über den Eintritt bestimmter Umweltbedingungen[1]. Bei Entscheidungen unter Sicherheit liegen alle Informationen vor. Bei Entscheidungen unter Risiko können verschiedene Umweltsituationen eintreten und der Entscheidungsträger hat Informationen über die Wahrscheinlichkeiten, mit denen eine bestimmte Situation eintritt. Bei Entscheidungen unter Unsicherheit liegen diese Wahrscheinlichkeiten nicht vor.

---

[1]   Vgl. Kirsch W.: Die Handhabung von Entscheidungsproblemen; München 1988; S. 4

Eine weitere Unterscheidung liegt in der Trennung von "routinemäßigen" und "echten" Entscheidungen[1]. "Problemlösungsverhalten und somit "echtes" Entscheiden ist erst dann erforderlich, wenn der Entscheidungsträger einer neuen Situation begegnet, für die er keine "passende" Reaktion besitzt"[2].

Distribuierungsentscheidungen sind demnach echte Entscheidungen unter Unsicherheit. Der Entscheidungsträger kann kaum auf analoge Entscheidungen zurückgreifen und muß die Varietät des Unternehmens und seiner Umwelt berücksichtigen.

Diese Einordnung und die Überlegungen Kirsch´s[3] zur Anwendbarkeit rationaler Entscheidungsprozesse lassen es wenig sinnvoll erscheinen, Distribuierungsentscheidungen nach streng rationalen Gesichtspunkten zu konzipieren.

Dennoch ist wegen der zu fordernden Nachvollziehbarkeit eine rationale Basis zu schaffen, die einerseits die Reproduktion von Ergebnissen garantiert und andererseits flexibel genug ist, um nicht quantifizierbare Entscheidungsregeln zu ermöglichen.

Die rationale, nachvollziehbare Basis wird in CADIS durch die Methode der Nutzwertanalyse dargestellt. Der nicht rationale Charakter der Entscheidungen wird durch die Möglichkeit abgebildet, mittels Regeln das Entscheidungsverhalten direkt zu beeinflussen.

Da die Schritte der Nutzwertanalyse in diesem Fall nicht direkt umsetzbar sind, wird die Methode kurz charakterisiert, bevor auf die Anpassungen eingegangen wird, mit denen diese Methode in CADIS eingesetzt wird. Die Nutzwertanalyse bietet eine Unterstützung aus einer gegebenen Anzahl von Alternativen die optimale Handlungsalternative auszuwählen. Dieses Auswahlverfahren vollzieht sich in folgenden Schritten:[4]

- Ermittlung der zu untersuchenden Alternativen

- Festlegen des Zielsystems

- Ermitteln der Zielerträge

---

1   Vgl. Heinen E.: Das Zielsystem der Unternehmung; Wiesbaden 1966
    Kirsch W.: Die Handhabung ...; a.a.O.

2   Kirsch W.: Die Handhabung ...; a.a.O.; S. 8

3   Vgl. Kirsch W.: Die Handhabung ...; a.a.O; S. 6

4   Vgl.Heinrich L.J., Burgholzer P.: Systemplanung Bd.1; 3. Aufl; München Wien Oldenbourg; 1987; S. 156ff

- Skalieren der Zielerträge

- Gewichten der Zielkriterien

- Durchführen der Wertsynthese

- Ordnen der Alternativen

Im Unterschied zur klassischen Nutzwertanalyse werden nicht alle Schritte vom Anwender durchgeführt. Ein Teil der Schritte ist durch die Anwendung von CADIS bereits definiert, ein anderer Teil repräsentiert Expertenwissen, das vom Anwender nicht manipuliert werden soll. Konkret stellen sich die einzelnen Schritte wie folgt dar:

Im Sinne der Nutzwertanalyse bewertet CADIS die Alternativen einer zentralen oder einer dezentralen Entscheidung für ein bestimmtes Entscheidungsfeld. Z.B. kann für ein CAD-System untersucht werden, ob Ausgabegeräte (Plotter) zentral (Rechnerraum) oder dezentral (Abteilungen) aufgestellt werden sollen. Da CADIS nur zwei Alternativen unterscheidet, nämlich zentral und dezentral, muß bei einem Distribuierungskontinuum mit mehreren Ebenen der Entscheidungsprozeß für jede Ebene wiederholt werden.

Das Zielsystem wird durch die Liste von Faktoren repräsentiert, die einen Einfluß auf die Distribuierungsentscheidung eines bestimmten Entscheidungsfeldes haben. Hierbei muß festgehalten werden, daß ein Faktor auf verschiedene Entscheidungsfelder verschiedene Wirkungen hat. Die Auswahl der relevanten Faktoren erfolgt über eine Zuordnung des Anwendungssystems zu Anwendungsklassen[1], die der Anwender vornimmt.

Die skalierten Zielerträge entsprechen den Wirkungen der Faktoren, wobei ein Zielertrag aussagt, inwieweit eine zentrale bzw. dezentrale Lösung Nutzen bringt, wenn der fragliche Faktor zutrifft. Die Bestimmung der Zielerträge (der Wirkung) ist dabei einem Experten vorenthalten[2]. Ein Zielertrag wird für einen bestimmten Faktor, für ein bestimmtes Entscheidungsfeld in einer bestimmten Anwendungsklasse festgelegt.

Die Skalierung der Zielerträge ist im Modell von Rockart et al. nominal. Es wird lediglich unterschieden, ob ein Faktor eine starke/schwache de/zentralisierende Wirkung hat.

---

[1] Der Begriff der Anwendungsklassen wird im Kapitel 5. näher erläutert.

[2] Dieser Experte muß für die Überprüfbarkeit der Wirkung eines bestimmten Faktors auf ein Entscheidungsfeld Sorge tragen.

Für eine detaillierte Analyse wurde dies als unzureichend befunden[1], deshalb wird in CADIS eine kardinale Skalierung gewählt[2].

Entsprechend der Interpretation der Faktoren als Zielkriterien erfolgt die Gewichtung der Faktoren durch den Anwender. Dadurch bestimmt der Anwender den Grad, zu dem ein bestimmter Faktor für ein Anwendungssystem zutrifft. Durch diese Bewertung wird die Wirkung des Faktors auf ein Entscheidungsfeld bestimmt.

Für die Wertsynthese stehen bei kardinalen Skalen verschiedene Methoden zur Auswahl. Neben der Additionsregel (es wird von einer intervallfixierten Zielwertskala ausgegangen, dh. ein Nutzwert von 10 aufgrund eines Faktors ist äquivalent zu interpretieren, wie zwei Faktoren mit einem Nutzwert von 5) können auch spieltheoretisch begründete Entscheidungsregeln angesetzt werden.[3] Wegen der einfacheren Nachvollziehbarkeit der Ergebnisse wird in CADIS zunächst die Additionsregel eingesetzt werden. Spieltheoretische Ansätze können zu einem späteren Zeitpunkt über die Methodenbank[4] implementiert werden.

Die Reihung der Alternativen wird von CADIS vorgeschlagen, indem ein Entscheidungsfeld einer Organisationseinheit zugeordnet wird. Der Anwender hat allerdings jederzeit die Möglichkeit sich über diesen Vorschlag hinwegzusetzen.

Die geforderte Flexibilität für die Berücksichtigung nicht quantifizierbarer Entscheidungskriterien wird dadurch realisiert, daß Strukturen vorgesehen sind, die es ermöglichen, spezifische Erhebungsmethoden zu definieren, die auch den Entscheidungsablauf in CADIS beeinflussen. Diese Strukturen sollen nun näher erläutert werden.

---

[1] Vgl. Heinrich L. J., Roithmayr F.: Die Bestimmung des optimale Distribuierungsgrades von Informationssystemen - Entscheidungsmodell und Fallstudie; in: Handbuch der modernen Datenverarbeitung (HMD); Forkel Verlag; Heft 121; Januar 1985; S. 39

[2] Eine ordinale Skala bei zwei Alternativen beinhaltet weniger Informationen, als eine nominale Skala mit vier Alternativen, wie sie von Rockart verwendet wurde.

[3] Vgl. Zangemeister Ch: Nutzwertanalyse in der Systemtechnik; 4. Aufl.; Wittemannsche Buchhandlung; München 1976; S. 272 und 284

[4] Die Methodenbank wird im Zusammenhang mit dem logischen Aufbau von CADIS genauer beschrieben.

4.2. Die logische Struktur von CADIS

4.2.1. Benutzerebenen

Die Möglichkeiten die einem Benutzer von CADIS zur Verfügung stehen, sind davon abhängig, welchen Grad an Expertise[1] dem Benutzer zugebilligt wird. In CADIS sind vier Berechtigungsebenen vorgesehen, die wie folgt charakterisiert werden können:

Der **Entwickler** (Ebene 4) hat Zugriff auf das gesamte System. Er kann auch Abläufe und die Struktur der Datenbasis verändern.

Der **Experte** (Ebene 3) kann Faktoren und die Methodenbank modifizieren. Dadurch hat er auch die Möglichkeit den Entscheidungsprozeß zu beeinflussen, weil er mittels der Methodenbank Entscheidungen forcieren kann, die nicht auf der Nutzwertanalyse beruhen.

Der **Fachmann** (Ebene 2) kann die Wirkung und Gewichtungen von Faktoren für eine bestimmte Analyse verändern, was keine nachhaltige Veränderung im Entscheidungsverhalten von CADIS mit sich bringt. Außerdem kann er Entscheidungen von CADIS manuell rückgängig machen oder anders entscheiden.

Der **Planer** (Ebene 1) kann nur im Rahmen der Benutzerführung Informationen erfassen und Gewichtungen abgeben, um eine Analyse zu erstellen. Zusätzlich können bestimmte Sensitivitätsparameter verändert werden.

Jeder Benutzer auf einer höheren Ebene verfügt über alle Rechte der unteren Ebenen. Durch dieses System soll gewährleistet werden, daß die Flexibilität zur Verfügung steht, ohne zu einer übertriebenen Komplexität für einen "gelegentlichen" Benutzer zu führen.

Diese Einteilung der Benutzerberechtigungen schlägt sich letztlich darin nieder, zu welchen Systemkomponenten der Benutzer Zugang hat. Ein weitergehendes Sicherungskonzept ist nicht vorgesehen, weil davon ausgegangen werden kann, daß solche Funktionen auf Betriebssystemebene abgedeckt werden können, soweit sie in konkreten Installationen notwendig sind.

---

[1] Unter Expertise werden die Kenntnisse des Benutzers im Bereich der Systemplanung, der Anwendung von CADIS, der CADIS Entwicklungsumgebung und der internen Struktur von CADIS verstanden.

4.2.2. Der Aufbau von Expertensystemen

Aus der Forderung nach Flexibilität des Entscheidungsmodells und der Zugrunde-
legung der relativ starren Methode der Nutzwertanalyse muß eine Systemstruktur geschaffen werden, die beiden Anforderungen gerecht werden kann. Der Aufbau von
CADIS wird hier aus diesem Grund mit der Struktur eines Expertensystems verglichen.

Ein Expertensystem besteht aus einer Wissensbasis, einer Wissensakquisitionskomponente, einer Problemlösungskomponente, einer Erklärungskomponente und einer
Dialogkomponente[1].

Die Wissensbasis enthält das Fachwissen des Experten über das Anwendungsgebiet[2].
Für die Darstellung des Wissens bestehen verschiedene Möglichkeiten, auf die später
eingegangen wird. Die Wissensakquisitionskomponente dient dazu das Expertenwissen
in die Form der internen Wissensrepräsentation zu überführen. Problemlösungskomponente und Erklärungskomponente verarbeiten das gespeicherte Wissen
bzw. sind in der Lage die Verarbeitung zu dokumentieren, sodaß der Benutzer, der
über die Dialogkomponente das Wissen abfrägt, die Schlüsse des Expertensystems
nachvollziehen kann. Der Zusammenhang zwischen diesen Komponenten wird in der
Abbildung "Aufbau eines Expertensystems" grafisch dargestellt.

Häufige Kritik an Expertensystemen bezieht sich auf die Tatsache, daß in vielen Fällen
nicht alle Komponenten in ausreichender Form implementiert wurden[3]. Waterman[4]
unterscheidet aus diesem Grund zwischen KI-Programmen, die "intelligentes Verhalten" durch geschickten Einsatz von Heuristiken erreichen, wissensbasierten
Systemen und Expertensystemen. Wissensbasierte Systeme trennen Verarbeitung und
Wissen, haben aber noch eine stark prozedurale Komponente, während echte Expertensysteme auf das Wissen ausschließlich über die Problemlösungskomponente (Inferenz-

---

1   Vgl. Turban E.: Decision Support and Expert Systems; Macmillan publishing company; New
York;1988; S. 431ff

2   Vgl. Kurbel K.: Entwicklung und Einsatz von Expertensystemen; Berlin, Heidelberg, New York;
Springer; 1989; S. 28

3   Vgl. Kurbel K.: Entwicklung und Einsatz ...; a.a.O.; S. 29

4   Waterman D.A.: A Guide to Expert Systems; Reading, Ma., et al. 1984
nach Kurbel K.: a.a.O.

mechanismus) und die Erklärungskomponente zugreifen. Im Sinne dieser Trennung ist CADIS in die Gruppe der wissensbasierten Systeme einzuordnen.

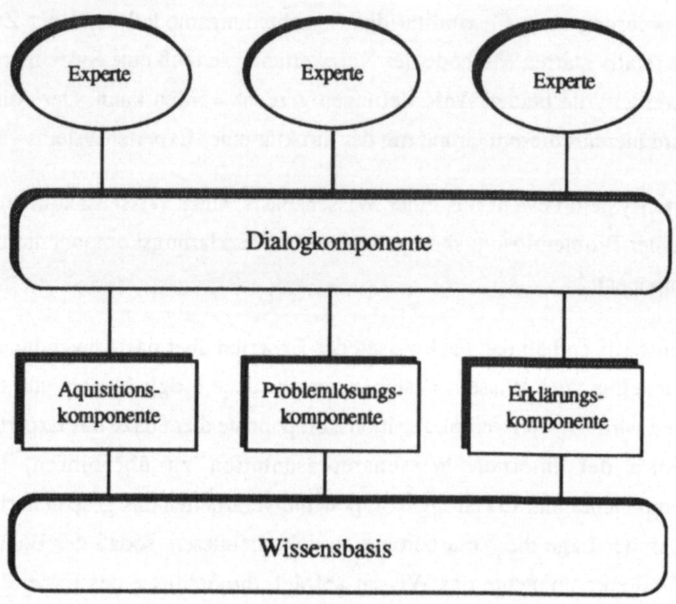

Abb. 4.2. Aufbau eines Expertensystems (nach Scheer)[1]

Die Repräsentation des Wissens in Expertensystemen kann auf verschiedene Weise erfolgen. Der universellste Ansatz ist der eines semantischen Netzes. "Ein semantisches Netz ist eine Sammlung von Objekten, die als Knoten (nodes) bezeichnet werden. Knoten sind miteinander durch Bögen (arcs) oder Glieder (links) miteinander verbunden"[2]. Objekte repräsentieren physische Gegenstände (z.B. Stuhl, Löffel, ...) oder gedankliche Elemente (Theorie, China, ...), während die Bögen Beziehungen (Relationen) zwischen den Objekten darstellen (z.B. ist-ein, hat, ...). Eine Ähnlichkeit dieser Darstellungsform mit Entity-Relationship Darstellungen, wie aus dem Bereich

---

[1]   Scheer A.W.: Betriebliche Expertensysteme I; Wiesbaden; Gabler; 1988; S.8

[2]   Harmon P., King D.:Expertensystem in der Praxis; München, Wien; Oldenbourg; 1989; S. 41

des Datenbankdesigns bekannt sind[1] ist nicht abzustreiten. Zwischen diesen beiden Ansätzen besteht jedoch ein elementarer Unterschied:

- Semantische Netze kennen das Prinzip der **Vererbung** von Attributen. Vererbung beschreibt den Sachverhalt, daß Objekte die Charakteristika anderer Objekte, mit denen sie verbunden sind übernehmen. So kann das Objekt "Ärmel" die Eigenschaft "aus Baumwolle" vom Objekt "Hemd" erben, wenn der Ärmel zu einem Hemd gehört.

Die strukturelle Ähnlichkeit dieser beiden Darstellungsformen führt zur zweiten und dritten Wissensrepräsentationsform: Objekt-Attribut-Wert Tripel (O-A-W) und Frames. O-A-W Tripel entsprechen den Begriffen Entitätstyp, Attribute, und Ausprägungen in der Terminologie des Datenbankdesigns. Das Beispiel des Baumwollhemdes als O-.A-W Tripel dargestellt, enthält das Hemd bzw. den Ärmel als Objekte, und das Rohmaterial als Attribut. Damit sind die statischen Elemente des Tripels definiert. Wenn das Tripel mit dem Wissen einer konkreten Situation gefüllt wird (instanziert wird), so erhält das Attribut den Wert "Baumwolle".

Frames sind eine Sonderform von Objekten. Die Attribute eines Frames werden als "Slots" bezeichnet und können neben Werten auch prozedurale Komponenten speichern. Diese prozeduralen Komponenten beinhalten z.B. Methoden für die Bestimmung von Werten für den Slot, Prozeduren die ausgelöst werden, wenn Werte sich verändern oder Grenzwerte über/unterschreiten usw.

Die bisher dargestellten Formen der Wissensrepräsentation eignen sich zur Speicherung von Fakten. Dies entspricht jedoch nur der statischen Dimension des Wissens, die dynamischen Komponenten, das Wissen über Schlußfolgerungen und prozedurales Wissen muß ebenfalls in der Wissensbasis gespeichert sein. Die vierte Darstellungsform - die Regeln - stellt dafür geeignete Strukturen zur Verfügung. Regeln basieren auf dem Aufbau einer WENN - DANN Bedingung. Wenn eine oder mehrere Bedingungen erfüllt sind, kann eine Schlußfolgerung gezogen werden und/oder eine Aktion (prozeduraler Aspekt) ausgelöst werden.

---

[1] Vgl. Scheer A. W.: Enterprise - Wide Data Modelling; Berlin, Heidelberg, New York; Springer 1989; S. 17ff

CADIS als wissensbasiertes System mit Werkzeugcharakter muß Strukturen auf einer Meta-Ebene schaffen, die es Experten ermöglicht, ihr Wissen mit den genannten Methoden in CADIS einzubringen. Diese Struktur soll nun beschrieben werden.

4.2.3. Der Aufbau von CADIS

Das Entscheidungsmodell beruht auf zwei, voneinander klar getrennten Wissensbereichen. Der erste Bereich beinhaltet das Wissen um den Ablauf des Entscheidungsprozesses und die dafür benötigten Fakten, der zweite Bereich besteht aus den Informationen über das Unternehmen[1], für das das Entscheidungsmodell angewandt werden soll. Für beide Bereiche muß eine Struktur gefunden werden, die eine problemadäquate Wissensrepräsentation ermöglicht. Diese Struktur wird in der Abbildung "CADIS - interne Struktur" dargestellt und in der Folge erläutert.

Die Basis für die Speicherung von Fakten aus beiden Wissensbereichen wird durch den Einsatz eines relationalen Datenbanksystems gebildet. In dieser Datenbank werden einerseits Nutzwertdaten (Faktoren und ihre Wirkungen auf die De/Zentralisierungsentscheidung sowie Entscheidungsfelder und die entsprechenden Ressourcen) und andererseits die Unternehmensdaten (Informationen über Strategien, Anwendungssysteme und die Organisation) verwaltet. Zusätzlich sind die entscheidungsrelevanten Informationen, wie z.B. die Bewertung der Faktoren oder die Zuordnung von Entscheidungsfeldern zu Organisationseinheiten als zum Bereich der Unternehmensdaten gehörig anzusehen. Die Wissensdarstellung erfolgt dabei in der Form von O-A-W Tripeln, wobei die Beziehungen zwischen den einzelnen Objekten entsprechend der Normalisierungsregeln bis zur 3. Normalform normalisiert werden, um Anomalien und Redundanzen zu vermeiden[2]. Auf eine Normalisierung bis zur vierten und fünften Normalform wurde aus Performance- und Komplexitätsgründen verzichtet. Dadurch auftretende Probleme können erst im Zuge des Redesigns des Prototypen behoben werden. Der Aufbau der Datenbank wird später in diesem Kapitel dokumentiert.

---

[1] Hinweis: Der Begriff Unternehmen kann als als institutionaler Organisationsbegriff interpretiert werden.

[2] Vgl. Vetter M.: Aufbau betrieblicher Informationssysteme mittels konzeptioneller Datenmodellierung; 5. durchges. Aufl.; Stuttgart; Teubner 1989; S. 115 ff

Die Attribute der einzelnen Objekte sind in CADIS vordefiniert. Benutzer mit dem Entwicklerstatus können diese Struktur manipulieren, um weitere Entscheidungskriterien einzubringen. Die Attribute beschreiben in vielen Fällen komplexe Zusammenhänge. So kann z.B. der Begriff "Marktattraktivität" von verschiedensten Faktoren abhängt gemacht werden, die wiederum mit unterschiedlichen Gewichtungen berücksichtigt werden sollen. Für den Entscheidungsprozeß ist es jedoch notwendig eindeutige Merkmalsausprägungen auf einer vorgegebenen Skala zu finden.

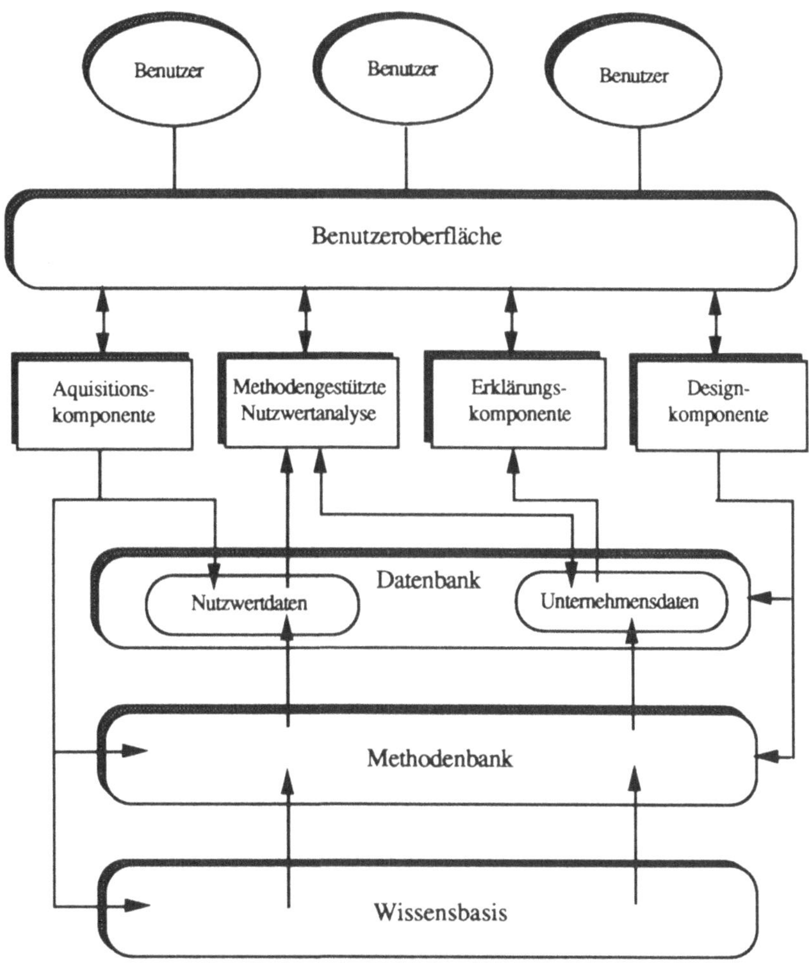

Abb. 4.3. CADIS - interne Struktur

Da die Wertzuordnung von Attributen (die Bestimmung von Merkmalsausprägungen) ein nicht triviales Problem darstellt, werden den Attributen prozedurale Informationen zugeordnet, die Erhebungsmethoden für das Attribut beinhalten. Die so entstehende Methodenbank ermöglicht auch unterschiedliche Erhebungsmethoden für ein bestimmtes Attribut, sodaß das Wissen und das Vorgehensmodell verschiedener Experten berücksichtigt werden kann. Die Erhebungsmethoden können mit oder ohne Computerunterstützung ablaufen. Als Methoden, die mit Computerunterstützung denkbar sind fallen:

- direkte Erhebung einer Merkmalsausprägung durch Eingabe eines Wertes,

- Anwendung mathematischer und statistischer Verfahren um aus bekannten und neu eingegebenen Werten eine Merkmalsausprägung zu bestimmen (z.B. Errechnung von Kennzahlen oder Fuzzy Sets (Unscharfe Mengenlehre[1])),

- Einsatz einer regelbasierten Wissensbasis zur Bestimmung einer Merkmalsausprägung,

- oder der Einsatz einer Kombination dieser Methoden.

Einerseits zur Unterstützung der Methodenbank und andererseits zu Implementierung von Ablauf- und Plausibilitätskontrollen im Sinne eines Controllings des Entscheidungsprozesses bildet eine Wissensbasis, bestehend aus Frames für eine adäquate Abbildung der Datenbankstruktur und Regeln, die dritte Komponente der in CADIS verwirklichten Wissensrepräsentation. Die Entscheidung welches Wissen in welcher Komponente von CADIS abgebildet wird, obliegt dem "Experten" bzw. dem "Entwickler". "Fachmann" und "Planer" haben auf die Methodenbank und die Wissensbasis keinen ändernden Zugriff.

Die bisher beschriebenen Strukturen dienen der Verwaltung der für den Entscheidungsprozeß notwendigen Informationen. Die Arbeit mit CADIS erfordert zusätzlich eine Dialogkomponente, die es dem Benutzer, abhängig von seiner Benutzerebene, erlaubt, auf die Informationen zuzugreifen. Je nach Benutzerebene stehen ihm dabei verschiedene Komponenten ganz oder teilweise zur Verfügung.

---

[1]   Vgl. Altrock C. v.: "Über den Daumen gepeilt - Fuzzy Logic: Scharfe Theorie der unscharfen Mengen"; in: c´t Heft3; 1991: S. 188ff
Janko W.H., Geyer - Schulz A., Tandes A.: "Entscheidungsunterstützungssystem zur Kreditbewertung auf der Basis der Theorie der unscharfen Mengen"; in: Spremann Zur (Hrsg): Informationstechnologie und strategische Führung; Wiesbaden; Gabler 1989; S. 275ff
Zadeh L.A.: "Fuzzy Sets"; in: Information and Control (8); 1965; S. 338 - 353

Die Designkomponente erlaubt es einem "Entwickler" die Struktur der Datenbank, die Methodenbank oder jede andere Funktion von CADIS zu manipulieren oder zu erweitern. Diese Komponente entspricht einem kompletten Zugriff auf die Entwicklungsumgebung von CADIS.

Die Akquisitionskomponente ist für Experten vorgesehen, die

- neue Faktoren mit entsprechenden Wirkungen für das Entscheidungsverhalten von CADIS einbringen,

- für Faktoren oder andere Attribute der Datenbank neue Erhebungsmethoden in die Methodenbank einbringen oder

- neue Regeln in die Wissensbasis einbringen.

Da z.B. das Definieren von Faktoren mit zugehörigen Nutzwerten eine komplexe Aufgabe ist, weil die Nutzwerte den kardinalen Anforderungen der Wertsynthese genügen müssen, ist es möglich, auch diesen Vorgang mittels der Methodenbank zu unterstützen.

Die Komponente "Methodengestützte Nutzwertanalyse" bildet den Kern des Entscheidungsprozesses. Planer und Fachleute haben hiermit die Möglichkeit, die Funktionalität von CADIS auszunützen. Die entspricht der Möglichkeit der Erfassung von Unternehmensdaten und dem Erstellen eines Distribuierungskonzeptes aufgrund vorhandenen Expertenwissens. Fachleute haben die Möglichkeit das Entscheidungsverhalten in vorgegebenen Grenzen zu beeinflussen, indem sie z.B. Schwellwerte für die Entscheidungsfindung oder die Wirkung einzelner Faktoren verändern können.

Die Erklärungskomponente dokumentiert die Distribuierungsentscheidungen, die von CADIS getroffen werden. Die Implementierung dieser Funktion steht in engem Zusammenhang mit der Dokumentation der in der Methodenbank eingesetzten Methoden. Eine fundierte Aussage über den Entscheidungshintergrund, die über eine Analyse der in der Wertsynthese verwendeten Werte hinausgeht, ist nur in Zusammenarbeit mit dem Experten möglich, der die Definition des Faktors bzw. der Methode vorgenommen hat.

4.3. Die Entwicklungsumgebung

Als Entwicklungsplattform für den Prototypen wurde ein Apple Macintosh //x mit 8 Megabyte Hauptspeicher gewählt. Die eingesetzten Entwicklungswerkzeuge sind

Hypercard, ein Hypertextsystem, für das Schnittstellen zu Datenbanksystemen und Expertensystemshells angeboten werden, ORACLE als relationales Datenbanksystem und Nexpert Object - eine hybride Entwicklungsumgebung für Expertensysteme. Die paarweise Kombination von Hypertextsystemen, Datenbanken und Expertensystemshells ermöglicht erst die Vorteile der einzelnen Entwicklungswerkzeuge auszuschöpfen[1]. Bei der Kombination von allen drei Entwicklungswerkzeugen ist dieser Vorteil auch anzunehmen, wird aber relativiert durch die Tatsache, daß die Entwicklungsumgebung als solche schon ein hohes Maß an Komplexität aufweist. Diese Komplexität zwingt den Entwickler, die Aufgabenbereiche, in denen die einzelnen Entwicklungswerkzeuge eingesetzt werden sollen, klar voneinander abzugrenzen.

Die Einsatzbereiche der einzelnen Entwicklungswerkzeuge sind aus der Abbildung "CADIS - Entwicklungsumgebung" ersichtlich.

Hypercard bietet eine flexible Entwicklungsumgebung an, die Basis für die Benutzerführung und die prozeduralen Funktionen darstellt. So ist Hypercard nicht nur für die Dialogkomponente, sondern auch für die Realisierung prozeduraler Erhebungsmethoden einsetzbar. Die spezifischen Hypertextfunktionen werden nicht gezielt in Anspruch genommen. Das Kriterium für den Einsatz dieses Produkts ist also nicht die Funktionalität als Hypertextsystem, sondern als flexibles Entwicklungswerkzeug.

ORACLE als Datenbanksystem könnte konzeptionell ebenso durch ein anderes relationales Datenbanksystem mit einer Softwareschnittstelle zu Hypercard und Nexpert Object ersetzt werden. Die Realisierung des Prototypen ist jedoch auf dieses Produkt abgestimmt.

Nexpert Object ist ein Entwicklungswerkzeug für Expertensysteme, das neben Regeln auch objektorientierte Wissensrepräsentation mit Framestruktur zuläßt. Die Flexibilität dieses Produkts, gepaart mit dem hohen Integrationsgrad in die restliche Entwicklungsumgebung waren für die Auswahl dieses Produkts maßgebend.

---

[1] Vgl. Dürr M., Neske R.: Hypertext und Datenbanken; in: Gloor P.A., Streitz N.A. (Hrsg): Hypertext und Hypermedia; Berlin, Heidelberg; Springer 1990; S. 149ff
Delfs H.: Diagnose - Expertensysteme brauchen Hypertext - Das Beispiel MAX; in: Gloor P.A., Streitz N.A. (Hrsg): Hypertext und Hypermedia; Berlin, Heidelberg; Springer 1990
Oppenhorst G.: Hypertextunterstützung bei der Erstellung und Nutzung von Expertensystemen mit der Shell '1st Card'; in: Gloor P.A., Streitz N.A. (Hrsg): Hypertext und Hypermedia; Berlin, Heidelberg; Springer 1990

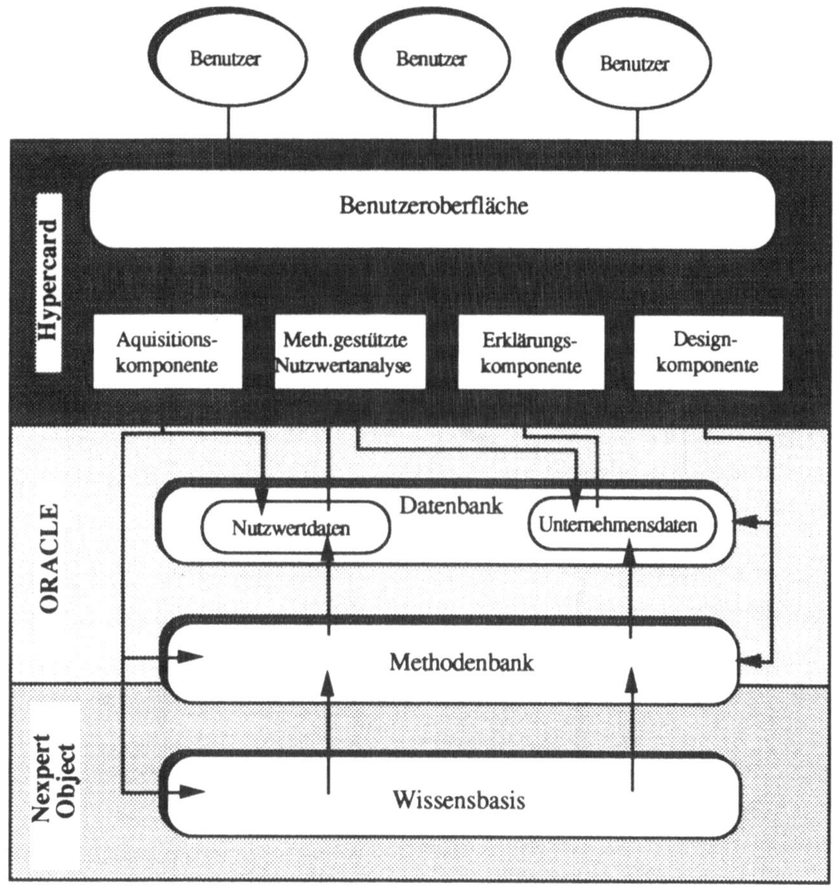

Abb. 4.4. CADIS - Entwicklungsumgebung

4.4. Die Realisierung von CADIS

4.4.1. Überblick und Systemstart

Der Ablauf von CADIS wird von drei Modulen gesteuert, welche unterschiedliche Funktionen erfüllen und unterschiedliche Informationen bearbeiten. Der Zusammenhang der Module wird in der Abbildung "CADIS - Systemüberblick" dargestellt.

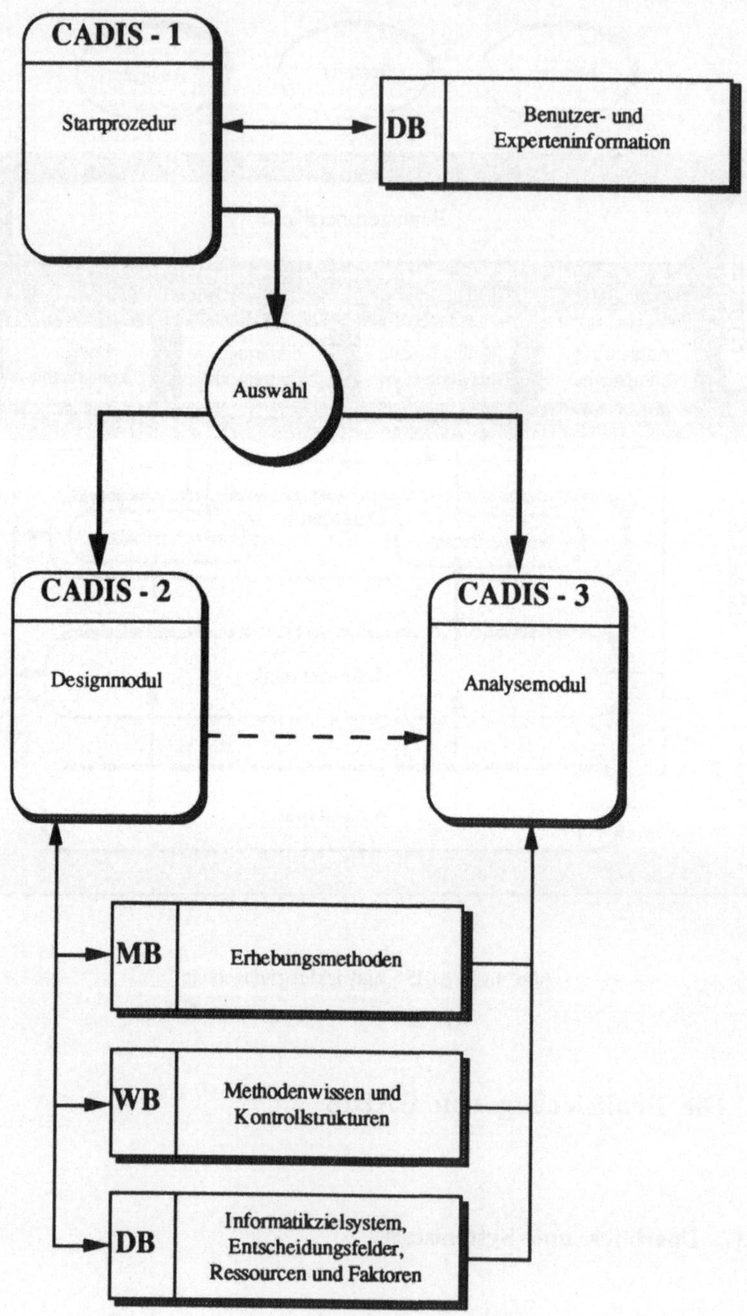

Abb. 4.5. CADIS - Systemüberblick

Das erste Modul besteht aus der Startprozedur, in der die Arbeitsumgebung des Benutzers definiert wird. In einer Auswahl kann der Benutzer dann den Arbeitsbereich wählen. Als Experte oder Entwickler stehen ihm die Funktionen des Design-Moduls zur Verfügung, als Planer oder Fachmann kann er lediglich das Analysemodul auswählen. Das Designmodul dient der Bearbeitung der Methodenbank, der Wissensbasis und der Nutzwertdaten. Diese Informationen werden vom Analysemodul als Grundlage für den Entscheidungsprozeß herangezogen. Die strichlierte Linie symbolisiert den potentiellen Zugriff des Entwicklers auf die internen Strukturen des Analysemoduls.

Die Startprozedur soll an dieser Stelle genauer beschrieben werden. Als erster Schritt werden die Softwareschnittstellen zu ORACLE und Nexpert Object initialisiert. Danach erfolgt die Eingabe eines Benutzernamens und eines Passwortes, welche mit einer Tabelle in der Datenbank verglichen werden. Auf Grund der Eintragung in diese Tabelle wird dem Benutzer eine Benutzerebene zugewiesen, die seine Berechtigung in CADIS bestimmt. Eine Wartung der Benutzertabelle ist erst ab der Ebene "Experte" möglich.

Der nächste Schritt der Startprozedur besteht in der Auswahl von Expertenwissen. Damit wählt der Benutzer zwischen verschiedenen Experten aus, die unterschiedliche Entscheidungs- oder Erhebungsmethoden in CADIS definiert haben. Wird kein Experte ausgewählt, so kommen alle Faktoren und Methoden zur Anwendung, wird eine bestimmter Experte gewählt, so werden nur Faktoren und Methoden dieses Experten zur Entscheidungsfindung herangezogen.

Der letzte Schritt der Startprozedur besteht in der Auswahl des Moduls mit dem der Benutzer arbeite möchte.

Grundlage für die Beschreibung von CADIS ist die Dokumentation des Datenbankentwurfs. Dafür werden zwei Darstellungsformen verwendet. Diese sind Einrückungslisten, welche die Attribute der Objekte beschreiben, und Entity - Relationship Diagramme, welche die Zusammenhänge zwischen den einzelnen Objekten repräsentieren[1].

---

[1] Vgl. Vetter M.: Aufbau betrieblicher ...; a.a.O.
Lindtner P., Mungenast K.H., Walpoth G.: Open Access // Datenbank; Institut für Wirtschaftsinformatik, Universität Innsbruck; 1988

Bei den ER-Diagrammen werden die Objekte als Knoten und die Beziehungen als Kanten dargestellt. Die Objekte, die nur von Experten oder Entwicklern bearbeitet werden können, sind grau unterlegt. Im oberen Bereich des Knotens wird das Objekt beschrieben, im unteren Teil wird der interne Name des Objekts in der Datenbank dokumentiert. Die Kanten repräsentieren die Beziehungen und die Art der Beziehung im Sinne eines relationalen Datenmodells. Die Einrückungsliste dokumentiert die einzelnen Attribute der Objekte und die Fremdschlüssel, die Beziehungen zu anderen Objekten darstellen. Um bei diesen Darstellungen in der Terminologie der relationalen Datenbanken zu bleiben, werden die Objekte (entsprechend der Terminologie der Wissensverarbeitung) hier auch als Tabellen angesprochen.

Eine Indizierung einzelner Attribute, die aus softwaretechnischen Gründen notwendig ist, wird in dieser Darstellung nicht berücksichtigt. Informationen darüber können im Designmodul direkt über CADIS abgefragt werden.

Die Benutzertabelle wird demnach wie folgt beschrieben:

Abb. 4.6. ER-Diagramm Benutzer- und Experteninformation

USER

Benutzertabelle

USID	number	2	not null
NAME	char	25	not null
PASSWD	char	8	
LEVEL	number	1	

Das Attribut USID stellt den Identifikationsschlüssel dar, mit dem der Benutzer eindeutig referenziert werden kann. Dieses Attribut ist auch in allen anderen Tabellen

(Objekten) enthalten, um zu dokumentieren, welcher Benutzer einen Eintrag in die Datenbank vorgenommen hat. Die dadurch dargestellte Beziehung zwischen der Tabelle USER und den anderen wird in den folgenden Darstellungen nicht mehr explizit berücksichtigt, um die Übersichtlichkeit zu wahren. NAME und PASSWD sind die Informationen mit denen sich der Benutzer beim Systemstart identifiziert. Das Attribut LEVEL repräsentiert die Benutzerebene, die diesem Benutzer zugeordnet wird. Zulässige Werte sind 1 (Planer), 2 (Fachmann), 3 (Experte) und 4 (Entwickler)[1].

Die USID des Benutzers und des (möglicherweise) gewählten Experten werden im Zuge der Arbeit mit CADIS immer wieder verwendet werden. In der Datenstruktur wird in fast allen Tabellen die USID des Benutzer mitgeführt, die den Eintrag zuletzt verändert hat. Diese USID wird bei der Einschränkung auf das Vorgehensmodell eines bestimmten Experten herangezogen. Auf eine explizite Erwähnung dieses Attributs wird in den folgenden Ausführungen verzichtet, es werden vielmehr nur jene Attribute im Detail beschrieben, die auf den Ablauf von CADIS unmittelbar Einfluß nehmen.

4.4.2. Das Designmodul

Das Designmodul soll als Erstes beschrieben werden, weil die hier definierten Datenstrukturen die Grundlage für den Ablauf des Entscheidungsprozess bilden. Das Designmodul besteht aus fünf verschiedenen Arbeitsbereichen, die sich hinsichtlich ihres Inhaltes, der dort verwendeten Designmethoden und der erforderlichen Benutzerebene unterscheiden. Der Zusammenhang der Arbeitsbereiche ist aus der Abbildung "CADIS - Designmodul" ersichtlich.

Die Arbeitsbereiche CADIS-24 (Wissensbasis bearbeiten) und CADIS-25 (Datenbankstruktur bearbeiten, Ablaufstruktur verändern) unterscheiden sich von den anderen Bereichen durch die eingesetzten Designmethoden.

---

[1]   Alle Tabellen, zu deren Wartung der Benutzer zumindest "Experte" sein muß werden in den Strukturdiagrammen grau unterlegt, wie es auch bei der Benutzertabelle der Fall ist.

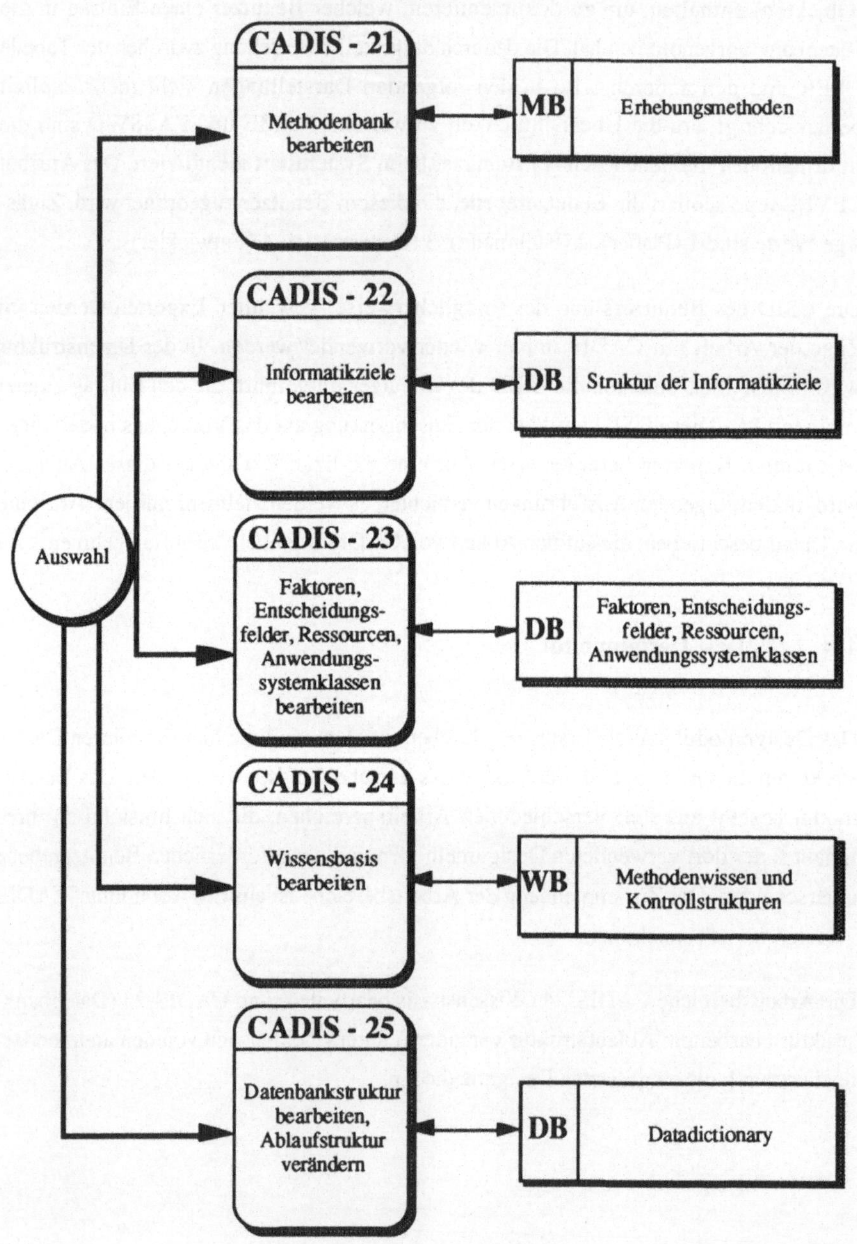

Abb. 4.7. CADIS - Designmodul

Die Bearbeitung der Wissensbasis setzt die Benutzerebene eines Experten voraus. Dieser Experte muß Kenntnisse für das Formulieren von Regeln mitbringen, die in Nexpert Object abgearbeitet werden können. Mittels dieser Regeln kann auf Objekte (repräsentiert durch Tabellen in der Datenbank) zugegriffen werden, was wiederum Verständnis der Datenstruktur von CADIS voraussetzt. Die Bearbeitung der Wissensbasis muß in engem Zusammenhang mit der Methodenbank gesehen werden, weil primär mittels der dort definierten Methoden auf dieses Wissen zugegriffen wird. Die Arbeitsweise in diesem Bereich entspricht der eines Knowledge Engineers[1]. Aufgrund der Komplexität dieses Arbeitsbereiches erfolgt im Rahmen des Prototyps von CADIS die Bearbeitung der Wissensbasis im Rahmen der Benutzeroberfläche von Nexpert Object, unter Verwendung der dort zur Verfügung gestellten Editoren.

Für die Veränderung der Datenbank- und Ablaufstruktur ist die Benutzerebene eines Entwicklers Voraussetzung. Die Veränderung der Ablaufstruktur erfolgt in der Entwicklungsumgebung von Hypercard. Das dabei anzuwendende Vorgehen entspricht der objektorientierten Programmierung mit einem 4GL-Werkzeug. Die eingesetzte Entwicklungsumgebung bedingt die Programmierung in Hypertalk. Hypertalk ist nicht konsequent objektorientiert, dafür aber für den Entwickler leicht zu erlernen und einzusetzen[2]. Das Datenbankdesign kann mit der Methode der konzeptionellen Datenmodellierung[3] erfolgen. Die Umsetzung des konzeptionellen Datenmodells in ein internes Schema[4] und die Pflege des Datadictionarys werden von CADIS unterstützt.

4.4.2.1. Methodenbank bearbeiten

In der Methodenbank werden Methoden zur Bestimmung von Merkmalsausprägungen für Attribute der Datenbank, Methoden zur Beurteilung von Faktoren und andere

---

[1] Unter einem Knowledge Engineer (Wissensingenieur) wird jemand verstanden, der sich darauf spezialisiert hat, Probleme zu analysieren, Wissen zu sammeln und wissensbasierte Systeme zu entwickeln.
Harmon P., King D.:Expertensystem in der Praxis; München, Wien; Oldenbourg; 1989; S. 294

[2] Aders A., Ansel B.: "Hypertext für den Unterricht - eine kritische Standortbestimmung"; in: Gloor P.A., Streitz N.A. (Hrsg): Hypertext und Hypermedia; Berlin, Heidelberg; Springer 1990; S. 242

[3] Vgl. Vetter M.: Aufbau betrieblicher ...; a.a.O.

[4] Vgl. Lindtner P., Mungenast K.H., Walpoth G.: Open Access // Datenbank; Institut für Wirtschaftsinformatik, Universität Innsbruck; 1988

prozedurale Elemente von CADIS (z.B. Methoden zur Durchführung von Plausibilitätskontrollen, Konsistenzprüfungen des Zielsystems usw.) verwaltet.

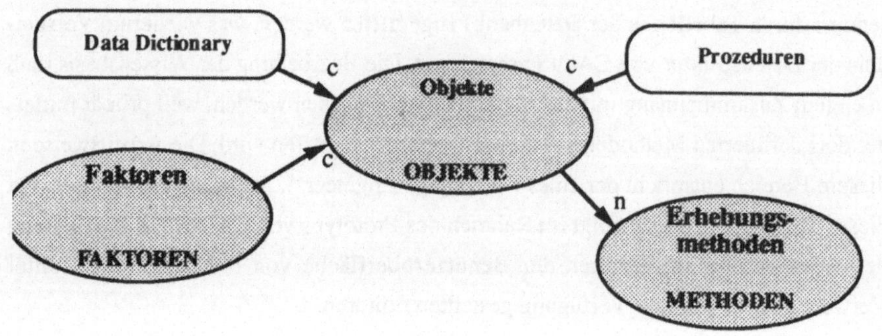

Abb. 4.8. CADIS - Struktur der Methodenbank

Die Abbildung "CADIS - Struktur der Methodenbank" zeigt, wie die Methodenbank mit
relationaler Datenbanktechnologie in CADIS verwirklicht wird. Die Attribute der Tabellen, die zur Methodenbank gehören sind in der folgenden Einrückungsliste dokumentiert:

OBJEKTE

Objekte, für die eine Informationsgewinnung nötig ist.

OBJID	number	4	not null	
OBJEKT	char	40	not null	
INFO	char	240		
USID	number	2		—> USER.USID

METHODEN

Methoden zur Bestimmung eines Wertes für ein Objekt

METHID	number	4	not null	
OBJID	number	4	not null	—> OBJEKTE.OBJID
RF	number	3	not null	
USID	number	2	not null	—> USER.USID
STACK	char	120		

CARDID	char	120
KB	char	120
HYPO	char	120
RESULT	char	120

Die Tabelle "FAKTOREN" wird im Zusammenhang mit den Nutzwertdaten dokumentiert. Das "Data Dictionary" repräsentiert beliebige Attribute der Datenbank, für die in der Methodenbank Objekte[1] mit zugehörigen Methoden definiert sind. Analog können für beliebige "Prozeduren" Objekte definiert werden.

Unter einem Objekt wird eine beliebige Informationseinheit verstanden, die mit Hilfe einer oder mehrerer Methoden gewonnen werden kann. Eine Informationseinheit kann dabei eine Merkmalsausprägung eines Attributes, ein prozedurales Element oder ein Faktor sein, zu dessen Beurteilung verschiedene Methoden angewandt werden können. Zu jedem Objekt können ein oder mehrere Methoden definiert werden, die die Informationsgewinnung unterstützen. Das Objekt wird durch die Attribute OBJID und OBJEKT jeweils eindeutig identifiziert. INFO bietet die Möglichkeit zusätzliche Informationen über das Objekt zu erfassen.

Die Methoden, die einem Objekt zugeordnet sind (OBJID als Fremdschlüssel in der Tabelle METHODEN), werden mittels einer Reihenfolgenummer (RF) geordnet. Diese Reihenfolgenummer gibt die Reihung an, in der die Methoden angewandt werden sollen, wenn eine Methode zu keinem oder keinem befriedigendem Ergebnis führt. Wenn in der Startprozedur das Entscheidungsverfahren auf einen Experten eingegrenzt wurde, so wird dies auch bei der Methodenauswahl berücksichtigt.

Die Implementierung von Methoden erfolgt entweder in Hypertalk oder als Wissensbasis in Nexpert Object. Die Attribute STACK und CARDID geben die Karte in einem Hypercardstack an, der die Methode unterstützt. Die Attribute KB (KnowledgeBase) und HYPO definieren die Wissensbasis und die Hypothese, die herangezogen werden soll. Das Attribut RESULT gibt den Name der Variablen (des Atoms) in Nexpert Object an, das das Ergebnis zurückliefert, wenn ein solches gefunden wurde.

---

[1] Der Objektbegriff, wie er hier verwendet wird, ist mit dem Objektbegriff der Wissensverarbeitung verwandt, aber nicht identisch, weil einige Merkmale, wie z.B. die Vererbung, nicht zutreffen.

Die Methodenbank kann von Experten (Objekte und Methoden) und Entwicklern (z.B. zusätzliche Implementierungsmöglichkeiten für die unterstützten Methoden) verändert werden. Der Aufruf der Methodenbank ist von jedem Punkt in CADIS aus in Form eines Funktionsaufrufes[1] möglich. Als Ergebnis der Funktion wird das Ergebnis der angewandten Methode zurückgegeben. CADIS überprüft, ob für die Analyse ein bestimmtes Expertenwissen definiert wurde, oder ob auf alle verfügbaren Methoden zugegriffen werden soll, und selektiert die entsprechenden Methode(n). Führt die Methode zu keinem Ergebnis, so wird die nächste Methode aufgerufen. Führt keine Methode zu einem Ergebnis, wird ein "Leerwert" generiert, der in dem Bereich, in dem die Methodenbank aufgerufen wurde, situationsgemäß zu behandeln ist.

Durch die Implementierung einer Methodenbank entsteht die Möglichkeit, mit dem Wissen verschiedener Experten - und somit unterschiedlicher Vorgehensmodelle - vergleichende Analysen anzustellen. Dieses Konzept beeinflußt auch die Struktur der methodengestützten Nutzwertanalyse und wird auch dort konsequent weiterverfolgt.

4.4.2.2. Informatikziele bearbeiten

Das Informatikzielsystem, wie es in CADIS implementiert ist, stellt eine zweistufige Hierarchie dar[2]. Auf der unteren Ebene werden operationale Ziele für die Anwendungssysteme definiert, auf der übergeordneten Ebene werden diese zu Zielen zusammengefaßt, die inhaltlich nicht den Anwendungssystemen sondern funktionalen Strategien bzw. Maßnahmen[3] zugeordnet werden.

Vom Detaillierungsgrad des von einem Experten definierten Zielsystems hängen die möglichen Aussagen im Zuge einer Analyse ab. So kann z.B. auf der übergeordneten Ebene das Ziel "Sicherheitsstreben" definiert werden und auf der operativen Ebene "Betriebssicherheit" und"Datenschutz" als Subziele. Ebenso kann Betriebssicherheit als übergeordnetes Ziel und "Brandschutz", "Wiederanlauf" usw. als Subziele interpretiert werden.

---

[1] Eine Funktion entspricht einem Unterprogramm, das als besondere Eigenschaft dem aufrufenden Programm ein Ergebnis zurückliefert.

[2] Vgl. Roithmayr F.: Controlling von Informations- und Kommunikationssystemen; München, Wien; Oldenbourg; 1988; S. 147

[3] Diese Begriffe werden im Kapitel 4.4.3.1. Erhebung von Unternehmensinformationen erläutert.

Da das Zielsystem, wie das obige Beispiel gezeigt hat, mehrere Ebenen hat, in CADIS jedoch nur zwei Ebenen berücksichtigt werden, muß eine Vereinbarung getroffen werden, auf welcher Ebene Ziele definiert werden. Um im Zuge der Analyse zu operationalen Aussagen zu gelangen, muß die Forderung nach einem möglichst hohen Detaillierungsgrad aufgestellt werden. Somit ist in den oben genannten Beispielen eindeutig der zweiten Variante der Vorzug zu geben. Die dabei definierten Ziele sollen folgenden Kriterien genügen:

- Ziele auf operationaler Ebene sollen Anwendungssystemen logisch zuordenbar sein, sodaß unterstellt werden kann, daß in der Entwicklung, Einführung und Betrieb des Anwendungssystems die Verfolgung diese Ziels direkten Einfluß auf Entscheidungen hat. Auf der übergeordneten Ebene sollen die Ziele Maßnahmen bzw. funktionalen Strategien zuordenbar sein, in dem Sinn, als das Erreichen des Ziels eine Voraussetzung oder zumindest einen positiven Einfluß für den Erfolg darstellt.

- Ziele sollen mit einer Meßgröße versehen werden[1], sodaß Vorgabewerte definiert werden können, deren Erreichen später im Sinne eines Controllings überprüft werden kann.

- Die Ziele müssen nicht widerspruchsfrei sein, konkurrierende Ziele sind also zulässig. Erst im Zuge der Analyse wird bestimmt, welches Ziel als relevant anzusehen ist. Die Widerspruchsfreiheit muß demnach erst in dieser Phase gegeben sein.

Die Definition von Zielsystemen erfolgt im Designmodul, also nicht im Rahmen einer Analyse. Während der Analyse wird auf bereits definierte Ziele zugegriffen, es besteht keine Möglichkeit diese Zielsysteme zu manipulieren. Um ein Zielsystem zu definieren, ist in CADIS Expertenberechtigung erforderlich. Die Erfassung bzw. Modifikation von Zielsystemen wird durch die Methodenbank unterstützt. Es ist somit denkbar, daß z.B. die Bestimmung einer Meßgröße mit geeigneten Methoden (z.B. einer Wissensbasis) unterstützt wird.

Die Abbildung "CADIS - Datenmodell des Zielsystems" zeigt die Tabellen, die der Implementierung des Zielsystems in CADIS zugrunde liegen.

---

[1] Vgl. Roithmayr F.: Controlling ...; a.a.O.; S. 134ff

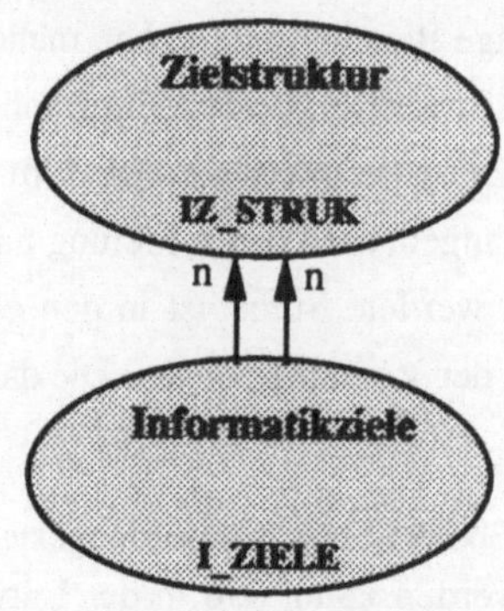

Abb. 4.9. CADIS - Datenmodell des Zielsystems

IZ_STRUK

Zielstruktur

S_IZID	number	4	not null	—> I_ZIELE.IZID
A_IZID	number	4	not null	—> I_ZIELE.IZID
USID	number	2	not null	—> USER.USID

I_ZIELE

Informatikziele

IZID	number	4	not null	
NAME	char	40	not null	
BESCHREIB	char	240		
STRAT	char	1	not null	
USID	number	2	not null	—> USER.USID
MESSGR	char	40		

Die Tabelle IZ_STRUK (Zielstruktur) bildet die Hierarchie de Ziele ab, indem sie über- und untergeordnete Ziele einander zuordnet. Die Tabelle I_ZIELE (Informatikziele) enthält die Attribute, die ein Informatikziel beschreiben.

Die Dokumentation der Attribute beschränkt sich auf die Tabelle I_ZIELE. Das Attribut IZID ist der Identifikationsschlüssel der Tabelle. NAME und BESCHREIB dienen der verbalen, inhaltlichen Definition . Das Attribut STRAT dient der Unterscheidung der Ebenen der Zielhierarchie um bei der Analyse eine effizienten Zugriff zu ermöglichen.

MESSGR beschreibt die Meßgröße, die im Zuge der Analyse zur Bestimmung von Zielwerten verwendet werden soll. Die Definition mehrerer Meßgrößen ist in CADIS nicht vorgesehen. Sollte die Forderung entstehen, so kann CADIS erweitert werden (Benutzer mit Entwicklerstatus) oder ein weiteres Ziel definiert werden, das die zusätzliche Meßgröße berücksichtigt.

4.4.2.3. Nutzwertdaten bearbeiten

Das Kernelement des Entscheidungsmodells und somit auch von CADIS ist die methodengestützte Nutzwertanalyse auf der Grundlage der Überlegungen, wie sie in Kapitel "4.1.3. Entscheidungstheoretische Grundlagen" angestellt wurden. Demnach beruht der Entscheidungsmechanismus in CADIS auf dem Prinzip, daß die Faktoren und deren Wirkungen von Experten bestimmt werden, und der Benutzer während des Analyseprozesses die Faktorenauswahl und deren Gewichtung beeinflussen kann. Um diesen Zusammenhang zu verdeutlichen, wird zunächst das Datenmodell vorgestellt und darauf aufbauend, das Vorgehen bei der Definition von Faktoren, Wirkungen und anderer damit in Beziehung stehender Objekte.

Die in der Abbildung "Datenmodell der Nutzwertdaten" enthaltenen Tabellen sind in den folgenden Einrückungslisten dokumentiert. Zunächst wird dabei auf den Komplex Ressourcen und Entscheidungsfelder, dann auf die Faktoren und zuletzt auf die Anwendungssystemklassen eingegangen.

Die Tabelle ENT_FELD beinhaltet alle Entscheidungsfelder im Sinne der Überlegungen in Kapitel "3.1 Objekte der Dezentralisierung", für die eine Distribuierungsentscheidung mittels CADIS unterstützt werden soll. Experten sind nicht gezwungen, sich an die vorgeschlagene Struktur der Entscheidungsfelder zu halten, es steht ihnen frei eigene Entscheidungsfelder zu definieren.

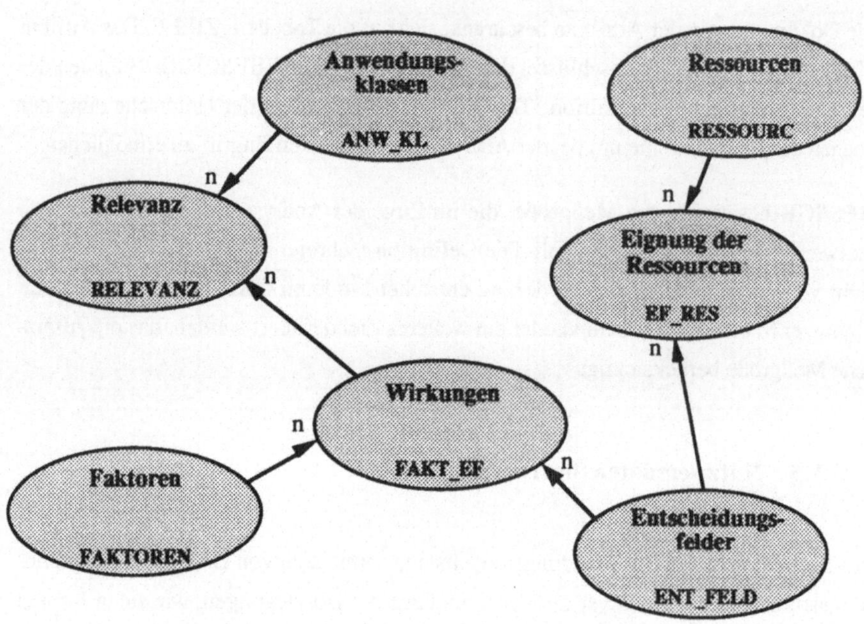

Abb. 4.10. Datenmodell der Nutzwertdaten

Ein Entscheidungsfeld kann definiert werden als ein Objekt[1], für das eine Distribuierungsentscheidung getroffen werden kann. Dies setzt voraus, daß damit eine Funktion, ein Element oder eine Phase beschrieben wird, die einer Organisationseinheit[2] direkt zugeordnet werden kann. Analog zu den Aussagen zu den Informatikzielen, sind die Entscheidungen, die bezüglich eines Entscheidungsfeldes getroffen werden, umso mehr operational, als die Entscheidungsfelder detailliert sind.

ENT_FELD

Entscheidungsfelder für die Distribuierung

EFID	number	4	not null	
NAME	char	120	not null	
USID	number	2	not null	—> USER.USID
GRUPPE	char	1		

---

[1] Mit Objekt wird hier wieder ein allgemeiner Objektbegriff angesprochen, der in keinem direkten Zusammenhang mit den Objekten der Methodenbank steht.

[2] Dieser Begriff wird im Kapitel "4.4.3.2.Anwendungssysteme definieren" auf Seite 182f erläutert.

Die Tabelle ENT_FELD enthält außer dem Identifikationsschlüssel, der Referenz auf den Experten, der das Entscheidungsfeld definiert hat, und den Namen das Attribut GRUPPE. Dieses Attribut gibt an, welcher Schwellwert[1] bei der Analyse für Entscheidungen bezügliche diese Entscheidungsfeldes herangezogen werden soll. in CADIS werden vier Gruppen unterschieden (Die Merkmalsausprägungen entsprechen den Anfangsbuchstaben der Gruppenbezeichnungen):

Management   Diese Gruppe von Entscheidungsfeldern betrifft die Funktionen des (strategischen) Systemmanagements, des Ressourcen-Managements, des Applikationsmanagements, des Risikomanagements und des Netzwerkmangements.

Hardware   Diese Gruppe umfaßt alle Entscheidungsfelder die Elemente und technische Funktionseinheiten betreffen.

Betrieb   Gruppe der Entscheidungsfelder die mit dem Betrieb des IKS in Verbindung stehen.

Entwicklung   Entscheidungsfelder die mit der Systementwicklung in Verbindung stehen.

Um die Funktionen, Elemente oder Phasen, die ein Entscheidungsfeld repräsentiert zu realisieren, müssen Ressourcen zur Verfügung gestellt werden. Diese Ressourcen müssen - im Zuge der Analysephase - entsprechend der Distribuierungsentscheidung, dh. der Zuordnung von Entscheidungsfeldern zu Organisationseinheiten, so verteilt werden, daß die notwendigen Leistungen zur Realisierung erbracht werden können.

Unter dem Begriff Ressourcen werden technische- und personelle Mittel verstanden, die sich durch ihre Qualifikation (Personal) oder durch ihre Leistungsmerkmale bzw. Einsatzmöglichkeiten (Technik) unterscheiden. Im Rahmen der Eignung zur Erbringung einer bestimmten Leistung wird von einer Substituierbarkeit der Ressourcen ausgegangen. Im technischen Bereich setzt dies eine weit fortgeschrittene Standardisierung bzw. eine homogene Systemumgebung voraus.

Die Definition möglicher Ressourcen und deren Eignung zur Erbringung von Leistungen, die für die Realisierung der Funktionen, Phasen oder Elemente eines Entscheidungsfeldes notwendig sind, erfolgt in den Tabellen RESSOURC und EF_RES.

---

1   Vgl. Kapitel "4.4.3.1. Erhebung von Unternehmensdaten" auf Seite 174f

RESSOURC

Ressourcen, die die Leistungen für ein Entscheidungsfeld erbringen können.

RESID	number	4	not null	
NAME	char	40	not null	
USID	number	2	not null	—> USER.USID
KOSTEN	number	9,2		
EINH	char	20		

EF_RES

Eignung der Ressourcen

EFID	number	4	not null	—> ENT_FELD.EFID
RESID	number	4	not null	—> RESSOURC.RESID
EIGNUNG	number	3	not null	
USID	number	2	not null	—> USER.USID

Die Ressourcen weisen neben Identifikationsschlüssel, Name und Experte noch zwei weitere Attribute auf, die die Berücksichtigung der Kostendimension unterstützen sollen. EINH gibt die Leistungseinheit an, in der die Leistung der Ressource gemessen und bewertet werden kann. EINH könnte demnach ein Manntag für Personalressourcen oder technische Einheiten, wie z.B. MB-Speicherkapazität, Druckleistung in Seiten usw. sein. KOSTEN gibt an welcher Kostensatz für die Erbringung einer Leistungseinheit anzusetzen ist. Die Angabe der Kosten erfolgt in Geldeinheiten, wobei von "Standardpreisen" ausgegangen wird. Nicht die absolute Höhe des Kostensatzes ist bedeutend, sondern die Relation der Kostensätze zueinander.

Es wäre z.B. denkbar den Preis für MB-Speicherkapazität zu ermitteln, indem ein Mittelwert verschiedener Kapazitätsklassen und verschiedener Hersteller gebildet wird. Im Falle unterschiedlicher Technologie müssen wegen der großen Preisunterschiede eigene Ressourcen definiert werden.. So kann z.B. ein Kostensatz für 1MB Plattenspeicher im PC-Bereich nicht sinnvollerweise mit dem in der mittleren Datentechnik oder Mainframebereich verglichen werden.

Die EIGNUNG der Ressourcen zur Erbringung bestimmter Leistungen für ein Entscheidungsfeld wird in der Tabelle EF_RES mittels des entsprechenden Attributes definiert. Der Wert, den dieses Attribut annehmen kann liegt zwischen 0 und 100, wobei 100 für "optimal geeignet" und 0 für ungeeignet steht. Durch die Zuordnung der Eignung in diese Tabelle kann berücksichtigt werden, daß Ressourcen für verschiedene Entscheidungsfelder unterschiedliche Eignung besitzen, und das ein Entscheidungsfeld durch den Einsatz unterschiedlicher Ressourcen realisiert werden kann.

Zentrales Element der methodengestützten Nutzwertanalyse sind die Faktoren und ihre Wirkungen auf die De/Zentralisierung der einzelnen Entscheidungsfelder. Faktoren und Wirkungen werden in zwei Tabellen verwaltet. wobei durch die Beziehungen zwischen den Tabellen wiederum der Sachverhalt dargestellt wird, daß ein Faktor auf mehrere Entscheidungsfelder Wirkungen hat, und daß ein Entscheidungsfeld von mehreren Faktoren beeinflußt wird.

FAKTOREN

Faktoren für die Distribuierungsentscheidung

FAKTID	number	4	not null	
NAME	char	40	not null	
USID	number	2	not null	—> USER.USID
GRUPPE	char	1	not null	
FRAGE	char	240		

FAKT_EF

Wirkung der Faktoren auf die Entscheidungsfelder

FAKTID	number	4	not null	—> FAKTOREN.FAKTID
EFID	number	4	not null	—> ENT_FELD.EFID
INFO	char	240		
WIRKID	number	4	not null	
NWZ	number	3		
NWD	number	3		
USID	number	2	not null	—> USER.USID

In der Tabelle Faktoren sind lediglich die Attribute GRUPPE und FRAGE von größerem Interesse. Das Entscheidungsmodell von Rockart et al.[1] werden drei Gruppen von Faktoren unterschieden. Diese Unterscheidung wird durch das Attribut GRUPPE abgebildet. Folgende Werte sind für dieses Attribut möglich:

A   Diese Faktoren beziehen sich auf die Charakteristik des Anwendungssystems

U   Diese Faktoren beziehen sich auf das gesamte Unternehmen

O   Diese Faktoren beziehen sich auf die Organisationseinheit, die im aktuellen Entscheidungsprozess als "dezentral" zu interpretieren ist. Diese Faktoren müssen für jede betroffene Organisationseinheit des Distribuierungskontinuums erhoben werden.

Das Attribut FRAGE wird nur verwendet, wenn im Zuge einer Analyse in der Methodenbank für diesen Faktor keine Methode zur Anwendung gebracht wird oder keine Methode erfolgreich war. In diesen Fällen wird mittels dieses Fragetextes eine Bewertung des Faktors vorgenommen.

Die Tabelle FAKT_EF repräsentiert die Wirkung der Faktoren auf die Entscheidungsfelder. Die Attribute FAKTID und EFID referenzieren den entsprechenden Faktor bzw. das Entscheidungsfeld, WIRKID ist der Identifikationsschlüssel. INFO bietet die Möglichkeit die angegebene Wirkung zu begründen. NWZ und NWD geben die Zielerträge (Nutzwerte) einer zentralen bzw. einer dezentralen Lösung an, die zum Tragen kommen, wenn dieser Faktor zutrifft. Die Zielerträge werden auf einer ordinalen Skala angegeben, wobei die Konsistenz der angegebenen Zielerträge zu beachten ist. Es wird aus diesem Grund empfohlen, die Zielerträge auf eine Skala von 0 bis +/-100 zu beschränken, um Über- bzw. Unterbewertungen möglichst auszuschalten. Ein Wert von 0 bedeutet, daß bei Zutreffen des Faktors kein Nutzen einer Alternative zu erwarten ist. Bei anderen Werten ist auf die kardinale Skalierung zu achten, dh. die Nutzwerte die den Alternativen von einem Experten zugesprochen werden, müssen für alle Faktoren in CADIS konsistent und vergleichbar sein.

Die beiden letzten Tabellen im Bereich der Nutzwertdaten beinhalten Anwendungsklassen und die Relevanz von Wirkungen für einzelne Anwendungsklassen. Beide Tabellen dienen Im Verlauf einer Analyse der Auswahl und Gewichtung von Faktoren.

---

[1]   Vgl. Rockart J. F. Bullen C. V., Leventer J. S.: Centralisation vs Decentralisation of Information Systems. A. Preliminary Model for Decision Making, MIT Working Paper, April 1977 (Draft)

ANW_KL

Anwendungsklassen

AKLID	number	4	not null	
NAME	char	40		
INFO	char	240		
USID	number	2	not null	—> USER.USID

RELEVANZ

Relevanz der Faktoren für die Anwendungsklassen

AKLID	number	4	not null	—> ANW_KL.AKLID
WIRKID	number	4	not null	—> FAKT_EF.WIRKID

Anwendungsklassen fassen Anwendungssysteme mit gleichen oder ähnlichen Charakteristika zu Klassen zusammen, sodaß eine Faktorenauswahl ermöglicht wird. Die Charakteristika von Anwendungssystemen bezeichnen dabei eingesetzte Softwaretechnologie genauso wie das Anwendungsumfeld. So kann eine Anwendungssystemklasse mit technologischen Abgrenzungskriterium "Transaktionssystem", "grafische DV" oder "DTP[1]" heißen, während andere "Prozeßsteuerung" oder "Büroautomation" heißen und das Anwendungsumfeld als Gliederungskriterium aufweisen. Aufgabe des Experten ist es bei der Definition der Anwendungssystemklassen auf die Einhaltung von Gliederungskriterien zu achten, damit sein System von Anwendungsklassen von Überschneidungen frei bleibt. Die Attribute der Tabelle beinhalten lediglich die Identifikationsschlüssel, Name und ein Informationsfeld zur detaillierteren Beschreibung.

Während der Definition von Anwendungssystemen, wie sie in Kapitel 4.4.3.2. beschrieben werden wird, wir für jedes Anwendungssystem definiert, inwieweit es zu einer bestimmten Anwendungssystem-Klasse gehört. Diese Zuordnung erfolgt relativ, dh. die Summe der einzelnen Zugehörigkeitsgrade ist immer 100.

Wirkungen und Anwendungssystemklassen sind einander über die Tabelle RELEVANZ zugeordnet. Über diese Zuordnung werden aus den Faktoren die für ein An-

---

[1]　DTP steht für "Desk Top Publishing"

wendungssystem relevanten ausgesucht und die Wirkungen mit dem entsprechenden Zugehörigkeitsgrad des Anwendungssystems zur Anwendungssystemklasse gewichtet. Dieser Vorgang wird im Kapitel 4.4.3.3. "Auswahl von Entscheidungsfeldern und Faktoren" beschrieben.

Das Modul "Nutzwertdaten bearbeiten" unterstützt in CADIS die Wartung der hier beschriebenen Tabellen. Das Modul besteht aus fünf Untermodulen, die folgende Bereiche des Datenmodells abdecken:

(1)   Definition von Anwendungsklassen

(2)   Definition von Ressourcen

(3)   Definition von Entscheidungsfeldern und Auswahl geeigneter Ressourcen

(4)   Definition von Faktoren

(5)   Definition von Wirkungen von Faktoren auf Entscheidungsfelder mit Bestimmung der Relevanz für Anwendungssystemklassen.

Die Schnittstelle der Nutzwertdaten zu den Unternehmensdaten, die im nächsten Schritt - der Dokumentation des Analysemoduls - beschrieben werden, besteht in der Klassenzuordnung der Anwendungssysteme, der Auswahl von Entscheidungsfeldern und Faktoren und als letzter Analyseschritt der Ressourcenbestimmung.

4.4.3. Analysemodul

Das Analysemodul beinhaltet das eigentliche Entscheidungsmodell, wobei auf die Informationen des Designmoduls laufend zurückgegriffen werden wird. Der Aufbau des Analysemoduls ist in der Abbildung "CADIS - Analysemodul" dargestellt.

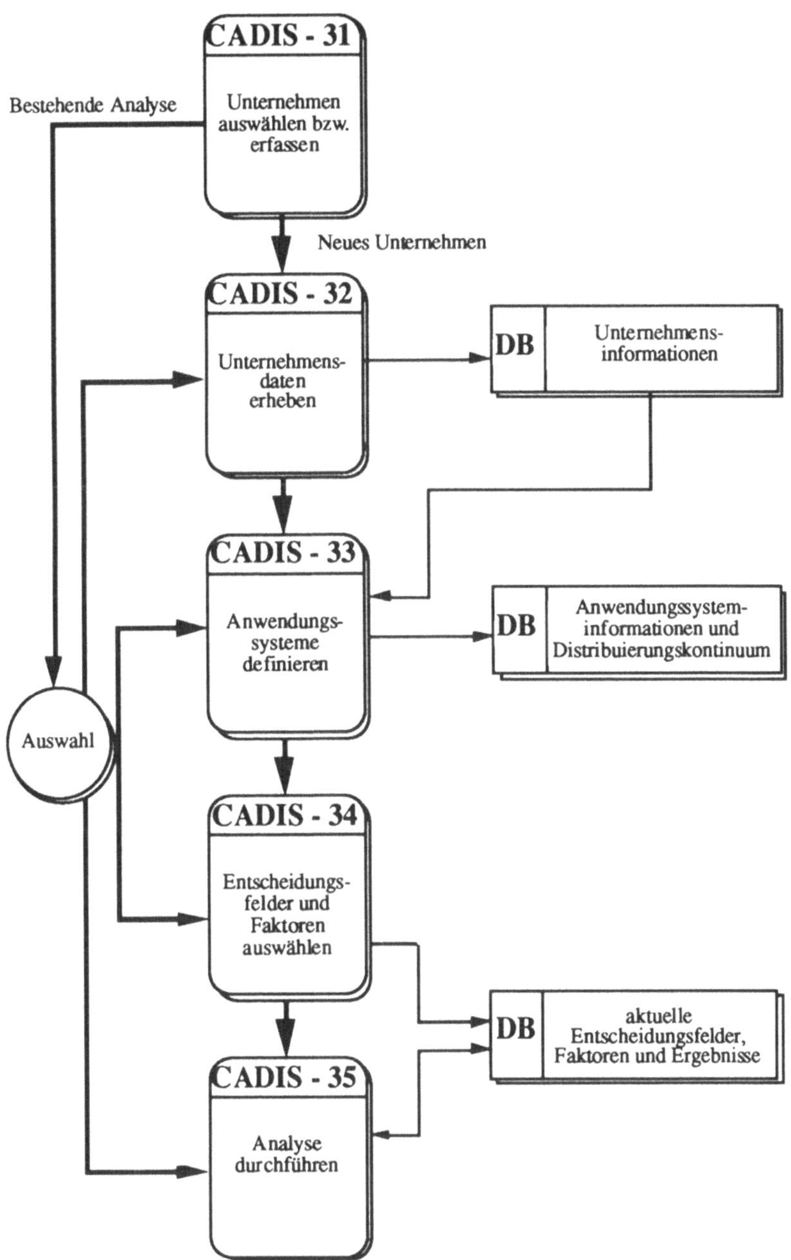

Abb. 4.11. CADIS - Analysemodul

Die Benutzerführung im Analysemodul unterscheidet sich leicht von der im Design-modul. Während dort der Experte oder Entwickler sich frei von einem Arbeitsbereich in einen anderen bewegen konnte, ist im Analysemodul grundsätzlich eine sequentielle Abarbeitung der Arbeitsbereiche vorgesehen. Dies gilt vor allem, wenn das Entschei-dungsmodell für ein neues Unternehmen angewandt wird. Soll hingegen eine be-stehenden Entscheidung[1] untersucht (z.B. Analyse mit Entscheidungsregeln eines an-deren Experten), modifiziert oder erweitert (z.B. Definition eines neuen Anwendungs-systems) werden, so kann der Benutzer in jedem Arbeitsbereich beginnen, ist dann aber wiederum weitgehend an den Ablauf gebunden. Für ein Unternehmen und seine An-wendungssysteme wird genau eine Konfiguration (Entscheidung) gespeichert. Werden Bewertungen, Schwellwerte oder Zuordnungen nachträglich verändert, gehen die alten Werte und Ergebnisse verloren.

Die Analyse beginnt mit der Erfassung eines neuen Unternehmens (CADIS - 31) bzw. mit der Auswahl eines bestehenden. Der erste Schritt (CADIS - 32) besteht in der Erhe-bung allgemeiner Unternehmensdaten. Dies umfaßt Informationen über strategische Geschäftsfelder, funktionale Strategien und Maßnahmen, sowie Anwendungssysteme, die diese unterstützen sollen. Die Anwendungssysteme werden in einem zweiten Schritt (CADIS - 33) genauer spezifiziert. Insbesondere erfolgt eine Zuordnung zu Anwen-dungssystemklassen und die Definition eines Distribuierungskontinuums. Der dritte Schritt (CADIS - 34) besteht in der Auswahl von Entscheidungsfeldern, die im Rahmen des Distribuierungskontinuums positioniert werden sollen und anschließend in der Aus-wahl relevanter Faktoren. Nach der Bewertung der Faktoren durch den Benutzer im vierten Schritt (CADIS - 35) erfolgt die Wertsynthese und die Zuordnung von Entschei-dungsfeldern zu Organisationseinheiten. Die Ressourcen Zuordnung bildet den letzten Schritt. Die vier Schritte der Analyse werden in den folgenden Kapiteln im Detail be-schrieben.

4.4.3.1. Erhebung von Unternehmensdaten

Der Arbeitsbereich dient ausschließlich der Erhebung von Informationen über das Un-ternehmen, für welches das Entscheidungsmodell angewandt werden soll. An dieser

---

[1]   Entscheidung wird hier als das Ergebnis der Analyse interpretiert. Die Analyse beschreibt somit den Entscheidungsprozeß.

Stelle soll nochmals darauf hingewiesen werden, daß das Entscheidungsmodell nicht nur auf Unternehmen, sondern auf jede beliebige (institutionale) Organisation angewandt werden kann[1]. Die hier erhobenen Informationen stehen in den weiteren Analyseschritten als Grundlage für allfällige Erhebungsmethoden zu Verfügung. Außerdem kann mittels der Gewichtung von Informatikzielen eine Plausibilitätsprüfung des Zielsystems für Anwendungssysteme vorgenommen werden. So kann z.B. festgestellt werden, ob die Informatikziele, welche auf der Ebene der funktionalen Strategien und Maßnahmen angegeben wurden, auf der operationalen Ebene durch entsprechende Ziele der Anwendungssysteme verfolgt werden.

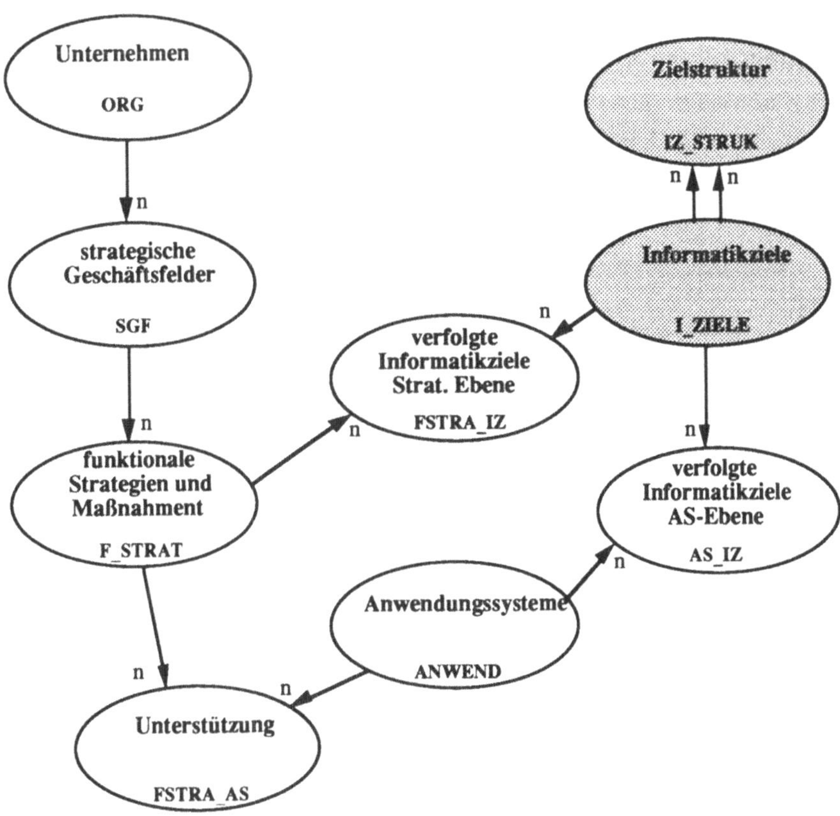

Abb. 4.12. Datenmodell der Unternehmensinformationen

---

[1]　Vgl. Die Ausführungen zum Organisationsbegriff in Kapitel 1.5.3. auf Seite 13f

Es ist für den Benutzer nicht verpflichtend, alle Informationen zu erfassen. Allerdings muß dann in Kauf genommen werden, daß Methoden der Methodenbank die im weiteren Verlauf der Analyse angewandt werden, möglicherweise zu keinem Ergebnis führen.

Die Abbildung "Datenmodell der Unternehmensinformationen" zeigt das Datenbankstrukturdiagramm, das diesem Arbeitsbereich zugrunde liegt. Die Tabellen "Informatikziele" und "Zielstruktur" wurden bereits im Zusammenhang mit dem Designmodul beschrieben. Diese Tabellen dienen hier ausschließlich der Zurverfügungstellung von Vorschlagswerten, aus denen aktuelle Ziele für funktionale Strategien und Maßnahmen, sowie für Anwendungssysteme ausgewählt werden können.

Die Attribute und Inhalte der einzelnen Tabellen werden nun im Detail beschrieben, wobei auch auf die Zusammenhänge im Entscheidungsprozeß (der Analyse) eingegangen werden wird. Attribute, deren Bezeichnung schon auf den Inhalt schließen läßt, wie z.B. NAME oder INFO werden in den Erläuterungen nicht explizit erwähnt werden, wenn ihr Inhalt nicht auf die Analyse Einfluß nimmt.

ORG

Unternehmen, für das eine Analyse erstellt wird.

ORGID	number	4	not null	
NAME	char	40	not null	
INFO	char	240		
USID	number	2	not null	—> USER.USID

Die Tabelle Unternehmen (ORG) hat die Funktion mehrere alternative Konfigurationen für ein oder mehrere Unternehmen in CADIS zu verwalten. Für jeden Eintrag in ORG ist nur eine Konfiguration möglich, obwohl diese durch wiederholte Analysen verändert werden kann. Der Identifikationsschlüssel des Unternehmens wird aus diesem Grund bei allen unternehmensspezifischen Tabellen mitgeführt, um eine effiziente Selektion zu ermöglichen. Dieses Vorgehen widerspricht den Normalisierungsregeln des Datenbankdesigns, hat sich aber aus Performancegründen bei der Entwicklung als vorteilhaft erwiesen. Die restlichen Attribute der Tabelle ORG nehmen keinen Einfluß auf die Analyse und haben somit lediglich beschreibenden Charakter.

SGF

Strategische Geschäftsfelder

SGFID	number	4	not null	
ORGID	number	4	not null	—> ORG.ORGID
NAME	char	100	not null	
REL_WBF	number	3		
MARKT_AT	number	3		
USID	number	2	not null	—> USER.USID
PR_INFI	number	3		
WS_INFI	number	3		
SW_HW	number	3		
SW_MGMT	number	3		
SW_ENTW	number	3		
SW_BETR	number	3		

Die Tabelle SGF beinhaltet die strategischen Geschäftsfelder[1] des Unternehmens. Bei der Bildung der strategischen Geschäftsfelder ist der zugrundeliegende Strategiebegriff und die Methode der strategischen Planung für CADIS unerheblich. Die erfaßten strategischen Geschäftsfelder müssen allerdings folgenden Kriterien entsprechen:

- Strategische Geschäftsfelder müssen bezüglich ihres Gliederungskriteriums klar gegeneinander abgegrenzt sein. Überschneidungen führen zu Bewertungsproblemen während der Analyse und müssen deshalb vermieden werden.

- Es muß möglich sein für ein strategisches Geschäftsfeld funktionale Strategien bzw. Maßnahmen anzugeben, mit denen die Strategien in den SGF verfolgt werden sollen.

Die Attribute der Tabelle bestehen (abgesehen von Identifikationsschlüssel und beschreibenden Attributen) aus zwei Gruppen. Die erste Gruppe wird durch die Attribute

---

[1] In Unternehmen, in denen keine strategischen Geschäftsfelder definiert sind besteht die Möglichkeit das gesamte Unternehmen als ein strategisches Geschäftsfeld anzunehmen oder anstelle der strategischen Geschäftsfelder funktionale Unternehmensbereiche wie z.B. "Produktion" und "Vertrieb" heranzuziehen. Dies ist möglich, solange die Kriterien, wie sie für die strategischen Geschäftsfelder aufgestellt werden, erfüllt sind.

REL_WBF (relative Wettbewerbsvorteile) und MARKT_AT (Marktattraktivität)[1], sowie PR_INFI (Informationsintensität des Produkts) und WS_INFI (Informationsintensität der Wertschöpfungskette)[2] gebildet. Aus diesen Attributen kann wie im Kapitel "Die Erstellung eines Projektportfolios[3]" dargestellt eine Normstrategie für den Einsatz von IKT abgeleitet werden.

Wenn man von der Annahme ausgeht, daß im Falle einer aggressiven Strategie schon geringe Unterschiede in den Zielerträgen von zwei Alternativen ausreichen, um der besseren Alternative den Vorzug zu geben, bei einer defensiven Strategie die Unterschiede jedoch größer sein müssen, um die Entscheidung allein aufgrund der Ergebnisse einer Nutzwertanalyse zu treffen, dann können aus den Normstrategien Schwellwerte definiert werden, die angeben um wieviel eine Alternative "besser" sein muß, damit CADIS aufgrund der Ergebnisse der Wertsynthese eine Zuordnung von Entscheidungsfeldern vornimmt. Diese Schwellwerte bilden die zweite Gruppe von Attributen in der Tabelle SGF.

Die Attribute SW_MGMT (Management), SW_HW (Hardware), SW_ENTW (Entwicklung) und SW_BETR (Betrieb) geben an, um welchen Prozentsatz[4] der Zielertrag einer Alternative für ein Entscheidungsfeld höher sein muß, damit CADIS eine Zuordnung vornimmt. Wird der Schwellwert nicht erreicht, ist eine Entscheidung des Benutzers notwendig.

Entsprechend den Anforderungen an strategische Geschäftsfelder werden diesen funktionale Strategen bzw. Maßnahmen zugeordnet. Diesen wird unterstellt, daß sich aus ihnen Informatikziele[5] ableiten lassen. Die Gewichtung der Informatikziele erfolgt in einer eigenen Zuordnungstabelle.

---

[1] Hinterhuber H.: Strategische Unternehmensführung; 4. Aufl.; Berlin, New York; 1989 und Kapitel 2.2.2.1. Der strategische Planungsprozeß auf Seite: 61f

[2] Vgl. Porter M.E. Millar V.E., How information gives you competitive advantage; in: Harvard Business Review, Nr. 4 Juli/August 1985, S. 154 und Kapitel 2.2.2.2. Die Beteiligung des Informationsmanagements auf Seite: 65f

[3] Kapitel 2.2.2.3. Die Erstellung eines Projektportfolios auf Seite: 69f

[4] Der höhere der beiden Zielerträge wird dabei als Basis der Berechnung herangezogen.

[5] Hier sind die übergeordneten Ziele der Zielstruktur angesprochen.

F_STRAT

Funktionale Strategien und Maßnahmen für ein SGF

STRATID	number	4	not null	
SGFID	number	4	not null	—> SGF.SGFID
NAME	char	40		
BESCHREIB	char	240		
ZIEL	char	240		
GRUND	char	240		
BEDEUT	number	3		
USID	number	2	not null	—> USER.USID
ORGID	number	4	not null	—> ORG.ORGID

FSTRA_IZ

Zuordnung von Informatikzielen zu funktionalen Strategien/Maßnahmen

STRATID	number	4	not null	—> F_STRAT.STRATID
IZID	number	4	not null	—> I_ZIELE.IZID
BEDEUT	number	3		
USID	number	2	not null	—> USER.USID
ORGID	number	4	not null	—> ORG.ORGID

Unter den Begriffen funktionale Strategien[1] und Maßnahmen werden alle Aktionsprogramme zusammengefaßt, die dazu dienen die Ziele der Geschäftseinheiten zu erreichen. Beispiele dafür sind: "Steigerung der Lieferbereitschaft", "Qualitätssteigerung", "Anheben der Personalqualifikation" usw.. Bei der Formulierung dieser funktionalen Strategien und Maßnahmen muß darauf geachtet werden, daß klare operationale Zielvorstellungen gebildet werden können, weil die Bewertung des Beitragspotentials von IKT sonst Probleme bereitet. Diese Bewertung ist aber für die Prioritätenbildung bei den Anwendungssystemen von großer Bedeutung.

---

[1] Vgl. Hinterhuber H. H.: Strategische Unternehmensführung; 4. Aufl.; Berlin, New York; 1989

Die Attribute der Tabelle F_STRAT bieten die Möglichkeit detaillierte Beschreibungen (BESCHREIB), Ziele (ZIEL) und Begründungen (GRUND) anzugeben. Darüber hinaus wird die Bedeutung der funktionalen Strategie bzw. Maßnahme für das strategische Geschäftsfeld angegeben (BEDEUT). Diese Bewertung erfolgt auf einer Skala von 0 bis 100 und relativ zu den anderen funktionale Strategien bzw. Maßnahmen dieses Geschäftsfeldes, dh. die Summe aller Bewertungen ergibt 100.

Die Informatikziele, die sich aus der funktionalen Strategie bzw. Maßnahme ableiten lassen, werden in der Tabelle FSTRA_IZ zugeordnet und bewertet. Auch hier erfolgt die Bewertung auf einer Skala von 0 bis 100, jedoch absolut, dh. jedes Informatikziel wird unabhängig von anderen bewertet.

Wenn funktionale Strategien bzw. Maßnahmen durch IKT unterstützt werden können, so geschieht dies in Form von Anwendungssystemen, die einen bestimmten Beitrag zur Erreichung von Zielen der funktionalen Strategie bzw. Maßnahme leisten. Außerdem werden auf der Ebene der Anwendungssysteme operative Informatikziele verfolgt, die mit den Informatikzielen, welche auf der übergeordneten Ebene (Informatikziele der funktionalen Strategien bzw. Maßnahmen) angegeben wurden, konsistent sein müssen.

ANWEND

Anwendungssysteme

ASID	number	4	not null	
NAME	char	40	not null	
USID	number	2	not null	—> USER.USID
ORGID	number	4	not null	—> ORG.ORGID
AKT_BED	number	3		
STRA_BED	number	3		
PRIOR	number	3		
ENTS	char	1		
ODID	number	4		—> O_DARST.ODID

FSTRA_AS

Zuordnung von Anwendungssystemen zu funkt. Strategien

STRATID	number	4	not null	—> F_STRAT.STRATID
ASID	number	4	not null	—> ANWEND.ASID
BEDEUT	number	3		
USID	number	2	not null	—> USER.USID
ORGID	number	4	not null	—> ORG.ORGID

AS_IZ

Zuordnung der Anwendungssysteme zu Informatikzielen

ASID	number	4	not null	—> ANWEND.ASID
IZID	number	4	not null	—> I_ZIELE.IZID
BEDEUT	number	3		
USID	number	2	not null	—> USER.USID
ORGID	number	4	not null	—> ORG.ORGID

Anwendungssysteme entsprechen einem Informatikprojekt des Projektportfolios. Sie sind deshalb nicht automatisch mit einer einzigen Anwendung (Anwendungsprogramm) gleichzusetzen, sondern können auch aus mehreren Programmen bestehen, die einen Aufgabenbereich abdecken. In diesem Arbeitsbereich von CADIS wird lediglich das Anwendungssystem erfaßt, Detailinformationen zum Anwendungssystem werden im nächsten Arbeitsbereich "Anwendungssysteme definieren" erhoben.

Die Attribute der Tabelle Anwendungssysteme (ANWEND) beschreiben zunächst die aktuelle Bedeutung des Anwendungssystem für das Unternehmen (AKT_BED) und die strategische Bedeutung des Anwendungssystems. Beide Werte ermöglichen eine Positionierung der Anwendungssysteme in einem Projektportfolio[1]. Die Bewertungen erfolgen wiederum auf einer Skala von 0 bis 100.

Die weiteren Attribute werden erst im nächsten Arbeitsbereich benötigt. ODID referenziert die Organisationsdarstellung, die als Distribuierungskontinuum für dieses Anwendungssystem herangezogen werden soll. PRIOR ermöglicht die Vergabe von

---

[1]   Vgl. Kapitel "2.2.2.3. Die Erstellung eines Projektportfolios" auf Seite: 69f

Prioritäten. Prioritäten können für die Reihung der Distribuierungsentscheidungen herangezogen werden. Damit soll sichergestellt werden, daß die Entscheidungen für wichtige Anwendungssysteme nicht von bereits getroffenen Entscheidungen präjudiziert werden. Das Attribut ENTS wird zur Markierung von Anwendungssystemen verwendet, für welche eine Analyse bereits vorgenommen wurde.

Die Tabelle FSTRA_AS ordnet die Anwendungssysteme den funktionale Strategien bzw. Maßnahmen zu und gibt an, welchen Beitrag das Anwendungssystem zum Erreichen der Ziele leisten soll bzw. kann. Die Bewertung erfolgt unabhängig von anderen Anwendungssystemen auf einer Skala von 0 bis 100.

Die Tabelle AS_IZ dient der Zuordnung und Bewertung von Informatikzielen analog der Tabelle FSTRA_IZ.

Die Erhebung von Unternehmensdaten in CADIS beinhaltet die Bearbeitung der hier beschriebenen Tabellen. Diese Bearbeitung erfolgt in zwei Bereichen. Nachdem das Unternehmen ausgewählt oder erfaßt ist (Tabelle ORG), erfolgt die Bearbeitung der strategischen Geschäftsfelder, der funktionalen Strategien bzw. Maßnahmen und der dazugehörigen Auswahl von Informatikzielen. Der zweite Bereich definiert die Anwendungssysteme, ihre Bedeutung für die funktionalen Strategien und die verfolgten operativen Informatikziele.

4.4.3.2. Definition von Anwendungssystemen

In diesem Modul von CADIS erfolgt einerseits die Zuordnung von Anwendungssystemen zu Anwendungssystemklassen, was für die Auswahl der relevanten Faktoren im nächsten Schritt eine Voraussetzung ist, und andererseits die Definition eines Distribuierungskontinuums für das Anwendungssystem. Unter Distribuierungskontinuum wird in CADIS eine Hierarchie von Organisationseinheiten verstanden, denen die Aufgaben und Funktionen der Entscheidungsfelder zugeordnet werden sollen.

Die Abbildung "Datenmodell Anwendungssysteme" zeigt das Datenmodell, das diesem Modul von CADIS zugrunde liegt. Die Tabelle Anwendungsklassen wurde bereits in der Dokumentation des Designmoduls beschrieben. Die Tabelle Klassenzuordnung (AS_AKL) dient der Zuordnung von Anwendungssystemen zu den vordefinierten Anwendungsklassen.

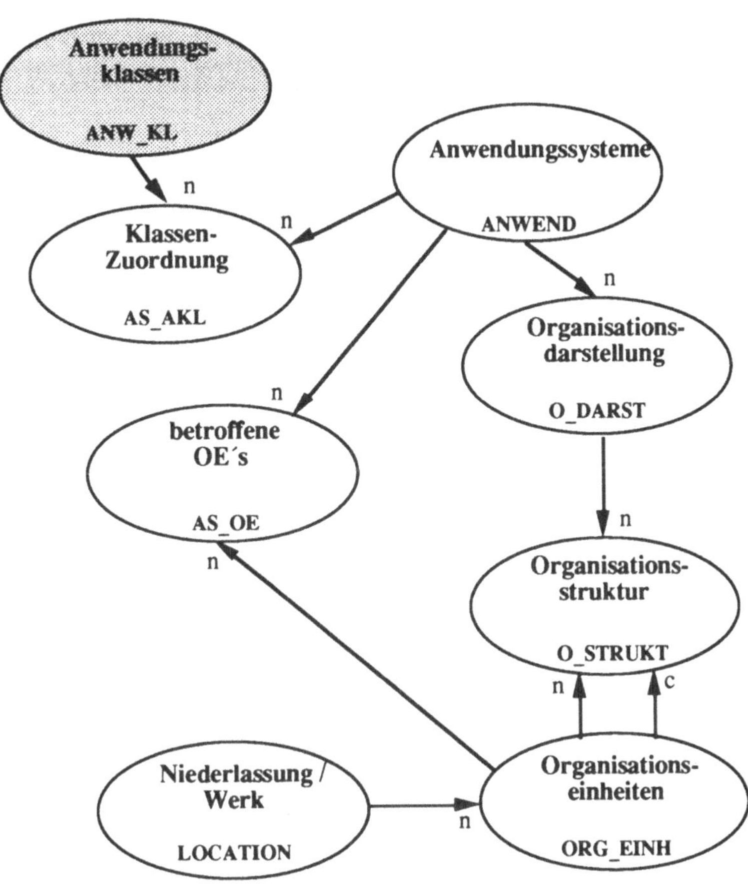

Abb. 4.13. Datenmodell Anwendungssysteme

AS_AKL

Zuordnung Anwendungssystem zu Anwendungsklassen

ASID	number	4	not null	—> ANWEND.ASID
AKLID	number	4	not null	—> ANW_KL.AKLID
BEDEUT	number	3		
USID	number	2	not null	—> USER.USID
ORGID	number	4	not null	—> ORG.ORGID

Das Attribut BEDEUT gibt das Ausmaß an, in dem das Anwendungssystem den Charakteristika der Anwendungssystemklasse entspricht. Dieser Wert wird für die erste Gewichtung[1] der Wirkungen verwendet werden.

Die anderen Tabellen werden nun zunächst en bloc als Einrückungsliste dargestellt. Die Beschreibung der Zusammenhänge und Attribute erfolgt dann im Anschluß:

O_DARST

Organisationsdarstellung, Distribuierungskontinuum

ODID	number	4	not null	
NAME	char	40	not null	
USID	number	2	not null	—> USER.USID
ORGID	number	4	not null	—> ORG.ORGID

O_STRUKT

Organisationsstruktur

ODID	number	4	not null	—> O_DARST.ODID
O_OEID	number	4	not null	—> ORG_EINH.OEID
U_OEID	number	4	not null	—> ORG_EINH.OEID
USID	number	2	not null	—> USER.USID
ORGID	number	4	not null	—> ORG.ORGID

ORG_EINH

Organisationseinheiten

OEID	number	4	not null	
NAME	char	40	not null	
USID	number	2	not null	—> USER.USID
ORGID	number	4	not null	—> ORG.ORGID
AUFGABE	char	240		

---

[1] Die zweite Gewichtung erfolgt durch die Bewertung der Faktoren durch den Benutzer.

| E_KOMP | char | 1 | | |
| LOCID | number | 4 | | —> LOCATION.LOCID |

AS_OE

Vom Anwendungssystem betroffenen Organisationseinheiten

ASID	number	4	not null	—> ANWEND.ASID
OEID	number	4	not null	—> ORG_EINH.OEID
USID	number	2	not null	—> USER.USID
ORGID	number	4	not null	—> ORG.ORGID
GEWICHT	number	3		

LOCATION

Niederlassung / Werk

LOCID	number	4	not null	
NAME	char	40	not null	
USID	number	2	not null	—> USER.USID
ORGID	number	4	not null	—> ORG.ORGID

Wesentlich in diesem Teil des Datenmodells sind die Zusammenhänge zwischen den einzelnen Tabellen. Der Kern dieses Modells liegt in der Tabelle Organisationseinheiten (ORG_EINH). Inhaltlich entsprechen Organisationseinheiten zunächst einmal Stellen. "Als Stelle soll jede abstrakt gedachte Einheit von einem oder mehreren Aufgabenträgern bezeichnet werden, der im Rahmen einer Gesamtorganisation ein bestimmter Aufgabenkomplex zur Erfüllung übertragen ist und die mit den dazu notwendigen Kompetenzen, den entsprechenden Verantwortlichkeiten und den für die Koordination benötigten Verbindungswegen zu anderen Stellen ausgestattet ist."[1] Der Begriff Stelle wurde nicht verwendet, weil es in CADIS möglich ist, Hierarchien als Distribuierungskontinuum zu definieren, die sich nicht mit der Aufbauorganisation decken. So können z.B. kleine Niederlassungen eines Unternehmens als Organisationseinheiten definiert

---

[1] Hill W., Fehlbaum R., Ulrich P.: Organisationslehre 1; 3. Aufl.; Bern 1981; S. 130

werden, auch wenn sie nur Teil einer Stelle des Organigramms sind oder wenn sie mehrere Stellen des Organigramms repräsentieren.[1]

Das Distribuierungskontinuum wird durch die Tabelle O_STRUKT hierarchisch gegliedert. An der Spitze steht dabei die Organisationseinheit, die als "zentral" zu interpretieren ist, auf der untersten Ebene befinden sich die Organisationseinheiten die als "dezentral" angesehen werden. Ebenen dazwischen stellen Alternativen dar, die weder extrem zentral, noch extrem dezentral sind. Die Einführung von Zwischenebenen erfordert die wiederholte Anwendung des Entscheidungsmodells für jede Ebene.

Im Sinne der oben angeführten Definition einer Stelle wird den Organisationseinheiten das Attribut der Entscheidungskompetenz[2] (E_KOMP) zugeordnet. Dieses Attribut soll bei der Zuordnung von Entscheidungsfeldern verhindern, daß Kompetenzkonflikte entstehen. Analog können weitere Attribute, welche Verantwortungen und andere Kompetenzformen beinhalten hinzugefügt werden, die das Entscheidungsverhalten von CADIS verbessern. So könnte z.B. "Umsatzverantwortung" in Verbindung mit der Anwendungssystemklasse "Auftragsbearbeitung/Mahnwesen" von einem Faktor als Hinweis für Dezentralisierung gewertet werden.

Ein Distribuierungskontinuum (Hierarchie) wird als Organisationsdarstellung bezeichnet (Tabelle O_DARST). Eine Organisationsdarstellung kann für ein oder mehrere Anwendungssystem(e) als Distribuierungskontinuum dienen. Aus diesem Grund wurde bei den Anwendungssystemen das Attribut ODID als Fremdschlüssel eingefügt.

Da nicht alle Organisationseinheiten gleichermaßen von einem Anwendungssystem abhängen, wird in der Tabelle AS_OE festgelegt, welche Organisationseinheiten betroffen sind und in welchem Ausmaß das Anwendungssystem für sie von Bedeutung ist (GEWICHT).

Die Tabelle LOCATION ermöglicht es, Niederlassungen (Werke), welche aus mehreren Organisationseinheiten bestehen wieder zusammenzufassen, ohne auf die Hierarchie der Organisationsdarstellung Rücksicht nehmen zu müssen. Dadurch wird es im Zuge der Analyse möglich, Ressourcen, welche in einer Niederlassung bereits zu Verfügung stehen, weil sie für ein anderes Entscheidungsfeld oder ein anderes Anwen-

---

[1]   Alternativ können Niederlassungen mit der Tabelle LOCATION behandelt werden.

[2]   Vgl. Hill W., Fehlbaum R., Ulrich P.: Organisationslehre 1; 3. Aufl.; Bern 1981; S 124

dungssystem bereits zugeordnet wurden, genutzt werden können. Durch diese Mehrfachnutzung von Ressourcen kann die Auslastung optimiert und die Effizienz gesteigert werden.

Für den Benutzer von CADIS stehen in diesem MODUL vier Arbeitsbereiche zur Verfügung, mit denen die Informationen in den Tabellen gewartet werden können:

(1)   Definition von Niederlassungen für die Zuordnung von Organisationseinheiten

(2)   Definition der Organisationsdarstellung (Struktur und Organisationseinheiten)

(3)   Auswahl einer Organisationsdarstellung für ein Anwendungssystem.

(4)   Gewichtung der Bedeutung eines Anwendungssystems für eine Organisationseinheit

4.4.3.3. Auswahl von Entscheidungsfeldern und Faktoren

Nach der Definition der Anwendungssysteme werden für jedes Anwendungssystem die Entscheidungsfelder ausgewählt, für die eine Distribuierungsentscheidung getroffen werden soll. In einem weiteren Schritt in diesem Modul wählt CADIS dann die relevanten Faktoren aus und ermittelt deren Wirkung. Der Vorgang und das Datenmodell, wie in der Abbildung "Datenmodell "Auswahl der Entscheidungsfelder"" dargestellt, werden hier erläutert.

Mit Ausnahme der nachfolgend als Einrückungsliste dargestellten Tabellen wurden alle Tabellen bereits dokumentiert. Die Beschreibung der Attribute dieser Tabellen erfolgt im Zuge der Dokumentation des Ablaufs.

AKT_EF

untersuchte Entscheidungsfelder

EFID	number	4	not null	—> ENT_FELD.EFID
USID	number	2	not null	—> USER.USID
ORGID	number	4	not null	—> ORG.ORGID
ASID	number	4	not null	—> ANWEND.ASID
AEFID	number	4	not null	

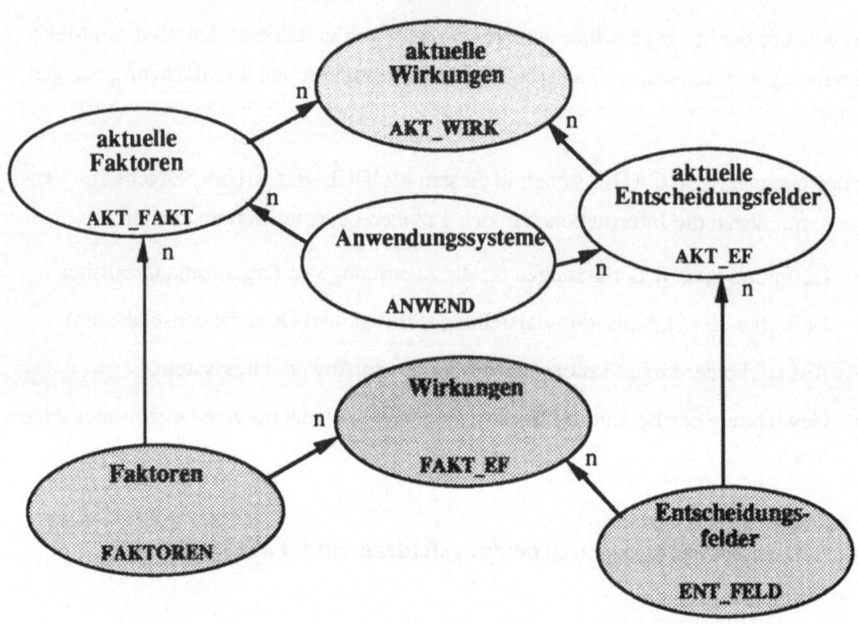

Abb. 4.14. Datenmodell "Auswahl der Entscheidungsfelder"

AKT_FAKT

Liste der relevanten Faktoren

ASID	number	4	not null	—> ANWEND.ASID
FAKTID	number	4	not null	—> FAKTOREN.FAKTID
AFID	number	4	not null	
USID	number	2	not null	—> USER.USID
ORGID	number	4	not null	—> ORG.ORGID

AKT_WIRK

relevante Wirkung der Faktoren

AEFID	number	4	not null	—> AKT_EF.AEFID
AFID	number	4	not null	—> AKT_FAKT.AFID
ANWZ	number	3,2		
ANWD	number	3,2		

USID	number	2	not null	—> USER.USID
ORGID	number	4	not null	—> ORG.ORGID

Der erste Schritt in diesem Modul besteht in der Auswahl der Entscheidungsfelder. Diese erfolgt durch die Übernahme des Attributes EFID (Identifikationsschlüssel des Entscheidungsfeldes) der vordefinierten Entscheidungsfelder (ENT_FELD) in die Tabelle AKT_EF. Ebenso wird der Identifikationsschlüssel des Anwendungssystems in die Tabelle aufgenommen. AEFID ist der Identifikationsschlüssel dieser Tabelle.

Im zweiten Schritt werden in analoger Form die Faktoren aus der Tabelle FAKTOREN in die Tabelle AKT_FAKT übernommen. Der Vorgang wird jedoch nicht vom Benutzer gesteuert, sondern CADIS sucht alle Faktoren aus, die auf die gewählten Entscheidungsfelder eine Wirkung (Tabelle FAKT_EF) aufweisen und die eine Relevanz (Tabelle RELEVANZ) für die Anwendungsklassen haben, zu denen das Anwendungssystem zugehörig ist (Tabelle AS_AKL).

Der dritte Schritt, der parallel zum zweiten ablaufen kann, besteht in der Übernahme der Wirkungen (FAKT_EF) in die Tabelle AKT_WIRK. Dabei werden die Wirkungen (Zielerträge) mit dem Zugehörigkeitsgrad (Attribut BEDEUT der Tabelle AS_AKL) des Anwendungssystems zur Anwendungsklasse, das die Übernahme des Faktors bewirkt hat multipliziert. Dadurch wird eine Gewichtung der Faktoren entsprechend der Anwendungssystemklassen vorgenommen.

Benutzer mit der Berechtigungsstufe 2 (Fachmann) haben nach diesem Vorgang Zugriff auf die Liste der aktuellen Faktoren und der gewichteten Wirkungen und können dort Veränderungen vornehmen, bevor mit der Bewertung und der Analyse begonnen wird. Dieser Sachverhalt wird durch die hellere graue Farbe im Datenbankstrukturdiagramm dargestellt.

4.4.3.4. Bewertung und Analyse

Das Modul Bewertung und Analyse stellt den letzten Schritt des Entscheidungsprozesses dar. Zunächst wird vom Benutzer jeder relevante Faktor bewertet, womit er angibt, inwieweit der Faktor für das Untersuchungsobjekt (Unternehmen/Anwendungssystem) zutrifft. Danach wird von CADIS die Wertsynthese durchgeführt und unter Berücksichtigung der in den strategischen Geschäftsfeldern definierten Schwellwerte eine Alternative (zentral / Dezentral) ausgewählt und das Entscheidungsfeld der entsprechenden Organisationseinheit zugeordnet. Darauf folgt dann die Auswahl der Ressourcen, die für die Erfüllung der Aufgaben des Entscheidungsfeldes notwendig sind.

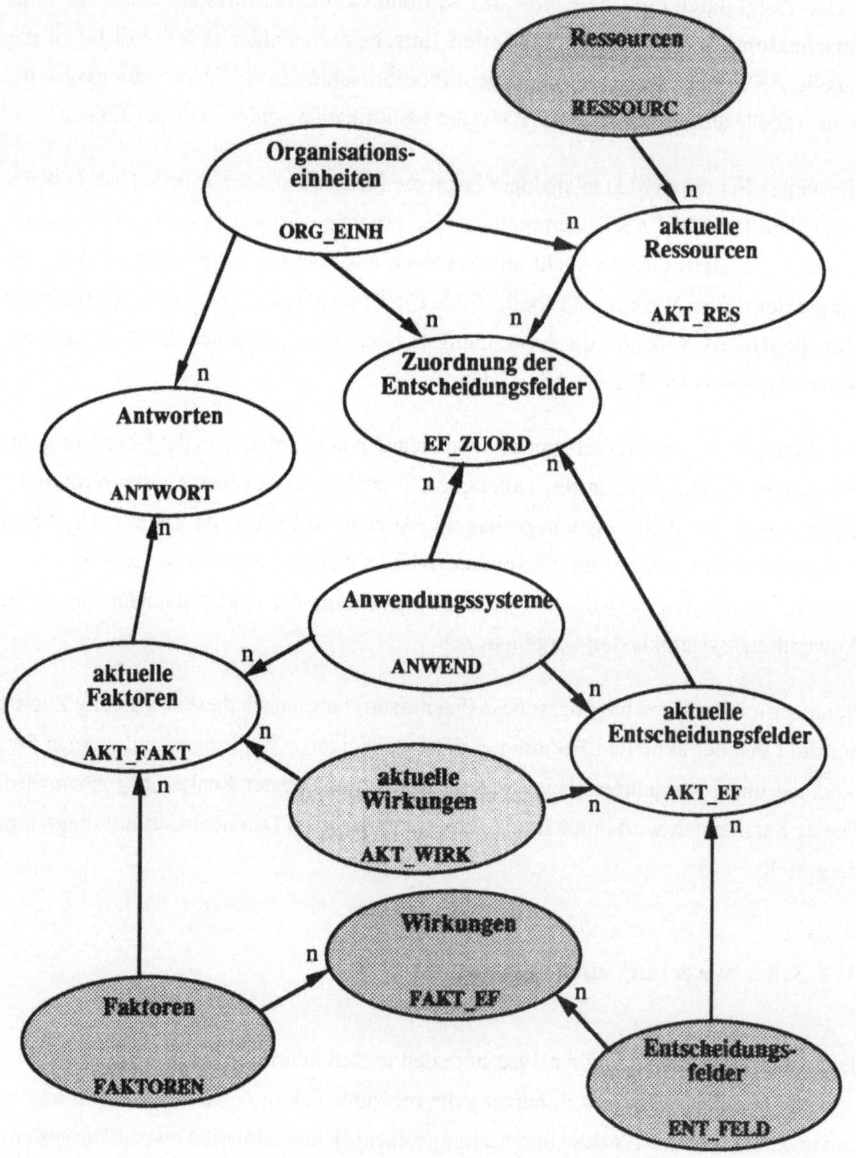

Abb. 4.15. Datenmodell "Bewertung und Analyse"

Die Tabellen des Datenmodells "Bewertung und Analyse", welche bisher noch nicht dokumentiert wurden, werden in der Folge als Einrückungsliste dargestellt und im Zuge der Erläuterungen des Bewertungs- und Analysevorgangs genauer beschrieben.

ANTWORT

Antworten (Gewichtungen) der Faktoren

OEID	number	4	not null	—> ORG_EINH.OEID
AFID	number	4	not null	—> AKT_FAKT.AFID
GEWICHT	number	3		
USID	number	2	not null	—> USER.USID
ORGID	number	4	not null	—> ORG.ORGID

EF_ZUORD

Zuordnung der Entscheidungsfelder zu Organisationseinheiten

AEFID	number	4	not null	—> AKT_EF.AEFID
OEID	number	4		—> ORG_EINH.OEID
USID	number	2	not null	—> USER.USID
ORGID	number	4	not null	—> ORG.ORGID
ASID	number	4	not null	—> ANWEND.ASID
NWZ	number	5		
NWD	number	5		
FAKTANZ	number	3,2		
ARESID	number	4		—> AKT_RES.ARESID

AKT_RES

Zuordnung von Ressourcen zu OEs

ARESID	number	4	not null	
RESID	number	4	not null	—> RESSOUC.RESID
OEID	number	4	not null	—> ORG_EINH.OEID
AUSLAST	number	3		

| USID | number | 2 | not null | —> USER.USID |
| ORGID | number | 4 | not null | —> ORG.ORGID |

Die Bewertung der Faktoren wird in der Tabelle ANTWORT gespeichert. Neben dem Faktor, der bewertet wird, wird die Antwort auch einer Organisationseinheit zugeordnet. Die Antworten für Faktoren der Gruppe "A" und "U"[1], die keiner Organisationseinheit zugeordnet werden können enthalten für dieses Attribut den Wert "0", die Faktoren der Gruppe "O" enthalten den Identifikationsschlüssel der entsprechenden Organisationseinheit.

Der Vollständigkeit halber sei hier nochmals darauf hingewiesen, daß die Erhebung der Informationen mit der Methodenbank unterstützt werden kann. Dies wird insbesondere bei der Bewertung von Faktoren von großer Bedeutung sein, weil die Qualität der Antworten durch methodisch unterstütztes Vorgehen erheblich verbessert werden kann.

Bei der Wertsynthese werden die aktuellen Wirkungen (AKT_WIRK) mit den Faktorbewertungen multipliziert und für jedes Entscheidungsfeld addiert. Die Anzahl der Faktoren (FAKTANZ) und die Summe der Zielerträge (NWZ und NWD) wird in der Tabelle EF_ZUORD gespeichert. Dieser Vorgang läuft ebenfalls unter Kontrolle der Methodenbank, um andere Verfahren der Wertsynthese leicht implementieren zu können.

Der eigentliche Entscheidungsprozeß vergleicht die prozentuelle Differenz der Nutzwerte (NWZ/NWD) mit dem entsprechenden Schwellwert der Tabelle SGF. Wenn die Differenz größer ist als der Schwellwert, wird das Entscheidungsfeld entsprechend der Richtung der Entscheidung einer Organisationseinheit zugeordnet. Die Auswahl der Schwellwerte erfolgt mittels des Attributs GRUPPE in der Tabelle ENT_FELD. Wenn der Schwellwert nicht erreicht wird, dann werden dem Benutzer die relevanten Werte angezeigt, und er muß entscheiden, welcher Organisationseinheit er das Entscheidungsfeld zuordnet.

Nach der Zuordnung des Entscheidungsfeldes untersucht CADIS, ob in der entsprechenden Niederlassung (LOCATION) eine Ressource verfügbar ist, die in der Lage ist, die Aufgaben des Entscheidungsfeldes wahrzunehmen (Tabelle AKT_RES). Wenn

---

[1] Vgl. die Beschreibung der Tabelle FAKTOREN

eine solche gefunden wird, kann der Benutzer entscheiden, ob diese Ressource mit der Aufgabe betraut wird, oder ob eigene Ressourcen in die Tabelle AKT_RES aufgenommen werden sollen. Das Attribut AUSLAST gibt die Belastung der Ressource in Leistungseinheiten der Ressource an. Die Addition dieser Werte multipliziert mit dem Kostensatz der Ressource ergibt die Kosten der Konfiguration.

Das Ergebnis des Entscheidungsprozesses mit CADIS besteht in einer Zuordnung von Entscheidungsfeldern zu Organisationseinheiten mit der Zusatzinformation, welche Ressourcen mit welcher Leistung benötigt werden, um die Aufgaben und Funktionen der Entscheidungsfelder zu realisieren. Die Bewertung der Leistung der Ressourcen mit Preisen ermöglicht damit die Angabe von Kosten. Werden Ressourcen für Entscheidungsfelder eingesetzt, für die sie nicht zu 100% geeignet sind, so wird der Kostensatz für diese Verwendung proportional angehoben.

Ressourcen, für die keine vernünftige Preisangabe möglich ist bzw. Entscheidungsfelder, die keine expliziten Kosten verursachen, wie z.B. Entscheidungskompetenz für Hardwarebeschaffung, müssen von den Kostenüberlegungen ausgeschlossen werden.

4.5. Zusammenfassung

Nach einer Positionierung von CADIS im Vergleich zu den Entscheidungsmodellen, die im 3. Kapitel vorgestellt wurden und einer Positionierung im Systemplanungsprozeß wurden in diesem Kapitel die Grundlagen aufbereitet, die für die Entwicklung des Werkzeugs herangezogen wurden und der Ablauf, sowie die interne Datenstruktur von CADIS dokumentiert.

Es wurde außerdem die softwaretechnische Implementierung von CADIS beschrieben, wobei CADIS von reinen Expertensystemen abgegrenzt wurde und der Werkzeugcharakter, der sich aus der Implementierung einer Methodenbank ergibt, hervorgehoben.

Die zentralen Elemente von CADIS, die Datenbank und die Methodenbank, wurden im Rahmen der Dokumentation der internen Struktur beschrieben. Das folgende Beispiel einer Sitzung mit CADIS soll den Ablauf und die Zusammenhänge weiter erläutern.

5. Der Einsatz von CADIS

Die folgenden Ausführungen zeigen anhand ausgewählter Arbeitsabläufe die Arbeit mit CADIS. Zunächst werden die Arbeitsbereiche der Experten und Entwickler, das Designmodul vorgestellt, danach das Analysemodul, die Erfassung von Unternehmensdaten und der Ablauf des Entscheidungsprozesses.

Nachdem CADIS initialisiert worden ist, d.h. die Datenbank und die Inferenzmaschine geladen worden sind, und sich der Benutzer identifiziert hat, kann ein Experte ausgewählt werden, dessen Wissen für die folgende Sitzung verwendet werden soll. Wenn kein Experte ausgewählt wird, so greift CADIS auf das gesamte zur Verfügung stehende Wissen zurück. Anhand dieser beiden Bildschirme, die in den Abbildungen "CADIS - Bildschirmaufbau" und "CADIS - Expertenauswahl" dargestellt sind, wird die Benutzeroberfläche von CADIS, beschrieben.

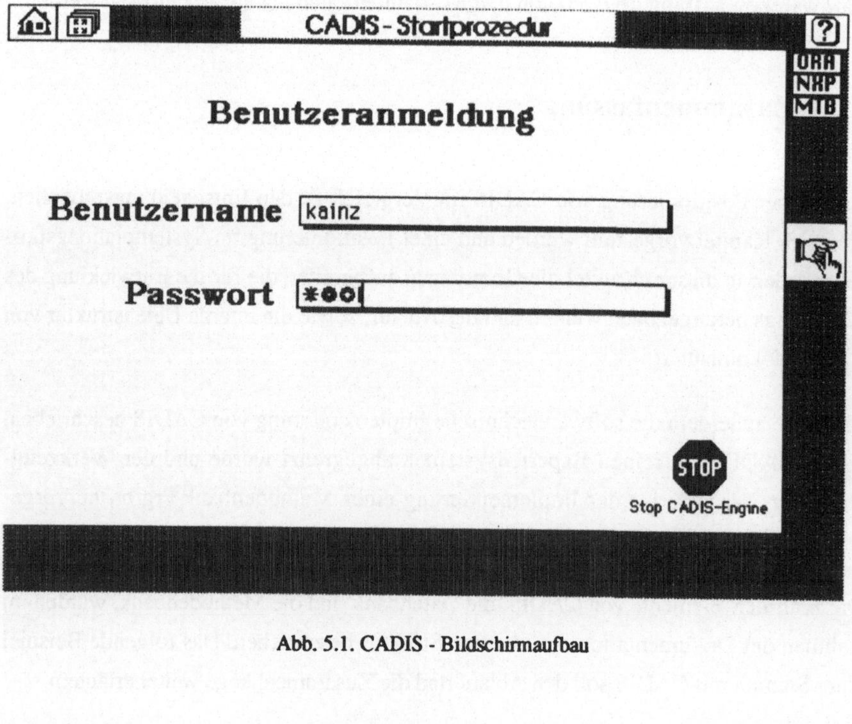

Abb. 5.1. CADIS - Bildschirmaufbau

In der folgenden Beschreibung wird der Begriff "Bildschirm" verwendet, um den Aufbau der Bildschirmmasken zu bezeichnen. Da es sich dabei um Hypercard-Karten handelt, die wegen des objektorientierten Ansatzes von Hypercard eine höhere Funktionalität als herkömmliche Bildschirmmasken aufweisen, und eine Karte mehrere Darstellungsformen haben kann, wird der Begriff Bildschirm eine Darstellungsform einer Hypercard-Karte bezeichnen.

Der Bildschirm von CADIS ist in vier Bereiche aufgeteilt. Der Datenbereich, der die Informationen, die für die jeweilige bildschirmspezifische Funktion benötigt werden, anzeigt, beansprucht den größten Teil des Bildschirmes und wird von drei Rändern (oben, rechts, unten) eingefaßt.

Der obere und der rechte Rand dienen als Informations- und Navigationsbereich. In der Titelzeile wird der Name des aktuellen Arbeitsbereiches eingeblendet; im rechten, oberen Eck bietet die Taste[1] mit dem Fragezeichen die Möglichkeit eine Hilfefunktion zu dieser Karte aufzurufen. Diese Hilfetaste wird nur dann angezeigt, wenn zu der spezifischen Karte eine Hilfestellung definiert wurde. Die beiden Tasten links oben bieten die Möglichkeit, direkt, ohne Ausführen einer Verarbeitung zum letzten Auswahlbildschirm (Pfeile-Symbol) bzw. zur Startprozedur (Haus-Symbol) zurückzuspringen. Oben am rechten Rand finden sich drei "Anzeigeflächen", die durch Inversdarstellung anzeigen, wann CADIS auf die Datenbank (**ORA**cle), auf eine Wissensbasis (**NeXP**ert object) oder auf die **M**et**Th**oden**B**ank zugreift. Die nach rechts weisende Hand ist eine Taste, die den logisch nachfolgenden Bildschirm aufruft.

Der untere Bildschirmrand ist Tasten vorenthalten, die der Verarbeitung der im Datenbereich dargestellten Informationen vorenthalten sind. Diese Tasten sind spezifisch für jeden Bildschirm angepaßt.

---

[1] Eine Taste ist eine abgegrenzte Fläche am Bildschirm, mit der durch anklicken mit der Maus Funktionen und/oder Verarbeitungen ausgelöst oder aufgerufen werden können.

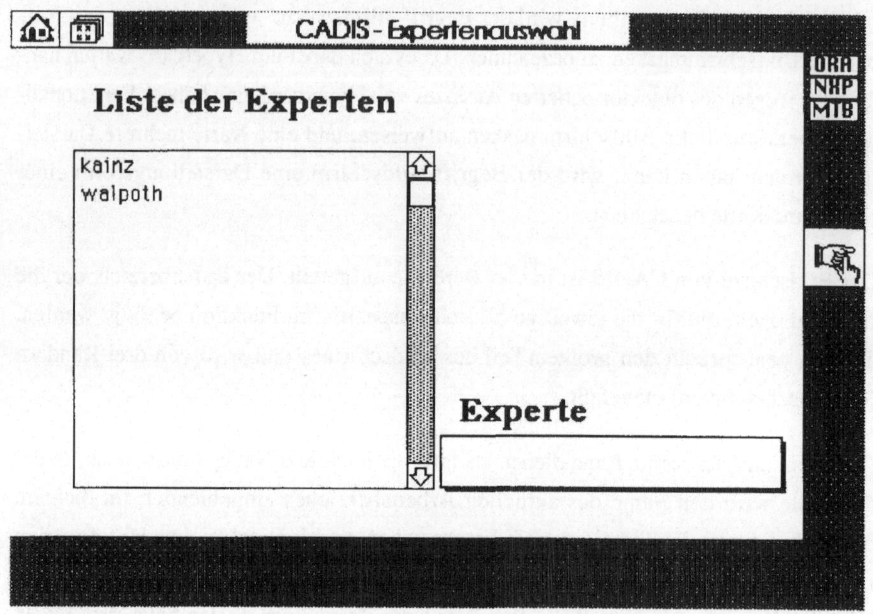

Abb. 5.2. CADIS - Expertenauswahl

Die Benutzerführung in CADIS ist "mausorientiert". Alle Funktionen können durch Klicken mit der Maus ausgelöst werden. Lediglich die Eingabe von Texten und Zahlenwerten muß über die Tastatur erfolgen. So erfolgt die Expertenauswahl durch Anklicken des gewünschten Experten in der angebotenen Liste. Anschließend kann mit der "Weiter-Taste" der nächste Bildschirm, die "Hauptauswahl" aufgerufen werden. Wenn ein Experte ausgewählt wird, so wird sein Name in das Expertenfeld rechts unten eingeblendet. Durch ein neuerliches Aufrufen der Expertenauswahl kann die Einschränkung des verwendeten Wissens wieder aufgehoben oder verändert werden.

In der Hauptauswahl können die verschiedenen Arbeitsbereiche von CADIS mittels Tasten angewählt werden. Für die Benutzertabelle und das Designmodul ist mindestens die Berechtigungsstufe "Experte" notwendig. Die Aufteilung und die Strukturierung der Module und Arbeitsbereiche entspricht der Darstellung des Aufbaues von CADIS, wie er im Kapitel 4.4. "Die Realisierung von CADIS" dargestellt ist.

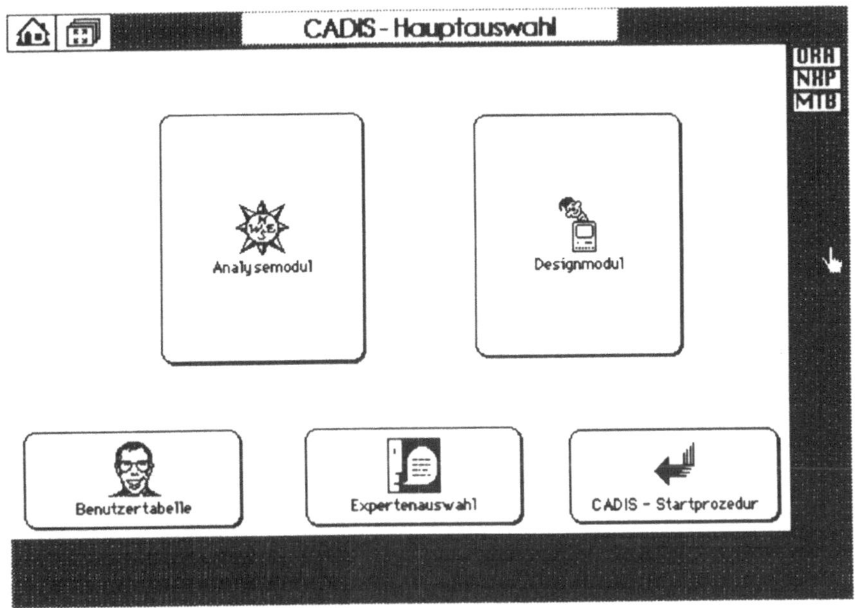

Abb. 5.3. CADIS - Hauptauswahl

Anhand der Bearbeitung der Benutzertabelle soll nun die Benutzerführung in den einzelnen Bildschirmen erläutert werden. Grundsätzlich werden in CADIS vor der Erfassung neuer Informationen die vorhandenen Informationen angezeigt. Im Beispiel der Benutzertabelle erfolgt dies durch eine Liste aller definierten Benutzer, sortiert nach ihrem Namen (Abb. 5.4. CADIS - Benutzerliste). Am unteren Bildschirmrand stehen zwei Tasten zu Verfügung, die es ermöglichen einen neuen Benutzer anzulegen, oder, nach anklicken der entsprechenden Zeile der Liste, die Daten zu einem bereits angelegten Benutzer zu verändern bzw. zu löschen.

Der Bildschirmaufbau ist für die Neuanlage und die Bearbeitung bestehender Informationen, abgesehen von den Tasten am unteren Bildschirmrand, immer gleich. Die Information wird in den entsprechenden Feldern angezeigt und kann verändert werden, nachdem der Cursor durch Anklicken im entsprechenden Feld positioniert wurde. Ebenso kann mit der Tabulatortaste von Feld zu Feld gesprungen werden. Durch Anklicken der Tasten "Einfügen" oder "Speichern" werden die Informationen in die Datenbank aufgenommen. Die Taste "Löschen" löscht die Informationen aus der Datenbank und die Taste "Abbrechen" kehrt zur Anzeige der Benutzerliste zurück.

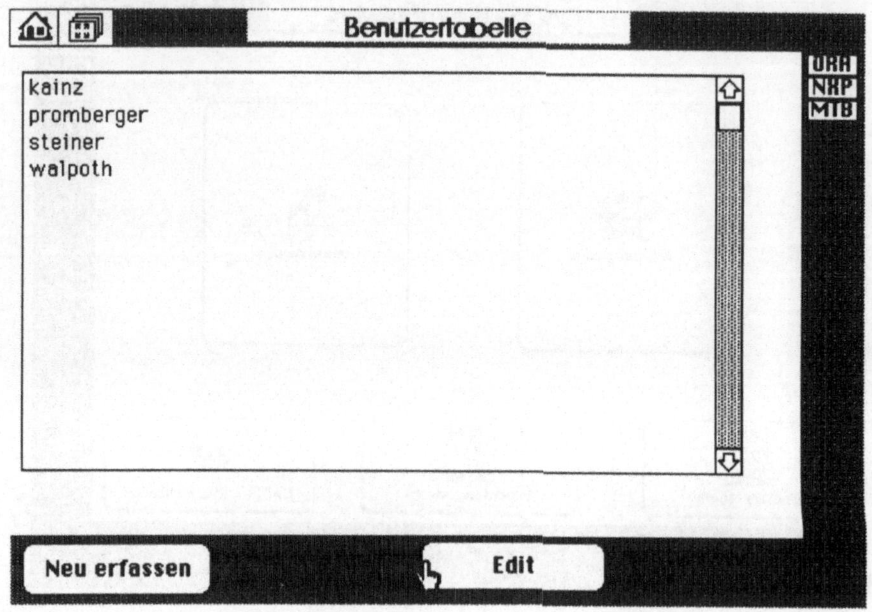

Abb. 5.4. CADIS - Benutzerliste

Sobald der Cursor in einem Bildschirmfeld positioniert wird, überprüft CADIS, sofern es sich nicht um die Eingabe von rein informativen Informationen[1] handelt, ob für die einzugebende Information in der Methodenbank ein Objekt und dazugehörige Erhebungsmethoden definiert worden sind. Wenn eine Methode gefunden wird, wird sie unter Berücksichtigung der Expertenauswahl ausgeführt, und das Ergebnis in das Feld übernommen. Der Name des Objektes nach dem gesucht wird, entspricht dem Namen der Tabelle und des Attributes, das in dem Feld angezeigt wird. Im Falle des Feldes Benutzerberechtigung ist der Name des Objektes aus der Methodenbank "cuser.berecht".

Die Details der Methodenbank werden im Zuge der Beschreibung des Designmoduls behandelt. Die Nummern, die in vielen Fällen im rechten Teil von Textfelder eingeblendet werden, sind die Identifikationsschlüssel der Tabellen. Sie werden für eine eindeutige Identifikation der Datensätze benötigt.

---

[1] Darunter werden Felder wie "Name", "Info", usw. verstanden, die für Anzeigen und Ausdrucke verwendet werden können.

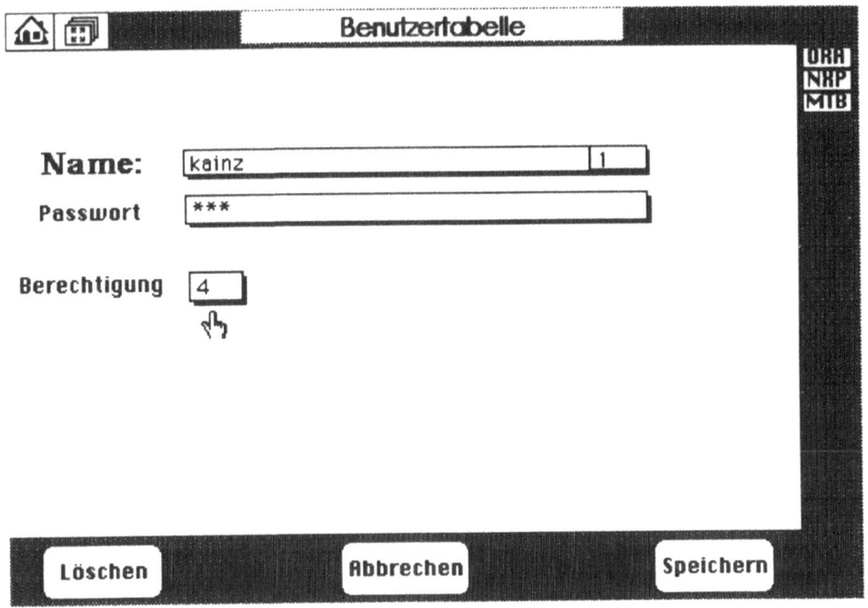

Abb. 5.5. CADIS - Bildschirm "Benutzertabelle"

5.1. Die Funktionen des Designmoduls

Das Designmodul besteht aus fünf Arbeitsbereichen, die über einen Auswahlbildschirm angewählt werden können.

Die Taste "Datadictionary" verzweigt in einen Programmteil, der die Datenbankstruktur von CADIS verwaltet. In diesem Teil können Tabellen, Views und Indizes aufgebaut und verändert werden. Entsprechend der Benutzerhierarchie ist für diesen Programmteil der Entwicklerstatus notwendig. Die Funktionsweise dieses Arbeitsbereiches basiert auf SQL und ist auf ORACLE abgestimmt.

Die Bearbeitung der Wissensbasis erfolgt in der von Nexpert Object zur Verfügung gestellten Entwicklungsumgebung[1], die mit der entsprechenden Taste aufgerufen

---

[1] Siehe: o.A.: NEXPERT OBJECT Users Manual Bd. 1; Neuron Data; Palo Alto, California; 1988 und o.A.: The NEXPERT Hyperbridge Users Maual; a.a.O.

werden kann. Die dort entwickelten Wissensbasen können dann über die Methodenbank in CADIS eingebunden werden. Im Zuge der Beschreibung der Methodenbank wird eine exemplarische Wissensbasis vorgestellt.

Die Taste "Methodenbank" ermöglicht die Verzweigung in den Programmteil, in dem Objekte und zugehörige Methoden definiert werden können. In diesem Teil werden nicht die Methoden selbst entwickelt, sondern fertige Methoden in CADIS eingebunden.

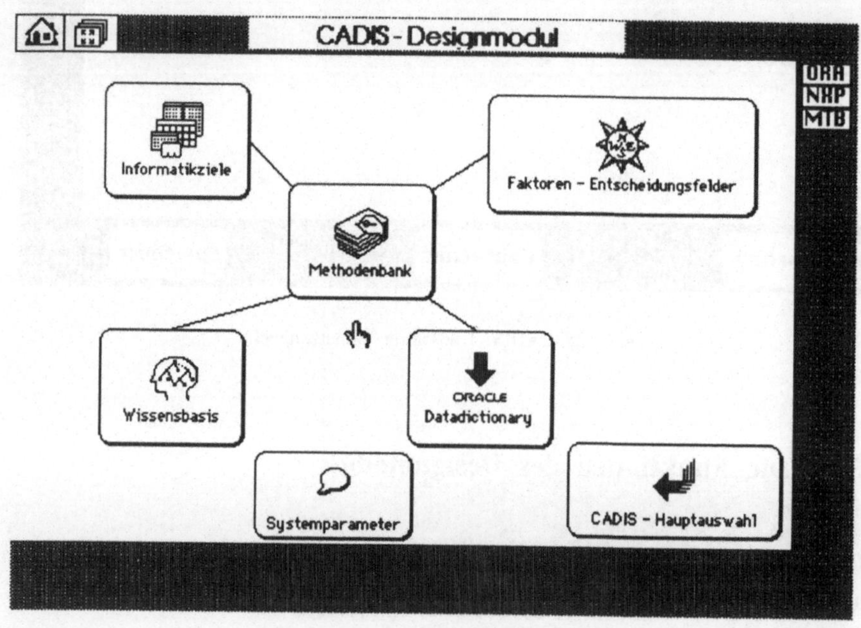

Abb. 5.6. Auswahlbildschirm Designmodul

Die beiden Tasten "Informatikziele" und "Entscheidungsfelder und Faktoren" entsprechen den Programmteilen, in denen die angesprochenen Tabellen bearbeitet werden können. Für alle Arbeitsbereiche im Designmodul (mit Ausnahme des Datadictionarys) ist der Expertenstatus notwendig.

5.1.1. Das CADIS Datadictionary

Das CADIS Datadictionary besteht zunächst aus einer Liste aller Tabellen und Views, mit denen CADIS arbeitet. Mit der Taste "Neue Tabelle" kann eine Tabelle oder View neu definiert werden, durch Anklicken einer Tabelle (View) und der entsprechenden Taste kann eine bestehende Tabelle (View) bearbeitet oder gelöscht werden[1]. Als zusätzliche Funktionen werden über die Taste mit dem Pfeil angeboten:

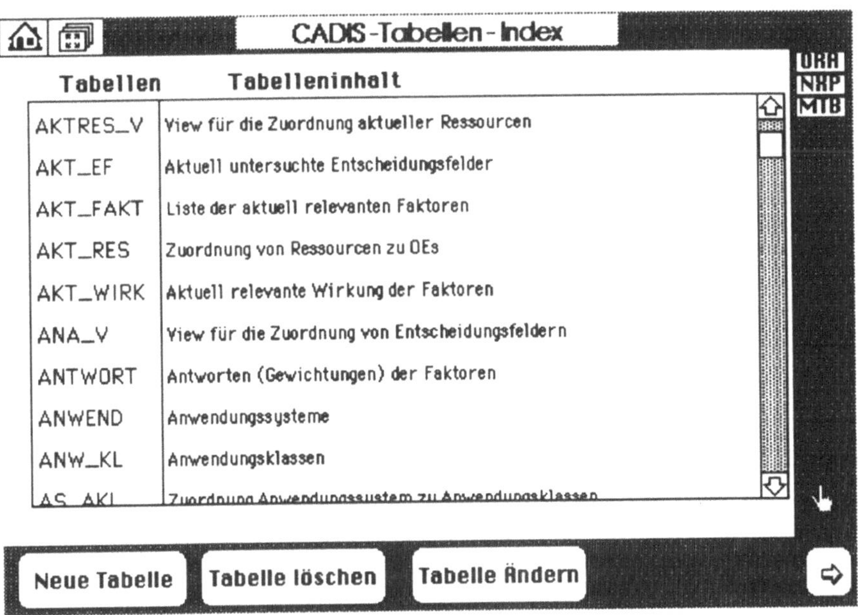

Abb. 5.7. Das CADIS Datadictionary

- Erstellen einer schriftlichen Dokumentation des Datenbankaufbaues

- Direktes Editieren der Tabellen ohne der Benutzeroberfläche von CADIS. Die Umgehung der Benutzeroberfläche bedeutet allerdings auch eine Umgehung der eingebauten Kontrolle der referentiellen Integrität der Datenbank.

- Neuerstellen des Indexbildschirmes

---

[1] Wenn die Taste "Tabelle ändern" bei gedrückter "Shift-Taste" angeklickt wird, wird der CREATE-Modus aufgerufen. Dies ermöglicht das Anlegen von bereits definierten Tabellen in einer ORACLE Datenbank, auf der CADIS noch nicht installiert wurde.

- Aufnahme bestehender ORACLE Tabellen in das CADIS Datadictionary (im Prototyp noch nicht implementiert).

Tabelle: **ANWEND**	Info: Anwendungssysteme				
ASID	number	4	not null		
NAME	char	40	not null		
USID	number	2	not null	USER.USID	
AKT_BED	number	3			Bewertung
STRA_BED	number	3			Bewertung
ODID	number	4		O_DARST.ODID	
ORGID	number	4	not null	ORG.ORGID	
PRIORI	number	3			
ENTS	char	1			

MODIFY   **Neue Felder**   **IDX**

Abb. 5.8. Bearbeiten einer Tabelle im Datadictionary

Die Bearbeitung von Tabellen und Views erfolgt mittels eines Bildschirms, dessen Aufbau in der Abbildung "Bearbeiten einer Tabelle im Datadictionary" dargestellt ist. Der Tabellen- (View-) name wird beim Anlegen vergeben und kann nicht mehr verändert werden. Das Info-feld dient der Beschreibung des Inhaltes einer Tabelle oder des Zwecks eines Views.

Der Rest des Bildschirms besteht aus sechs Spalten, in denen Tabellen definiert werden. Die erste Spalte beinhaltet den Attributnamen. Danach folgen der Datentyp (char, number, bool, usw.), die Länge und einzuhaltende Restriktionen (z.B. "not null"). Diese Werte werden an ORACLE übergeben. Die fünfte Spalte wird verwendet um Fremdschlüssel zu kennzeichnen, die die Relationen zu anderen Tabellen herstellen. Die sechste Spalte ermöglicht die Eingabe eines Informationstextes zu jedem Attribut.

Wenn das erste Attribut den Namen "VIEW" erhält, so wird anstelle einer Tabelle ein View bearbeitet. Es wird ein Textfeld eingeblendet, in dem der View als SQL-Statement definiert werden kann.

Mit der Taste "IDX" können Indizes zu der Tabelle definiert werden, die Taste mit dem Auge zeigt das abgesetzte SQL Statement an, um Fehler schneller eingrenzen zu können. Alle übrigen Tasten am unteren Bildschirmrand erfüllen die Funktion, die ihr Name zum Ausdruck bringt.

5.1.2. Die CADIS Methodenbank

Mittels der Methodenbank können Wissensbasen und/oder prozedural definierte Methoden (Hypercard-Scripts) in CADIS eingebunden werden, ohne daß das Werkzeug CADIS selbst verändert werden muß.

Auf der linken Seite des Bildschirmes werden die definierten Objekte angezeigt. Wenn eines dieser Objekte durch Anklicken ausgewählt wurde, dann werden auf der rechten Seite die zu diesem Objekt bekannten Methoden eingeblendet. Mit den Tasten am unteren Bildschirmrand können von einem Experten bzw. Entwickler jederzeit neue Objekte und Methoden definiert werden.

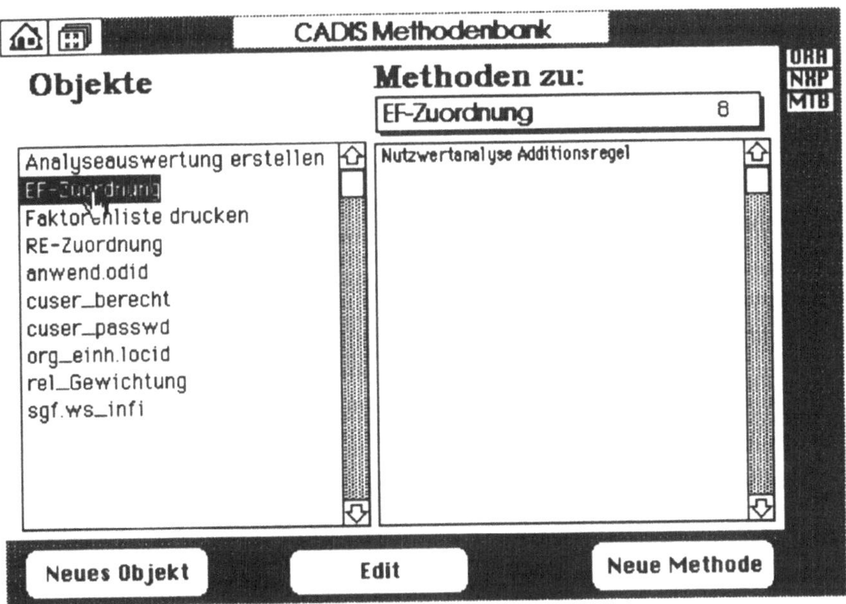

Abb. 5.9. Die CADIS Methodenbank

Neben den Objekten des Datadictionarys werden auch einige zentrale Vorgänge über die Methodenbank gesteuert. Dies sind die automatische Zuordnung der Entscheidungsfelder und der Ressourcen, die relative Gewichtung von beliebigen Datensätzen (z.B. die Zugehörigkeit von Anwendungssystemen zu Klassen) und der gesamte Bereich der Auswertungen und des Erklärungsmoduls.

Das Erklärungsmodul und die Auswertung beruhen auf der Tatsache, daß alle entscheidungsrelevanten Tatbestände in der Datenbank abgespeichert werden. Diese können somit mit einer Abfrage selektiert und entsprechend aufbereitet ausgegeben werden. Die Erklärungskomponente für Methoden, die auf einer Wissensbasis beruhen, ist im Prototyp noch nicht implementiert. Diese Erweiterung ist aber auf der Basis der Schnittstelle Hypercard / Nexpert Object möglich.

Für die Definition von Objekten und Methoden stehen weitere Bildschirme zu Verfügung. Da der Schwerpunkt in diesem Bereich auf den Methoden liegt, zeigt die Abbildung "CADIS - Methodenerfassung" den entsprechenden Bildschirmaufbau.

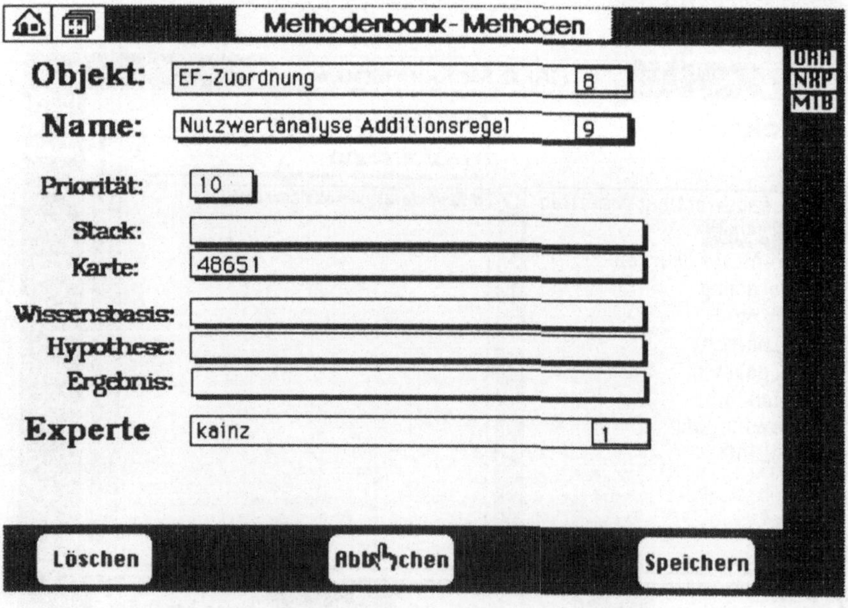

Abb. 5.10. CADIS - Methodenerfassung

Es können zur Zeit Methoden definiert werden, die entweder auf Hypercard oder Nexpert Object beruhen. Bei der Einbindung der Methode in CADIS werden lediglich die Parameter angegeben, die für den Aufruf notwendig sind und die Priorität, die angibt, in welcher Reihenfolge alternative Methoden ausgeführt werden sollen, wenn eine Methode zu keinem Ergebnis führt..

Für Hypercard ist dies der Name des Stapels und die ID[1] der Karte, die angezeigt werden soll. Wenn kein Stack-Name angegeben ist, wird die Karte mit der entsprechenden ID in CADIS selbst gesucht. Bei Ausführung der Methode wird zu dieser Karte verzweigt und die dort definierten Abläufe ausgeführt.

Für eine Wissensbasis wird der Name derselben, die Hypothese, die untersucht werden soll und das Atom[2], in dem das Ergebnis übergeben wird benötigt. Die Hypothese wird dann vorgeschlagen und untersucht. Wenn ein Ergebnis vorliegt, muß die Wissensbasis den Befehl "show 'mtb'" abarbeiten, damit eine Rückkehr in den Ablauf von CADIS möglich ist. Um den Aufbau einer Wissensbasis zu veranschaulichen, wird eine einfache Wissensbasis zur Bestimmung der Benutzerberechtigung hier vorgestellt.

Die Hypothese dieser Wissensbasis ist mtb_good, das Ergebnis ist mtb_result. Die Konstruktion der Regel mit mtb_exit muß gewählt werden, damit eine Rückkehr zu CADIS möglich ist, wenn kein Wert für mtb_result bestimmt werden kann. In diesem Fall wird von der Methodenbank die Methode mit der nächsthöheren Priorität ausgeführt.

5.1.3. Die Bearbeitung von Informatikzielen

CADIS unterstützt als Prototyp nur zwei Ebenen einer Zielhierarchie. Die Ziele werden mit der Angabe der Ebene zu der sie gehören erfaßt, die Hierarchie wird in einem zweiten Schritt definiert.

---

1   ID ist eine eindeutige Identifikationsnummer einer Karte in einem Hypercardstapel.

2   Atom ist ein Synonym für eine Variable, das bei der Arbeit mit Nexpert Object verwendet wird.

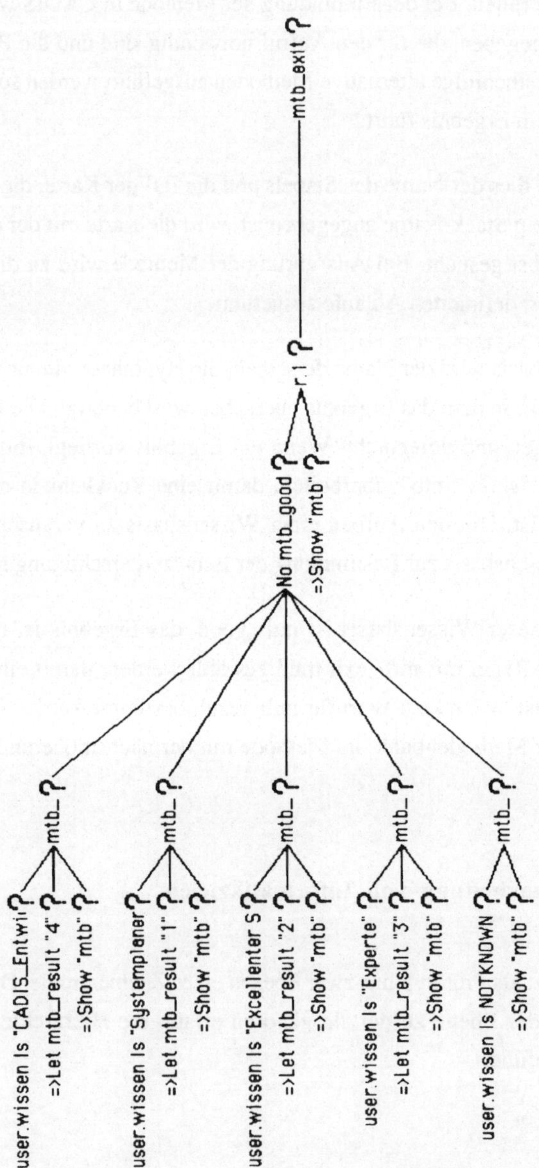

Abb. 5.11. CADIS - Wissensbasis in der Methodenbank

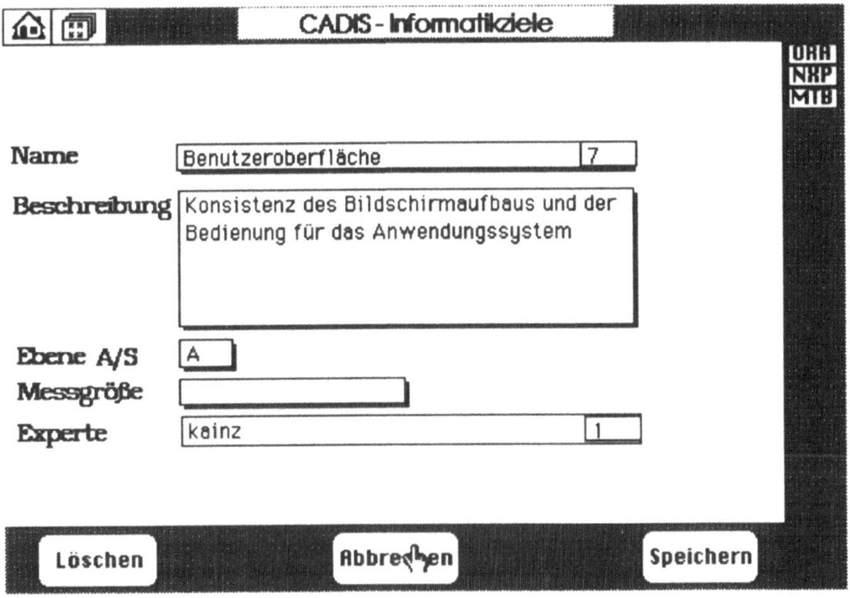

CADIS - Informatikziele

ORR
NXP
MIB

Name: Benutzeroberfläche 7

Beschreibung: Konsistenz des Bildschirmaufbaus und der Bedienung für das Anwendungssystem

Ebene A/S: A

Messgröße:

Experte: kainz 1

Löschen   Abbrechen   Speichern

Abb. 5.12. Erfassung von Informatikzielen

Die Felder dieser Maske sind bereits im Zuge der Beschreibung der Datenbankstruktur beschrieben worden. Die Bearbeitung der Hierarchie erfolgt in einem zweiten Schritt, nachdem alle Ziele des aufzubauenden Zielsystems erfaßt sind.

Es werden zunächst nur die Ziele der höheren Hierarchieebene (Ebene "S") angezeigt. Nach Auswahl eines dieser Ziele werden die bereits zugeordneten Ziele der unteren Hierarchieebene eingeblendet und die Möglichkeit geboten, neue Ziele zuzuordnen (Taste "Add"), oder bestehende Zuordnungen zu löschen (Taste "Drop").

Die hier definierte Zielhierarchie wird im Rahmen des Analysemoduls verwendet werden, um die Informatikziele auf der Ebene der funktionalen Strategien bzw. Maßnahmen und auf der Ebene der Anwendungssysteme zu bewerten. Eine Analyse der Konsistenz dieser Ziele kann im Rahmen der Auswertungen erfolgen.

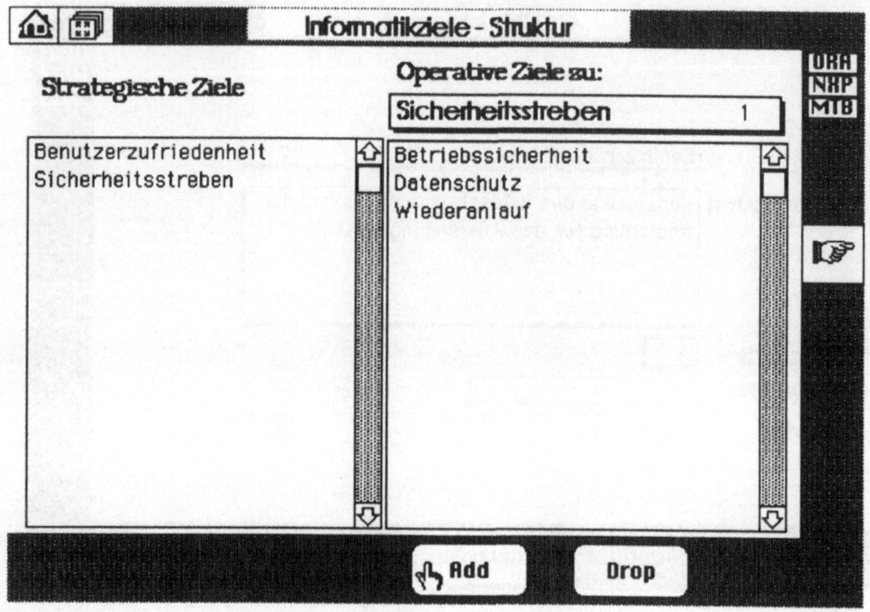

Abb. 5.13. Bearbeitung der Zielhierarchie

5.1.4. Die Bearbeitung von Entscheidungsfeldern und Faktoren

Die Bearbeitung von Entscheidungsfeldern und Faktoren entspricht der Bearbeitung der Nutzwertdaten im engeren Sinn. Hier werden die Faktoren und ihre de/zentralisierende Wirkung auf Entscheidungsfelder definiert, die im Zuge einer Analyse bewertet werden.

Da in diesem Zusammenhang auch die Ressourcen, deren Eignung und die Relevanz von Wirkungen für bestimmte Anwendungssystemklassen definiert werden müssen, ist dieser Arbeitsbereich in verschiedene Unterbereiche gegliedert, die über einen Auswahlbildschirm angewählt werden können.

Die Erfassung von Entscheidungsfeldern und Faktoren läuft nach folgendem Schema ab: Zuerst werden - sofern nicht schon vorhanden -die Ressourcen definiert, die für das Entscheidungsfeld in Frage kommen. Danach wird das Entscheidungsfeld selbst erfaßt und angegeben, welche Ressourcen welche Eignung zur Erfüllung der Funktionen des Entscheidungsfeldes haben. Wenn nötig werden nun neue Faktoren angelegt, und anschließend werden für jeden relevanten Faktor die de/zentralisierenden Wirkungen auf das Entscheidungsfeld definiert. Der letzte Schritt besteht in der Angabe für jede definierte Wirkung, für welche Anwendungssystemklassen diese Wirkung relevant ist.

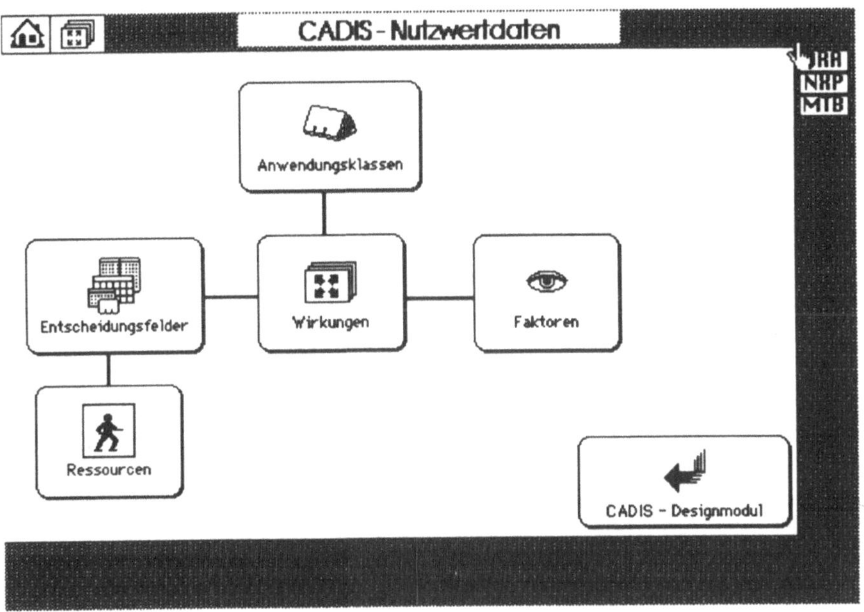

Abb. 5.14. Auswahlbildschirm "Entscheidungsfelder und Faktoren"

Da dieser Bereich aus einer Vielzahl von Bildschirmen besteht, werden hier aus Gründen der Übersichtlichkeit nur die wichtigsten beschrieben.

Die Wartung der Tabellen "Ressourcen" und "Entscheidungsfelder" bietet keine neuen Einsichten, was die Arbeitsweise von CADIS angeht. Von den Entscheidungsfeldern kann mittels einer Taste direkt der Bildschirm zur Zuordnung von Ressourcen aufgerufen werden, der in der Abbildung "Die Bestimmung der Eignung von Ressourcen" dargestellt ist.

Für ein ausgewähltes Entscheidungsfeld werden auf der linken Seite alle geeigneten Ressourcen angezeigt. Die Eignung wird auf einer Skala von 0 .. 100 bewertet und kann beliebig verändert werden. Ressourcen können aus der Liste entfernt oder neue hinzugenommen werden. Die Bestimmung der Eignung erfolgt entweder über die

Methodenbank (Objekt: EF_RES.EIGNUNG), oder mittels des Balkens, der mit der Maus vergrößert oder verkleinert werden kann.

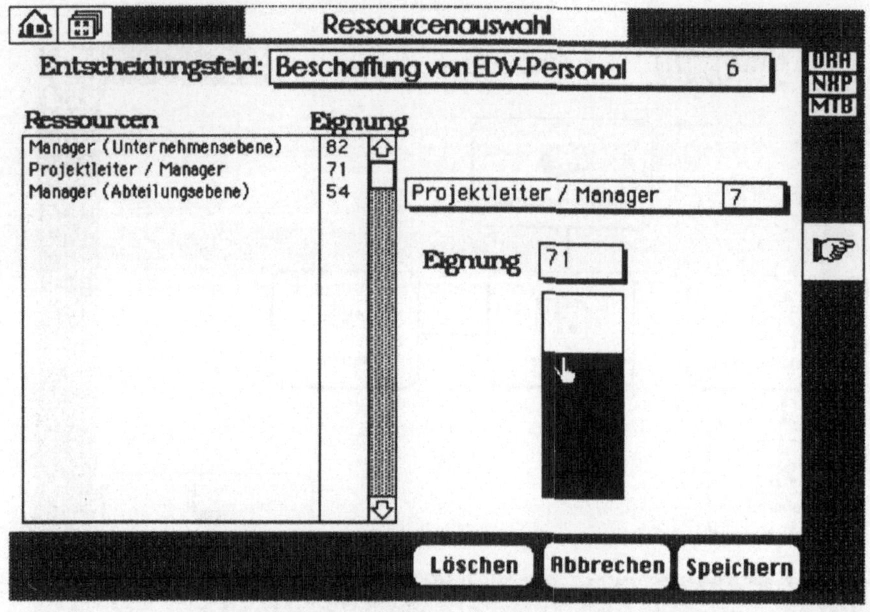

Abb. 5.15. Die Bestimmung der Eignung von Ressourcen

Mit der "Weiter" Taste gelangt man zurück zu Liste der Entscheidungsfelder und kann dort ein anderes Entscheidungsfeld auswählen, um ihm Ressourcen zuzuordnen.

Ein weiterer, wichtiger Schritt in diesem Arbeitsbereich ist die Definition von Wirkungen der Faktoren auf einzelne Entscheidungsfelder. Dieser Vorgang erfolgt mittels des Bildschirms, der in der Abbildung "Die Definition von Wirkungen in CADIS" dargestellt ist.

Besonderes Augenmerk ist der Skala zu widmen, auf der die Wirkungen der Faktoren angegeben werden. Diese muß unter Berücksichtigung des Zuordnungsalgorithmus gewählt werden. Der Zuordnungsalgorithmus ist jene Methode zum Objekt "EF_Zuordnung", das die automatische Zuordnung der Entscheidungsfelder zu einzelnen Organisationseinheiten vornimmt. Die im Prototyp implementierte Methode beinhaltet eine Wertsynthese nach der Additionsregel, wobei der prozentuelle Unterschied der Nutzwerte mit einem Schwellwert verglichen wird. Nur wenn der Schwellwert überschritten wird, erfolgt eine automatische Zuordnung. Um ein konsistentes Entscheidungsverhalten zu erreichen, müssen die Wirkungen der Faktoren auf einer vergleichbaren Skala angegeben werden. Wenn z.B. zwei Faktoren die Wirkungen 60/80 und 6/3 haben und beide Faktoren voll zum Tragen kommen, führt dies zu einem Ergebnis von 66/83 und einer entsprechenden Entscheidung. Wenn die Wirkungen 6/8 und 6/3 sind, ist das Ergebnis 12/11 und die Entscheidung fällt (ohne Berücksichtigung von Schwellwerten) zugunsten der anderen Alternative.

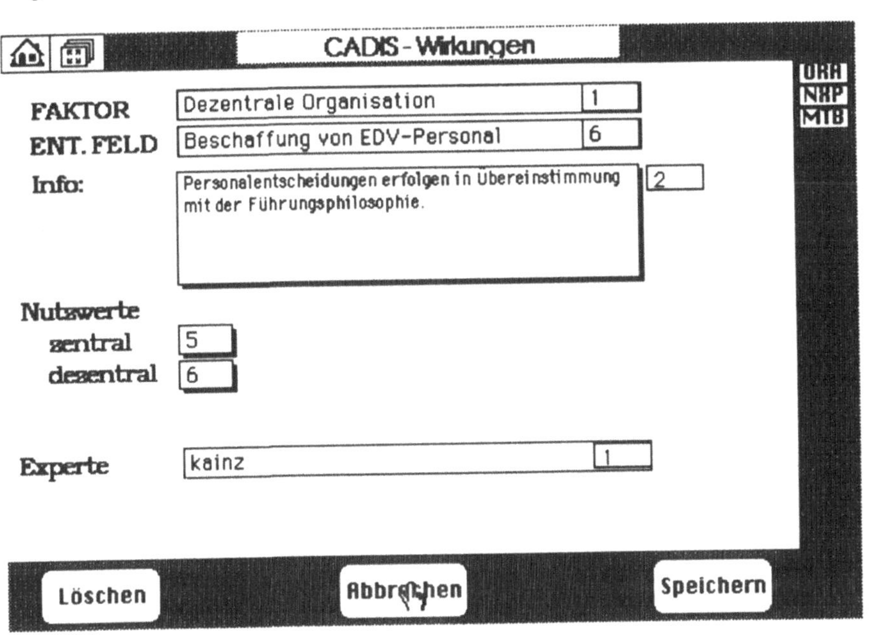

Abb. 5.16. Die Definition von Wirkungen in CADIS

Aufgrund solcher Phänomene ist es ratsam, die erzielten Ergebnisse mittels einer Sensitivitätsanalyse zu untersuchen, um die Überbewertung bestimmter Faktoren auszuschließen. Diese Gefahr besteht insbesondere dann, wenn eine Analyse ohne Einschränkung auf das Wissen eines bestimmten Experten erfolgt, weil die Gefahr besteht, daß die Experten bei der Bestimmung von Wirkungen von unterschiedlichen Annahmen ausgegangen sind.

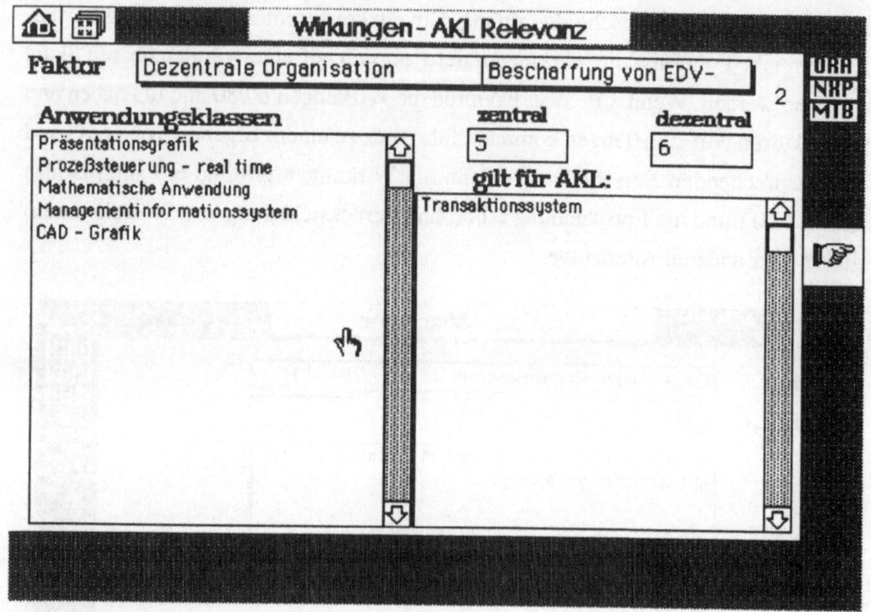

Abb. 5.17. Die Bestimmung der Relevanz von Wirkungen für Anwendungsklassen

Die erfaßten Wirkungen werden Anwendungsklassen zugeordnet. Diesen werden im Zuge der Analyse Anwendungssysteme zugeordnet und somit eine Auswahl von Faktoren ermöglicht.

Durch dieses zweistufige Verfahren wird gewährleistet, daß ein Faktor für verschiedene Anwendungen verschieden starke Wirkungen haben kann. So kann ein Faktor für ein Transaktionssystem schwach - für ein Grafiksystem aber stark de/zentralisierend wirken. Je nach Schwerpunkt des aktuell untersuchten Anwendungssystems müssen die Wirkungen entsprechend angepaßt werden.

Der Aufruf dieses Bildschirmes erfolgt über den Bildschirm, auf dem die Wirkungen in Listenform angezeigt werden. Die Auswahl der Anwendungsklassen erfolgt durch Anklicken mit der Maus in der linken Liste. Analog dazu können Anwendungsklassen durch Anklicken in der rechten Liste wieder entfernt werden.

Da viele Bildschirme während der Bedienung ihre Darstellungsform ändern, kann das gedruckte Erscheinungsbild von der aktuellen Darstellung während der Arbeit abweichen.

5.2. Die Funktionen des Analysemoduls

Das Analysemodul von CADIS besteht im wesentlichen aus vier Arbeitsbereichen, wenn man die Auswahl eines Unternehmens ausklammert. Die Auswahl eines Unternehmens hat nur den Zweck, mehrere Analysen in der Datenbank parallel verwalten zu können. Die Arbeitsbereiche können über die Auswahl, wie sie in der Abbildung "CADIS Analysemodul Auswahl" dargestellt ist, direkt aufgerufen werden. Es empfiehlt sich jedoch die Arbeitsbereiche "Unternehmensdaten", "Anwendungssysteme" und "Entscheidungsfelder" sequentiell abzuarbeiten und als letztes die eigentliche Analyse durchzuführen.

Diese vier Arbeitsbereiche werden in der Folge beschrieben. Dabei werden wiederum nur jene Bildschirme dargestellt, die von zentraler Bedeutung sind. Die Arbeitsabläufe, die nur mit der Bearbeitung einzelner Tabellen zu tun haben werden nicht mehr beschrieben.

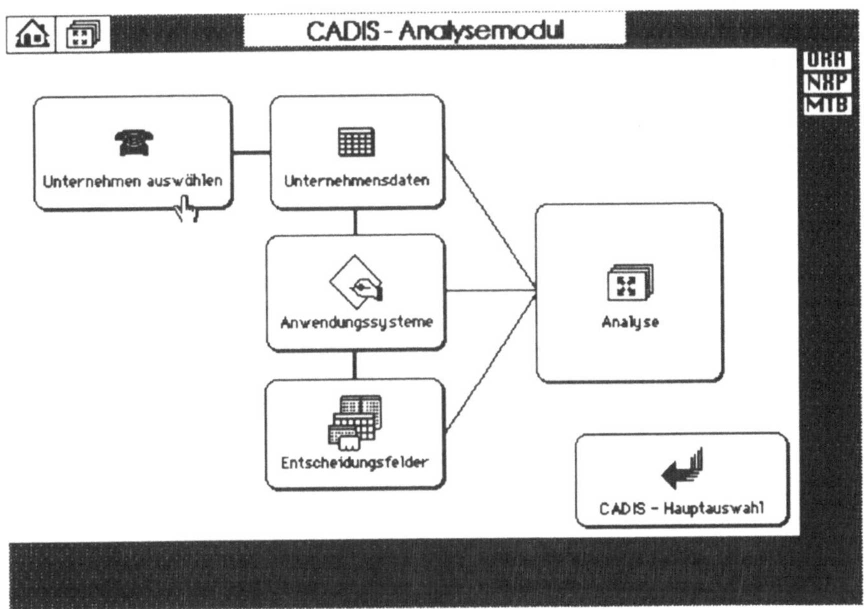

Abb. 5.18. CADIS Analysemodul Auswahl

5.2.1. Bearbeitung von Unternehmensdaten

Die Bearbeitung von Unternehmensdaten besteht aus der Wartung von Geschäftsfeldern und von Maßnahmen. Da jede Maßnahme einem Geschäftsfeld zugeordnet ist, erfolgt auf dem Bildschirm, wie er in der Abbildung "Bearbeitung der Unternehmensdaten" dargestellt ist, zunächst ein Auflistung der Geschäftsfelder. Sobald ein Geschäftsfeld durch Anklicken ausgewählt ist, werden die zugehörigen Maßnahmen angezeigt.

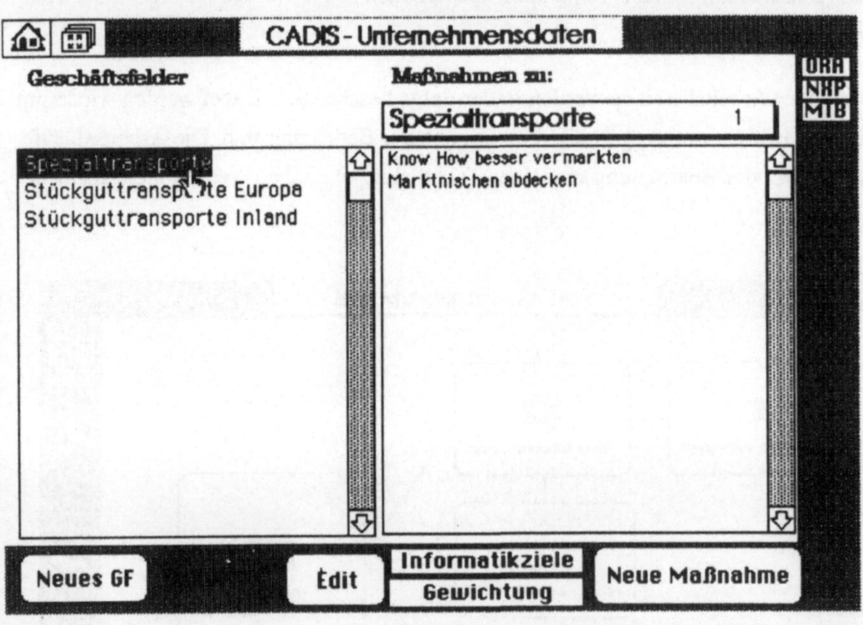

Abb. 5.19. Bearbeitung der Unternehmensdaten

Auf diesem Bildschirm stehen zwei Tasten mit speziellen Funktionen zur Verfügung. Die Taste "Gewichtung" ermöglicht die Abstimmung der Bedeutung der Maßnahmen für das Geschäftsfeld. Die Summe der Bedeutungen für ein Geschäftsfeld soll in Übereinstimmung mit dem Datenbankentwurf 100 sein, damit der Wert als relative Gewichtung interpretiert werden kann. Diese Taste ruft, wenn ein Geschäftsfeld angeklickt wurde, die Methodenbank auf (Objekt: rel_Gewichtung) und übergibt die Maßnahmen als Parameter. Die definierte Methode muß für einen Abgleich der Werte sorgen und sie an die Taste zurückliefern.

Die zweite Taste "Informatikziele" ruft den Bildschirm auf, der in der Abbildung "Auswahl von Informatikzielen" dargestellt ist.

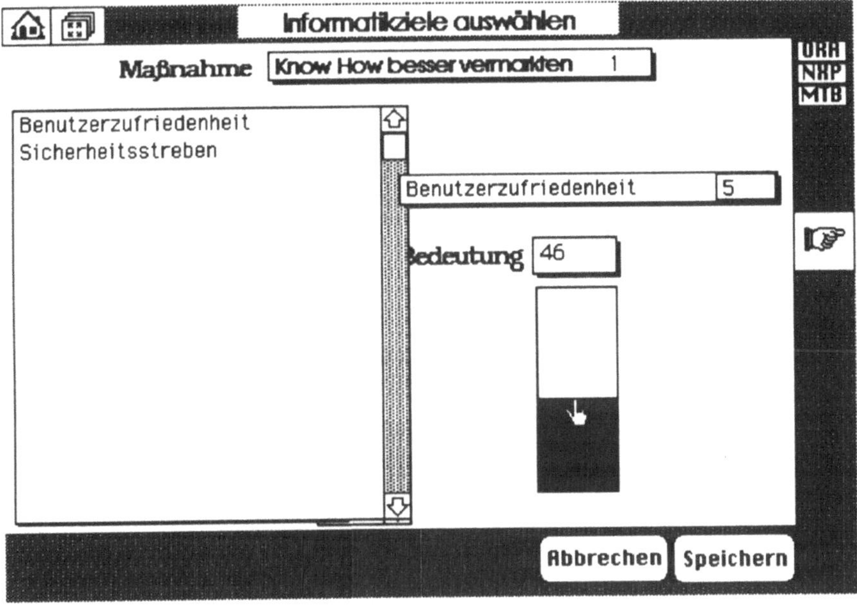

Abb. 5.20. Auswahl von Informatikzielen

Auf diesem Bildschirm werden die Informatikziele auf der oberen Hierarchieebene bewertet, inwieweit sie für eine Maßnahme relevant sind. Die Benutzeroberfläche entspricht der, die bei der Eignung von Ressourcen für Entscheidungsfelder beschrieben wurde. Im Zuge der Auswertungen kann ein Vergleich mit den Informatikzielen auf der Anwendungssystemebene die Konsistenz des Zielsystems überprüft werden.

5.2.2. Bearbeitung der Anwendungssysteme

In diesem Arbeitsbereich werden die Anwendungssysteme definiert und für jedes Anwendungssystem ein Distribuierungskontinuum angegeben und beschrieben. Die Bearbeitung der Informationen in diesem Bereich gliedert sich in vier Teilbereiche, wie die Abbildung "Anwendungssysteme bearbeiten - Auswahl" zeigt

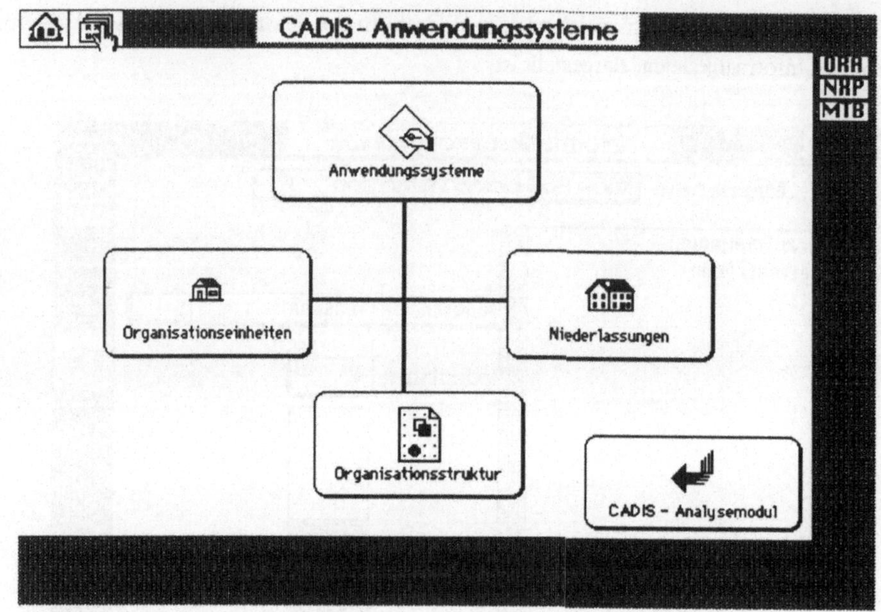

Abb. 5.21. Anwendungssysteme bearbeiten - Auswahl

Die Erfassung und Wartung der Anwendungssysteme verläuft nach den bereits beschriebenen Verarbeitungsmustern ab. Außerdem werden für ein Anwendungssystem verschiedene Zuordnungen und Bewertungen vorgenommen:

- Für die Anwendungssysteme werden Informatikziele auf der unteren Hierarchieebene bestimmt und bewertet

- Die Anwendungssysteme werden Anwendungsklassen zugeordnet und der Zugehörigkeitsgrad zu den Klassen wird relativiert (Summe der Bewertungen = 100)

- Der Beitrag des Anwendungssystems zum Erfolg, der in den Unternehmensdaten definierten Maßnahmen, wird bewertet.

Bei den Niederlassungen werden geografisch zusammengehörige Gruppen von Organisationseinheiten definiert. Diese können bei der Zuordnung von Ressourcen benutzt werden, um festzustellen, ob "vor Ort" eine geeignete Ressource zur Verfügung steht. Somit ist es notwendig, jeder Organisationseinheit eine Niederlassung zuzuordnen.

Die Organisationseinheiten werden zunächst erfaßt und den Niederlassungen zugeordnet. Dies geschieht mit der Taste "Organisationseinheiten", danach wird aus den Or-

ganisationseinheiten eine oder mehrere Struktur(en) geschaffen, die den Anwendungssystemen als Distribuierungskontinuum zugeordnet werden. Diese Strukturen können,
aber müssen nicht dem Organigramm des Unternehmens entsprechen. Die Definition
der Strukturen erfolgt mittels des Bildschirms, der in der Abbildung "Bearbeitung der
Organisationsstruktur" dargestellt ist.

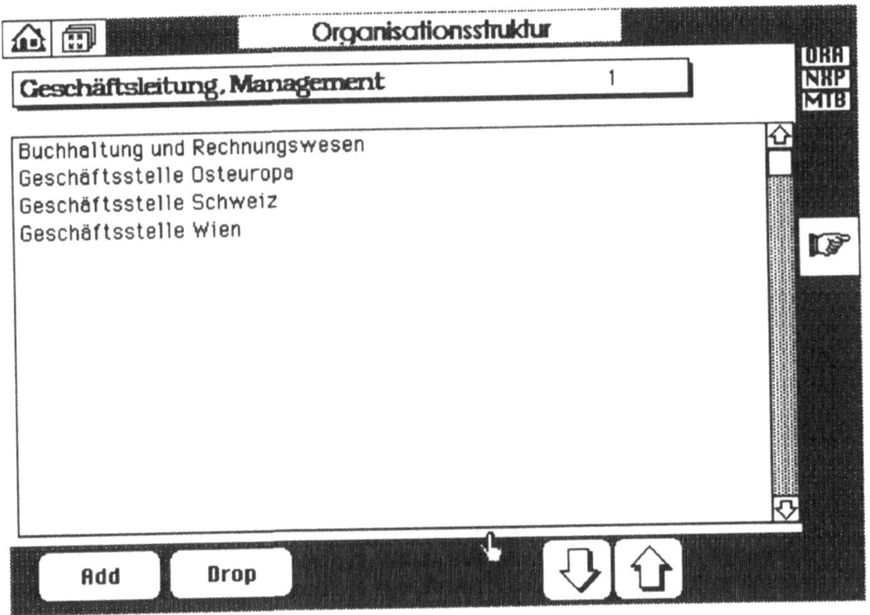

Abb. 5.22. Bearbeitung der Organisationsstruktur

Mit den Pfeiltasten kann zwischen den Ebenen der Struktur gewechselt werden, mit den
Taste "Add" und "Drop" kann auf der aktuell angezeigten Ebene eine Organisationseinheit aufgenommen oder gelöscht werden.

Es können hier Strukturen mit mehr als zwei Ebenen angelegt werden, obwohl der Entscheidungsprozeß, wie er von CADIS unterstützt wird, nur zwei Ebenen verarbeiten
kann. Der Grund dafür liegt zum Einen in der potentiellen Erweiterbarkeit von CADIS
und zum Anderen in der Tatsache, daß eine Organisationsstruktur (Organisationsdarstellung) für verschiedene Anwendungssysteme als Distribuierungskontinuum (abgek.
DK) eingesetzt werden kann. Die Entscheidungsebene kann für jedes Anwendungssystem, das die selbe Organisationsdarstellung als DK verwendet,individuell festgesetzt
werden.

Mit der Definition der Anwendungssysteme und des jeweilig zugehörigen DK ist dieser Arbeitsbereich abgeschlossen. Der letzte Schritt vor der eigentlichen Analyse besteht in der Auswahl der Entscheidungsfelder und der Faktoren.

5.2.3. Auswahl der Entscheidungsfelder und Faktoren

Die Auswahl der Entscheidungsfelder und der Faktoren erfolgt (normalerweise) in zwei Schritten. Zuerst werden vom Benutzer die Entscheidungsfelder bestimmt, die unter Berücksichtigung eines eventuell gewählten Experten zur Verfügung stehen (Taste "Entscheidungsfelder wählen"), dann wird durch Anklicken der Taste "Faktoren auswählen" die automatische Selektion relevanter Faktoren aufgerufen.

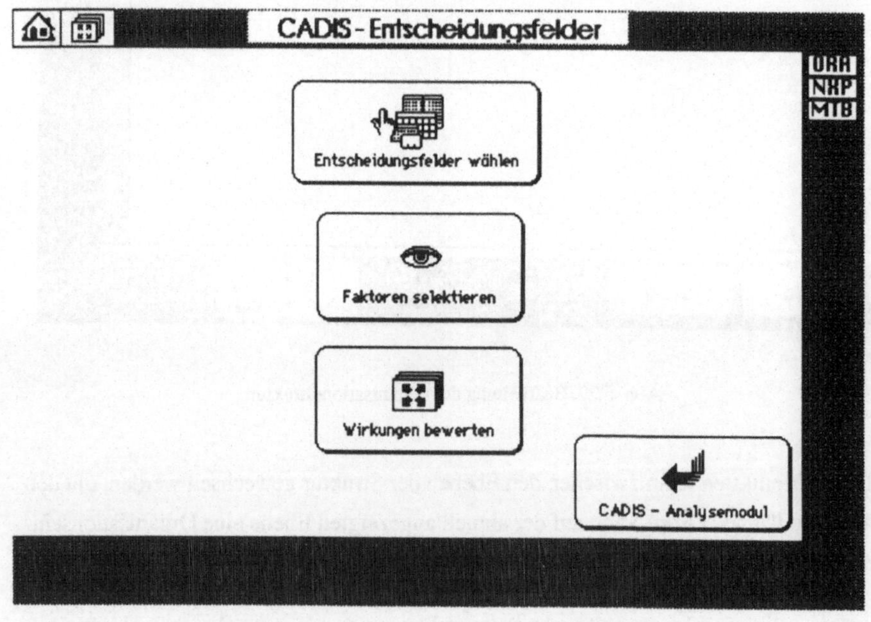

Abb. 5.23. Auswahl der Entscheidungsfelder und Faktoren

Bei der automatischen Selektion der Faktoren werden die Wirkungen der Faktoren mit dem Zugehörigkeitsgrad der Anwendungssysteme zu den Anwendungsklassen multipliziert. Der Prototyp von CADIS kann nicht unterscheiden, ob ein Faktor bereits in der

Analyse enthalten ist. Deshalb werden bei einer neuerlichen Selektion der Faktoren alte Analyseergebnisse gelöscht.

Die dritte Taste auf dem Auswahlbildschirm (Abbildung "Auswahl der Entscheidungsfelder und Faktoren") erlaubt es Benutzern mit der Berechtigungsstufe "2" oder größer die errechneten Wirkungen der Faktoren vor der Analysephase zu manipulieren.

Nach diesen Schritten kann nun die eigentliche Bewertung der Faktoren und anschließend eine Zuordnung von Entscheidungsfeldern und Ressourcen zu Organisationseinheiten erfolgen.

5.2.4. Die Analyse - Bewertung von Faktoren und Zuordnung

Die Analyse besteht aus drei Phasen. Zuerst werden die relevanten Faktoren in einem Interview bewertet, dann werden aufgrund der Antworten und der aktuelle Wirkungen die Entscheidungsfelder den Organisationseinheiten zugeordnet, und zuletzt werden für die Entscheidungsfelder Ressourcen ausgewählt. Die beiden letzten Schritte laufen halbautomatisch ab, die Ergebnisse können vom Benutzer (ab Berechtigung "2") manuell verändert werden.

Der letzte Punkt der Analyse besteht in der Erstellung von Auswertungen. All diese Funktionen können vom Auswahlbildschirm der Analyse (Abbildung "Analyse - Auswahlbildschirm") aufgerufen werden.

Das Interview erfolgt für ein bestimmtes Anwendungssystem auf einer bestimmten Entscheidungsebene der Organisationsdarstellung. Nachdem diese beiden Parameter definiert sind, stellt CADIS alle relevanten Faktoren zur Bewertung vor. Die Faktoren der Gruppe "U" und "A" (Unternehmen und Anwendungssystem) werden dabei nur einmal bewertet, Faktoren der Gruppe "O", die die spezifischen Charakteristika der Organisationseinheiten bezüglich des Anwendungssystems beschreiben, werden für jede Organisationseinheit auf der unteren Strukturebene bewertet.

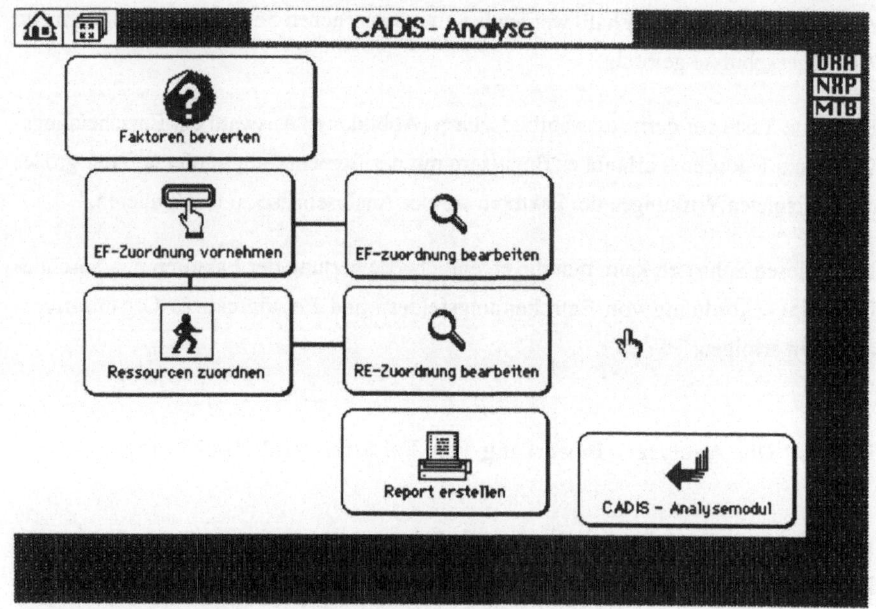

Abb. 5.24. Analyse - Auswahlbildschirm

Die Bewertung erfolgt auf einer Skala von 0 .. 100, wobei angegeben wird, inwieweit der Faktor zutrifft. Die Bewertung wird von der Methodenbank unterstützt. Der Bildschirm, der für das Interview eingesetzt wird ist in der Abbildung "CADIS-Interviewbildschirm" dargestellt.

Mit der Taste "Weiter" können Faktoren übersprungen werden. Dies dient dazu, bereits vorhandene Werte zu übernehmen, oder einen Faktor, der nicht zutreffend oder nicht bewertbar erscheint, auszuschließen.

Wenn die Bewertung der Faktoren abgeschlossen ist, kann die Zuordnung der Entscheidungsfelder und danach die Zuordnung der Ressourcen erfolgen. Diese beiden Vorgänge werden durch Methoden realisiert, d.h. sind nicht direkter Bestandteil von CADIS. Im Prototyp sind je eine Methode für diese Aufgabe implementiert, die diesen Vorgang halbautomatisch durchführen.

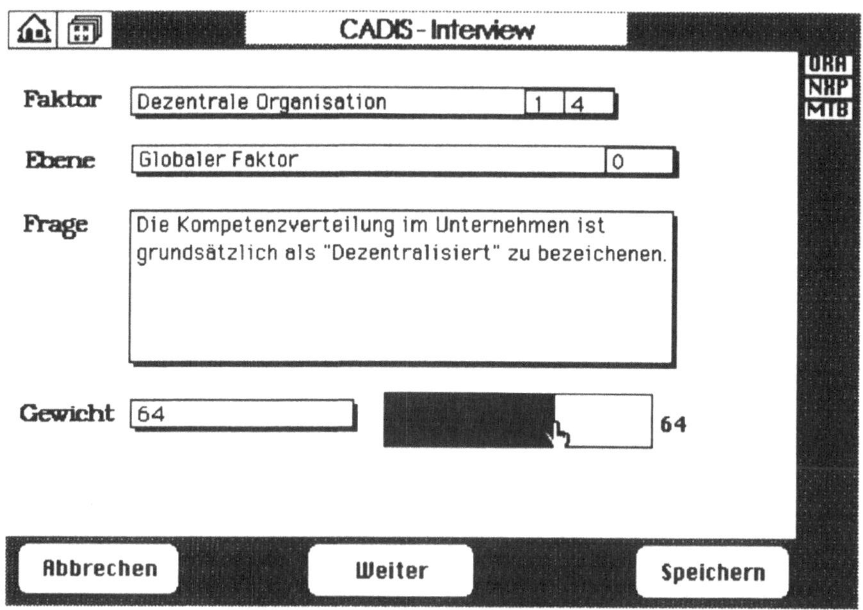

Abb. 5.25. CADIS-Interviewbildschirm

Das Ergebnis einer Sitzung mit CADIS kann in eine Datei ausgegeben werden, oder am Bildschirm nachbearbeitet werden. Da die Ausgabefunktionen von Hypercard beschränkt sind, wird als Dokumentation des Ergebnisses auf die Bildschirmdarstellung für die manuelle Nachbearbeitung der Entscheidung hingewiesen.

Die manuelle Nachbearbeitung erfolgt auf Bildschirmen, die in der Abbildung "Manuelle Zuordnung von Entscheidungsfeldern und Ressourcen" dargestellt sind. Die Erstellung von Auswertungen erfolgt wiederum unter Inanspruchnahme der Methodenbank, um eine größtmögliche Flexibilität zu gewährleisten.

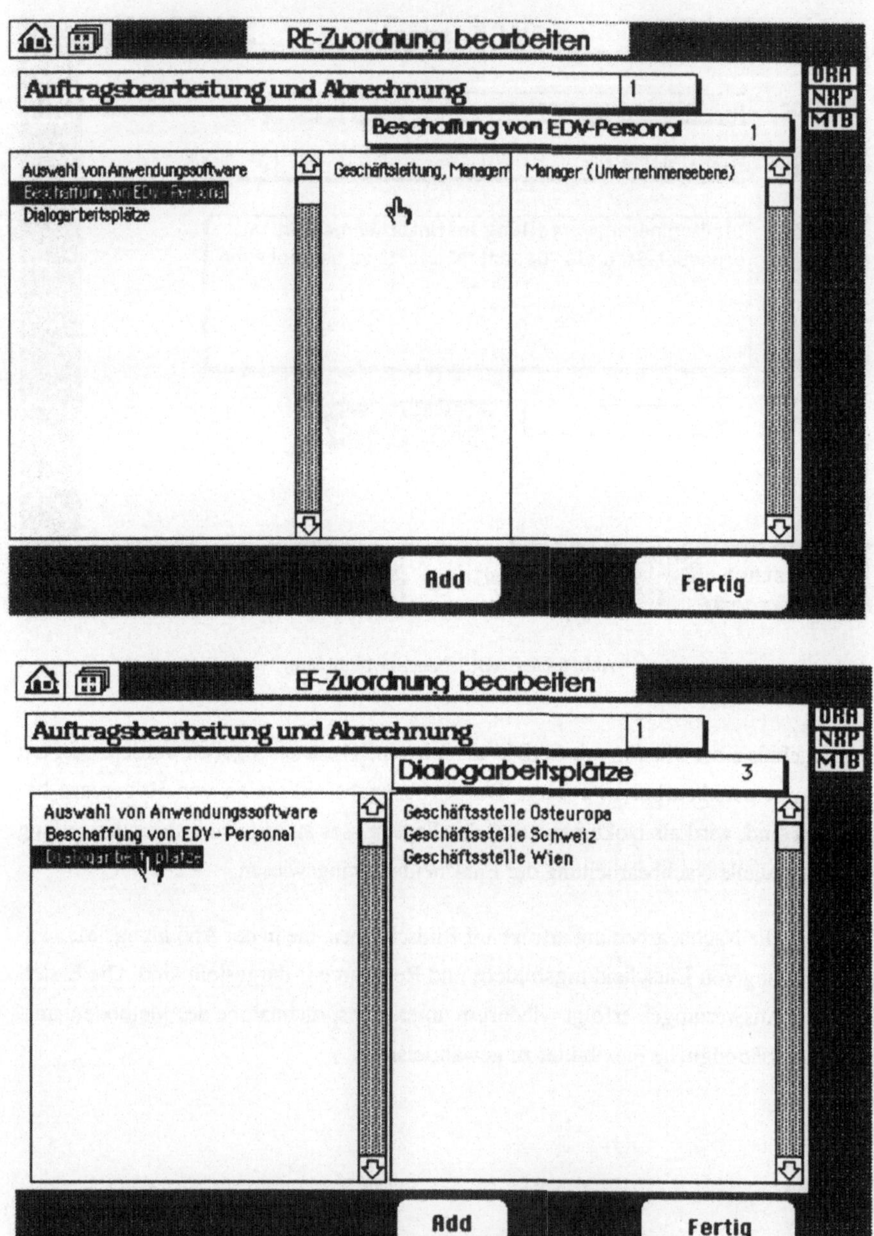

Abb. 5.26. Manuelle Zuordnung von Entscheidungsfeldern und Ressourcen

5.3. Zusammenfassung

Diese Beschreibung der Arbeit mit CADIS verfolgt das Ziel, dem Benutzer einen Anhaltspunkt für die Bedienung von CADIS zugeben und die Abläufe so darzustellen, daß die Zusammenhänge, die schon in der Beschreibung der Datenbankstruktur dokumentiert wurden, ersichtlich werden. Das Verhalten von CADIS hängt in großem Ausmaß von den implementierten und verwendeten Methoden ab, sodaß vom Benutzer ein Grundverständnis der Architektur von CADIS und der zugrundeliegenden Annahmen, wie sie schon im 4. Kapitel beschrieben wurden, verlangt werden muß.

Die Benutzeroberfläche von CADIS orientiert sich an den Möglichkeiten, die das Entwicklungswerkzeug (Hypercard) zur Verfügung stellt. Daraus ergibt sich z.B. die Bedienung mit der Maus als möglicher Vorteil, aber auch die Schwäche im Bereich der Ausdrucke.

6. Schlußbemerkungen

In dem vorliegenden Buch wurden im ersten Teil die Rahmenbedingungen und die Grundlagen für die Distribuierung von Informationssystemen diskutiert. Im zweiten Teil wurde ein Werkzeug - CADIS - entwickelt, das in der Lage ist, die Informationen, deren Bedeutung für die Distribuierung im ersten Teil argumentiert wurde, zu verwalten. Aufbauend auf diesen Informationen bietet das Werkzeug einen Rahmen und ein Vorgehensmodell an, in dem die Bestimmung eines optimalen Distribuierungsgrades ermöglicht wird.

Das Werkzeug CADIS liegt als Prototyp vor, in dem die Kernelemente des Entscheidungsmodells, wie es im 4. Kapitel beschrieben wurde, implementiert sind. Der Schwerpunkt bei der Entwicklung des Prototyps lag in seiner Konzeption als entwicklungsfähiges Werkzeug. Dies wird besonders durch die Implementierung einer Methodenbank hervorgehoben. Zugunsten dieses Strukturmerkmals wurde auf die Implementierung bestimmter Leistungskriterien verzichtet, obwohl die Datenstruktur darauf bereits vorbereitet ist. Dies sind insbesondere die Erfassung der Ressourcenauslastung und damit die Berücksichtigung des Kostenaspektes und die Berücksichtigung der Niederlassungen bei der Ressourcenauswahl. Diese Punkte können aber im Rahmen einer Weiterentwicklung ohne Veränderung der Strukturen implementiert werden.

Ein weiterer Bereich, in dem eine Weiterentwicklung des Werkzeugs angebracht ist, ist die Erstellung von Auswertungen. Dies umfaßt einerseits Elemente der Erklärungskomponente, insbesondere die Schnittstelle zu Nexpert Object, und andererseits eine Möglichkeit, die in der Datenbank verwalteten Informationen flexibel abzufragen. Die Implementierung dieser Komponenten sollte allerdings nicht starr erfolgen, sondern im Sinne der Werkzeugcharakteristik als "Auswertungsmodul" mit den Leistungsmerkmalen eines Reportgenerators verwirklicht werden.

Neben der Weiterentwicklung des Werkzeuges steht auch die inhaltliche Aufgabe an, CADIS mit Expertenwissen (Entscheidungsfelder, Faktoren, Methoden usw.) zu füllen, und dieses Wissen im praktischen Einsatz zu verifizieren. Dabei könnten z.B. die Informationen, die auf Unternehmens und/oder Geschäftsfeldebene erhoben werden über die Implementierung von Methoden aktiv die Bewertung von Faktoren beeinflussen.

Weiters ist eine Erweiterung denkbar, in der die Überlegungen zu Lebensfähigkeit eines Systems, wie sie im 2. Kapitel ausgeführt wurden, dazu verwendet werden vorgeschlagene Konfigurationen hinsichtlich ihrer Lebensfähigkeit und Effektivität zu analysieren.

Aufgrund seiner Struktur ist CADIS auch in der Lage, Alternativen in Dimensionen zu bewerten, die nicht direkt mit der Distribuierung in Verbindung stehen. So können z.B. technische Alternativen (z.B. Client/Server Architektur vs. Zentrale Architektur) ebenso bearbeitet werden, wie eine organisatorische Distribuierung. Diese Eigenschaft kann dazu verwendet werden, Detailanalysen im Zuge der Systemplanung unter Zuhilfenahme von CADIS zu erstellen. Auch hier muß allerdings das Expertenwissen erst erfaßt werden.

Wie diese Überlegungen zeigen, ist weder für die Entwicklung von CADIS, noch für seine Ausstattung mit Expertenwissen ein Ende abzusehen, womit die Flexibilität und der Werkzeugcharakter erneut unterstrichen werden.

Kritikpunkt an CADIS ist, daß in seiner Struktur keine Rücksicht auf die Vielfalt der am Markt angebotenen Lösungen genommen wird und somit auch die Bewertung konkreter Handlungsalternativen nicht unterstützt wird. Dem ist entgegenzuhalten, daß die Entscheidung für eine konkrete Konfiguration von Hard- und Software und die damit implizierten organisatorischen Konsequenzen (z.B. Systemadministration, Netzwerkmanagementfunktionen usw.) stark von kommerziellen Faktoren, von der technischen Entwicklung der Produkte, von der Unterstützung der Produkte vor Ort, der Risikobereitschaft des Unternehmens usw. beeinflußt werden. Diese Einflüsse unterliegen nicht ausschließlich rationalen Kriterien, und ihre Berücksichtigung entspricht auch nicht der Zielsetzung ein Modell zu entwickeln, das von solchen Restriktionen unabhängig, aufgrund der Rahmenbedingungen, die durch das Unternehmen vorgegeben sind, den optimale Distribuierungsgrad für ein Informationssystem bestimmt.

Abkürzungsverzeichnis

BCG	Boston Consulting Group
CSF	Critical Success Factor
DB	Datenbasis
DBMS	Database Management System
DFÜ	Datenfernübertragung
DoD	Department of Defense
DTP	Desktop Publishing
DV	Datenverarbeitung
DVS	Datenverarbeitungssystem
E/A System	Eingabe-, Ausgabesystem
EDIFACT	Electronic Data Interchange For Administration, Commerce And Transport
EF	Entscheidungsfeld
ER-Diagramm	Entity Relationship Diagramm
GF	Geschäftsfeld
HCDF	Hypercard Documentation Facility
HMD	Handbuch der modernen Datenverarbeitung
ID	Identifikationsnummer eines Objektes in Hypercard
IKS	Informations- und Kommunikationssystem
IKT	Informations- und Kommunikationstechnik
IS	Informationssystem
ISDN	Integrated Services Digital Network
ISO	International Standards Organisation
IZ	Informatikziel
LAG	Logische Anwendungsgruppe (Anwendungssystem)

LAN	Local Area Network
MAN	Metropolitan Area Network
MAP	Manufacturing Automation Protocol
MB (MTB)	Methodenbank
MIT	Massachusets Institute of Technology
ODA	Open Document Architecture
ODIF	Open Document Interchange Format
OSI	Open Systems Interconnection
PC	Personal Computer
SGE (SGF)	Strategische Geschäftseinheit / Geschäftsfeld
SNA	Systems Network Architecture
TCP/IP	Transmission Control Protocol / Internet Protocol
TOP	Technical and Office Protocol
WAN	Wide Area Network
WB	Wissensbasis

Literaturverzeichnis

Aders A., Ansel B.:   "Hypertext für den Unterricht - eine kritische Stand-ortbestimmung"; in: Gloor P.A., Streitz N.A. (Hrsg.): Hypertext und Hypermedia; Berlin, Heidelberg; Springer 1990

Altrock C. v.:   "Über den Daumen gepeilt - Fuzzy Logic: Scharfe Theorie der unscharfen Mengen"; in: c´t Heft 3; 1991

Beer S.:   The Heart of Enterprise, London, 1979

Beer S: Brain of the Firm; London; 1972

Bessai B.:   Objekte der Dezentralisierung; in: Handbuch der modernen Datenverarbeitung "Dezentralisierung", Heft 121, 1885; S.9-20

Biethan J., Mucksch H., Ruf W.: Ganzheitliches Informationsmanagement Bd.1 Grundlagen; München, Wien, Oldenbourg; 1990

Blau P.M., Schoenherr F.:   The Structure of Organisations; New York; 1971 nach: Welge M.K.: Unternehmensführung, Band 2: Organisation; Poeschel Verlag; Stuttgart; 1987

Bleicher K.:   Zentralisation und Dezentralisation; in: Grochla E. (Hrsg.), Handwörterbuch der Organisation, 2. Aufl., Stuttgart 1980, Sp. 2404 ff

Bohländer E., Gora W.:   "Netzwerkmanagement als Unternehmensdisziplin"; in: Datacom Spezial -Netzwerkmanagement; Datacom Verlag; Bergheim; 1990; S. 88-92

Buchanan J.R., Linowes R. G.: Making distributed dataprocessing work; in: Harvard Business Review; July-August; 1980

Buchanan J.R., Linowes R. G.: Understanding distributed dataprocessing; in: Harvard Business Review; July-August; 1980; S. 143-153

Bühner R.:   Betriebswirtschaftliche Organisationslehre; 4. Auflage; München, Wien, Oldenbourg; 1989

Burgholzer P.:   Planung, Überwachung und Steuerung der Informations-Infrastruktur; in: Informationsmanagement, IDG-Communications, München 1990

Delfs H.: Diagnose - Expertensysteme brauchen Hypertext - Das Beispiel MAX; in: Gloor P.A., Streitz N.A. (Hrsg.): Hypertext und Hypermedia; Berlin, Heidelberg; Springer 1990;

Dickson Gary W., Wetherbe James C.: The Management of Information Systems, Mac Graw-Hill, Singapore, 1985, S. 120

Dürr M., Neske R.: Hypertext und Datenbanken; in: Gloor P.A., Streitz N.A. (Hrsg.): Hypertext und Hypermedia; Berlin, Heidelberg; Springer 1990

Edelstein, H.: Cooperative Processing; in: DBMS, Vol. 3, Nr. 5, May 1990

Flechtner H. J.: Grundbegriffe der Kybernetik; Stuttgart, 1966

Gernet E.: Das Informationswesen in der Unternehmung; Carl Hanser Verlag; München, Wien; 1987

Glaser G.M., Hein M. Vogl J.: TCP / IP, Datacom Verlag, Pulheim 1990

Grochla E. Grundlagen der organisatorischen Gestaltung; Poeschel Verlag; Stuttgart 1982

Grochla E., Welge M.K.: Einführung in die verhaltenstheoretisch orientierten Ansätze; in: Grochla E. (Hrsg.); Organisationstheorie 1. Teilband; Stuttgart 1975

Grochla E.: Einführung in die Organisationstheorie; Poeschel Verlag; Stuttgart 1978

Gutenberg E.: Grundlagen der Betriebswirtschaftslehre Bd. 1 Die Produktion; 22. Aufl., Berlin Heidelberg New-York, 1976

Hansen H. R.: "Systemanalyse"; in: Grochla E. (Hrsg.), Handwörterbuch der Organisation, 2. Aufl., Stuttgart 1980; Sp. 2178ff

Hanssmann F.: Informatikstrategie im Kielwasser der Unternehmensstrategie; in: HMD, Heft 154, Juli 1990

Harmon P., King D.: Expertensystem in der Praxis; München, Wien; Oldenbourg; 1989

Hartwig M.: Portfolioanalyse für das strategische Informationsmanagement; in: Information Management 3/87

Heinen E.: Das Zielsystem der Unternehmung; Wiesbaden 1966

Heinen E.:   Unternehmenskultur; München Wien Oldenbourg; 1987

Heinrich L.J., Lamprecht M.:   Fallstudie Zentralisierung / Dezentralisierung; in: Information Management 1/1986

Heinrich L.J., Roithmayr F.:   Die Bestimmung des optimale Distribuierungsgrades von Informationssystemen - Entscheidungsmodell und Fallstudie; in: Handbuch der modernen Datenverarbeitung (HMD); Forkel Verlag; Heft 121; Januar 1985

Heinrich L.J., Roithmayr F.:   Wirtschaftsinformatik Lexikon, 3. Aufl.; München Wien Oldenbourg 1989

Heinrich L.J., Burgholzer P.:   Informationsmanagement; München, Wien, Oldenbourg; 1987

Heinrich L.J., Burgholzer P.:   Systemplanung Bd.1; 3. Aufl; München Wien Oldenbourg; 1987

Heinrich L.J.:   Entwicklung von Informatikstrategien in HMD, Heft 154, Juli 1990

Heinrich L.J.:   "Strategisches Informationsmanagement - neue Perspektiven für Forschung und Lehre"; in: Roithmayr F., Der Computer als Instrument der Forschung und Lehre in den Sozial- und Wirtschaftswissenschaften, ÖCG, Wien München, 1989

Hill W., Fehlbaum R., Ulrich P.:   Organisationslehre 1; 3. Aufl.; Bern 1981

Hinterhuber H.:   Strategische Unternehmensführung - Strategisches Denken, 4. Aufl., Berlin New York, 1989

Hinterhuber H.:   Strategische Unternehmensführung, 2. Aufl., Berlin New York, 1980

Hoffmann F.:   Begriff der Organisation; in: Grochla E. (Hrsg.), Handwörterbuch der Organisation, 2. Aufl., Stuttgart 1980, Sp. 1424 ff

Hoffmann F.:   Führungsorganisation, Bd. 1, Thübingen, 1980

Hopfenbeck W.:   Allgemeine Betriebswirtschafts- und Managementlehre; Landberg am Lech; 1989

Hübner H: Informationsmanagement; GF+M Jahrestagung 1984, Würzburg, 1984

Janko W.H., Geyer - Schulz A., Tandes A.: "Entscheidungsunterstützungssystem zur Kreditbewertung auf der Basis der Theorie der unscharfen Mengen"; in: Spremann Zur (Hrsg.): Informationstechnologie und strategische Führung; Wiesbaden; Gabler 1989; S. 275ff

Kauffels F. J.: "Netzwerkmanagement - Einführender Überblick"; in: Datacom Spezial -Netzwerkmanagement; Datacom Verlag; Bergheim; 1990

Kauffels F.J.: Einführung in die Datenkommunikation; 2. Aufl.; Datacom Verlag; Pulheim; 1987

Khandwalla P.N.: The Design of Organisations; New York, Chicago, San Francisco, Atlanta; 1977

Kirsch W.: Die Handhabung von Entscheidungsproblemen; München 1988; S.4

Kober Hans: "Die Unternehmensstruktur als bestimmender Faktor für Zentralisierung und Dezentralisierung in der Datenverarbeitung"; in: Handbuch der modernen Datenverarbeitung, Heft 121, Januar 1985

Kotler P., Armstrong G.: Marketing, Eine Einführung; übers. von Linnert P.; Wien 1988

Kretzschmar M., Mertens P.: Verfahren zur Vorbereitung der Zentralisierungs-/Dezentralisierungsentscheidung in der betrieblichen Datenverarbeitung; in: Informatik Spektrum 5, 1982, S. 237-251

Krüger W., Pfeiffer P.: Strategische Ausrichtung, organisatorische Gestaltung und Auswirkungen des Informationsmanagements; in: Information Management 2/88; S. 6-15

Kurbel K.: Entwicklung und Einsatz von Expertensystemen; Springer Verlag; Berlin, Heidelberg, New York, London, Paris, Tokio; 1989

Lehner F.: Entwicklung von Informatikstrategien, Institut für Wirtschaftsinformatik, Universität Linz

Lindtner P., Mungenast K.H., Walpoth G.: Open Access // Datenbank; Institut für Wirtschaftsinformatik, Universität Innsbruck; 1988

Malik F.: "Management Systeme"; in: Die Orientierung, Schweizerische Volksbank Bern, Nr. 78, 1981

Marquardt R., Mues D. Olsowsky G., Suppan-Borowka J: Ethernet Handbuch, Datacom Verlag, Pulheim 1986

Martiny L., Klotz M.:   Strategisches Informationsmanagement; München, Wien; Oldenbourg Verlag; 1989

Mc Farlan W.F.:   Information technology changes the way you compete; in: Harvard Business Review, May-June, 1984

Meffert H.:   Informationssysteme; Werner Verlag; Düsseldorf; 1975

Meffert H.:   Strategische Unternehmensführung und Marketing: Beitrag zur marktorientierten Unternehmenspolitik, Wiesbaden 1988

Megginson Leon C.:   Management, New York, 1983

Meier E.:   "Network Management bei der Swissair"; in: Information Management 3/1986; S. 24-29

Mertens P., Plattfaut E.:   Informationstechnik als strategische Waffe; in: Information Management 2/86

Mertens P.:   Aufbauorganisation der Datenverarbeitung; Wiesbaden - Gabler; 1985; S. 9ff

Mertens P.:   Industrielle Datenverarbeitung Bd.1; 6. Aufl.; Wiesbaden 1986

Miles R., Snow C.:   Unternehmensstrategien; Mac Graw Hill; Hamburg; 1986

Minoli D.:   "Managing Local Area Networks: Accounting, Performance, and Security Management"; in: Datapro-Network Applications; McGraw-Hill/Datapro Research; 1989

Nagel K.:   Nutzen der Informationsverarbeitung; Oldenbourg Verlag; München, Wien; 1988

o.A.:   "Architectural Support of Network Management: An Alternate View"; in: Datapro-Network Applications; McGraw-Hill/Datapro Research; 1988

o.A.:   How to prepare for the comming changes, EDP Analyzer, April 1979 o.A.: "IBM´s Approach to Network Management"; in: Datapro-Network Applications; McGraw-Hill/Datapro Research; 1989

o.A.: "Local Area Network Management Issues"; in: Datapro-Network Applications; McGraw-Hill/Datapro Research; 1989

o.A.: NEXPERT OBJECT Users Manual Bd. 1; Neuron Data; Palo Alto, California; 1988

o.A.: The NEXPERT Hyperbridge Users Manual; Neuron Data; Palo Alto, California; 1988

Oppenhortst G.: Hypertextunterstützung bei der Erstellung und Nutzung von Expertensystemen mit der Shell '1st Card'; in: Gloor P.A., Streitz N.A. (Hrsg.): Hypertext und Hypermedia; Berlin, Heidelberg; Springer 1990

Pfeiffer P.: Technologische Grundlage, Strategie und Organisation des Informationsmanagements; Walter de Gruyter; Berlin, New York; 1990

Picot A.: Kommunikationstechnik und Dezentralisierung; in: Ballwieser Wolfgang, Berger Karl - Heinz Hrsg., Information und Wirtschaftlichkeit, Wiesbaden 1985

Porter M.E. Millar V.E.: "How information gives you competitive advantage"; in: Harvard Business Review, Nr. 4 Juli/August 1985

Porter M.E.: Wettbewerbsstrategie (Competitive Strategy); 4. Auflage; Campus Verlag; Frankfurt; 1987

Rochester J. B., Douglas D. P.: "Putting large systems on PC networks"; in: I/S Analyzer, Vol. 28, Nr. 1, January 1990

Rockart J. F. Bullen C. V., Leventer J. S.: Centralisation vs Decentralisation of Information Systems. A. Preliminary Model for Decision Making, MIT Working Paper, April 1977 (Draft)

Rockart J. F.: The Line Takes the Leadership - IS Management in a Wired Society; in: Information Management, 4/88

Rockart J.F.: "Chief executives define their own data needs"; in: Harvard Business Review; March-April, 1979

Roithmayr F.: Controlling von Informations- und Kommunikationssystemen; München, Wien; Oldenbourg; 1988

Roithmayr F.:   "Ein Vorentscheidungsmodell zur Bestimmung des Zentralisierungs- bzw. Dezentralisierungsgrades für Informationssysteme"; in: Dirlewanger W.: Organisation und Betrieb der Informationsverarbeitung - 6. GI-Fachgespräch über Rechenzentren, Kassel 1985; Springer-Verlag; Berlin, Heidelberg, New York, Tokyo; 1985

Roithmayr F.:   Fragebogen und Faktorentabelle "Zentralisation vs. Dezentralisation" des EDV-Zentrums der Johannes Kepler Universität Linz; nicht veröffentlichte Unterlage.

Rosenberg H. J. (Bearb.):   Einführung in EDIFACT; DIN - Deutsches Institut für Normung e.V.; Berlin; 1988

Russo A., Braun W., Hoffmann P.: "AMANET - Das Superhirn AMADEUS und sein Netzwerk"; in: Datacom Spezial - Netzwerkmanagement, Datacom-Verlag, Bergheim, 1990

Schanz G.:   Wissenschaftsprogramme der Betriebswirtschaftslehre; in: Bea F.X., Dichtl E., Schweitzer M. (Hrsg.); Allgemeine Betriebswirtschaftslehre Bd.1: Grundlagen; 4. Aufl.;Fischer Verlag; Stuttgart; 1988

Scheer A. W.:   Enterprise - Wide Data Modelling; Berlin, Heidelberg, New York; Springer 1989

Scheer A.W.:   Betriebliche Expertensysteme I; Wiesbaden; Gabler; 1988; S.8

Scheer A.W.:   EDV orientierte Betriebswirtschaftslehre; 4. Aufl.; Berlin, Heidelberg, New York, Tokyo, Hong Kong; 1990

Schiemenz B.:   Kybernetik und Wirtschaftsinformatik; in: Mertens P. (Hrsg.); Lexikon der Wirtschaftsinformatik; Springer Verlag; Berlin Heidelberg New-York; 1990

Schlieper H.:   Vorteile der Verwendung von EDIFACT im Unternehmen; in: Einführung in EDIFACT; Deutsches Institut für Normung (DIN); Berlin 1988

Schneider H.J.:   Lexikon der Informatik und Datenverarbeitung; München Wien Oldenbourg;1986

Seibt D.:   Aufbau und Ablaufstrukturen der Datenverarbeitung; in: Mertens P. (Hrsg.); Lexikon der Wirtschaftsinformatik; Springer Verlag; Berlin Heidelberg New-York; 1990

Seibt D.:   Datenverarbeitungsorganisation I (Aufbau); in: Grochla E. (Hrsg.), Handwörterbuch der Organisation, 2. Aufl., Stuttgart 1980

Sloman M., Kramer J.:   Verteilte Systeme und Rechnernetze; Hanser Verlag; München, Wien; 1989

Slonim J., Schmidt D., Fisher P.:   Consideration for determining the degrees of centralisation or decentralisation in the computing environment; in: Information and Management; 2/1979; S. 15 - 29

Staehle W.H.:   Management; 3. Auflage; München 1987

Stegner K.:   Die Integration von heterogenen Informations- und Kommunikationssystemen im Industriebetrieb; Diplomarbeit am Institut für Wirtschaftsinformatik der Universität Innsbruck; Innsbruck Kundl; 1990

Stöttinger K.:   Das OSI Referenzmodell; Datacom Verlag; Pulheim; 1990

Strehl F.:   Umwelt und Matrixorganisation; Dissertation der Johannes Kepler Universität Linz; Wien; 1981

Suppan-Borowka J., Simon T.:   MAP, Datacom Verlag, Pulheim 1986

Szyperski N., Winand U.:   Informationsmanagement und informationstechnische Perspektiven; in: Seidel E., Wagner D. (Hrsg.): Organisation; Wiesbaden; Gabler; 1989

Szyperski N.:   Strategisches Informationsmanagement im technologischen Wandel. - Fragen zur Planung und Implementation von Informations- und Kommunikationssystemen; in: Angewandte Informatik 4/1980

Szyperski N.:   Computergestützte Informationssysteme; in: Grochla E. (Hrsg.), Handwörterbuch der Organisation, 2. Aufl., Stuttgart 1980

Terplan :   Communication Networks Management; Prentice Hall; 1987

Turban E.:	Decision Support and Expert Systems; Macmillan publishing company; New York; 1988
Vetter M.:	Aufbau betrieblicher Informationssysteme mittels konzeptioneller Datenmodellierung; 5. durchges. Aufl.; Stuttgart; Teubner 1989
Ward J. M.:	Integrating Information Systems into Business Strategies; in: Long Range Planning; Vol. 20; 1987
Waterman D.A.:	A Guide to Expert Systems; Reading, Ma., et al. 1984; nach: Kurbel K.: a.a.O.
Welge M.K.:	Unternehmensführung, Band 2: Organisation; Poeschel Verlag; Stuttgart; 1987
Wittkämper G. W.:	Bürokratisierung und Entbürokratisierung; Schriften des WIÖD e.V. Bonn; Regensburg; 1982
Zadeh L.A.:	"Fuzzy Sets"; in: Information and Control (8); 1965; S. 338 - 353
Zangemeister Ch:	Nutzwertanalyse in der Systemtechnik; 4. Aufl.; Wittemannsche Buchhandlung; München 1976
Zangemeister Ch.:	"Systemtechnik"; in: Grochla E. (Hrsg.), Handwörterbuch der Organisation, 2. Aufl., Stuttgart 1980; Sp.2190ff